ヒンドゥー神話の神々

立川武蔵

せりか書房

口絵・1＝2象により水を注がれるラクシュミー。エローラ第16窟。本書290頁。

口絵・2＝蓮の上に横たわるクリシュナを捜す牛飼い女たち。デリー国立博物館。本書162頁。

口絵・3＝水に映る月を見せられるクリシュナ。デリー国立博物館。本書158頁。

口絵・4＝笛を吹くクリシュナ。デリー国立博物館。本書162頁。

口絵・5＝乳海を攪拌する神々とアスラたち。バンダルカル研究所、プネー。本書144頁。

口絵・6＝牛飼い女たちの衣を隠してしまったクリシュナ。デリー国立博物館。本書162頁。

口絵・7＝夫シヴァの上に坐る女神カーリー。デリー国立博物館。本書269頁。

口絵・8＝水牛の魔神を殺すドゥルガー女神。デリー国立博物館。本書248頁。

口絵・9＝魔神と戦うドゥルガーと七母神。ネパール国立古文書館、カトマンドゥ。本書278頁。

口絵・10＝ドゥルガー女神の様々な姿。市販のポスター。本書265頁。

口絵・11＝インドにおける12のシヴァ・リンガの霊場。市販のポスター。本書172頁。

ヒンドゥー神話の神々

目次

パンジャーブ
チャンパー
ハラッパー
インダス
モヘンジョ・ダーロ
リシケーシ
ハリドワール
デリー
マトゥラー
ヤムナー
グワリオール
アッラーハーバード
ラクノウ
ベナレス
サールナート
パトナ
ネパール
カトマンドゥ
ブータン
ボード・ガヤー
ガンガー
バングラデシュ
ビハール
バローダ
デオーガルフ
パールフト
コルカタ
ゴーダーヴァリー
ウダヤギリ
オリッサ
アジャンタ
エローラ
サーンチー
オーランガバード
ムンバイ
ラフリ
エレファンタ
マハーラーシュトラ
バージャー
プネー(旧プーナ)
プヴァネーシュヴァル
コナーラク
プーリ
パッタダカル
アイホーレ
バーダーミ
キストナ
アマラーヴァティー
ナーガールジュナコーンダ
カルナータカ
ハーレービド
チェンナイ
マハーバリプラム
タミール・ナドゥ
ティルチラーパッリ
タンジョール
マドゥライ
カニヤークマーリー
スリランカ
コロンボ

第1章　プネーの魔女たち

マリアイの祭り

膝まずいたまま、自ら両手を後ろにまわし、身体を回転させる女性。赤とラピスラズリ色のサリーの中から張った胸と腰が浮きあがる（図1・1）。顔をしかめながら、その女性は長く黒い髪を揺らしてトランスに入った。

ゴロゴロと地面の上でころげまわる者、坐りこんで泣きわめく者、ピョンピョンと飛びあがっていたかと思うまもなくその場にまさに肉のかたまりのように崩れてしまう者。憑依状態に入っていると思われる女性が十数人はいる。

川べりに坐って泣きわめく者、神がかりになった女性を介抱する者たち、大声をあげて動きまわる男たち、ドラムや笛を鳴らす者たちでガート（川岸の霊場）は騒然となった。神がかりとなった二、三の女性は人々の質問に答えている。両側から人に支えられたそれらの女性は赤いサリーを着ていた。眼を閉じているのか閉じていないのかははっきりしないが、自分の前に立つ人々をはっきりと見ていないことは確かだ。ときどき倒れそうになりながら、高く鋭い声でしゃべっていた。人々は彼女の前に来ると、尊敬のしるしとしてかがみこみ両手で彼女の足に触れる。一、二分の「託宣」を聞くと帰っていく。

ここはムンバイ（ボンベイ）から東南へ約一八〇キロメートルの位置にあるプネー（旧プーナ）市のサンガム・ガートである。「サンガム」とは二つの川の合流点を意味し、「ガート」とは岸辺の霊場のことである。一般に岸辺に広場が設けられている。プネー市のサンガム・ガートはムター川とムーラー川の合流点にあり、火葬や死者供養のための法会などもここで行われている。その他にも、今紹介しているように、人々がここに集まって、さまざまな宗教行事が行われる。

一九九七年七月二五日、わたしはこのサンガム・ガートで「マリアイ」と呼ばれる、マハーラーシュトラ州や南インドで盛んな土着的崇拝の祭りの一つを見ることができた。これはインド暦のアーシャーダ月（およそ太陽暦七月）の第四金曜日に行われるもので「恐ろしいラクシュミー女神への供養」ということだった。

その日の午后二時頃に三つのグループがそれぞれ、しかし、ほとんど同時にガートに集まった。大きなブラス製の壺を頭の上に載せた数人の女性たちを先頭にして、カラフルなサリーを着た女性たちや髪に花をつけた少女、女装した司祭、シャツにズボンといった普段のかっこうの男たち、楽隊がトラックやバスの通る道路を歩いてきて、ガートに至る階段を下りていった。このような構成のグループが三つ集まり、総勢三〇〇人くらいと思われた。

図1・1＝身をくねらせてトランス状態に入る女性。神がかりになる素質のある女性は祭りには赤色のサリーを着ることが多い。

「マリアイ」という名称は彼らの崇拝する女神を指すのであるが、先ほど述べたように「恐ろしいラクシュミー女神」とも呼ばれる。「ラクシュミー」とは幸運、繁栄の女神であり、正統バラモンの崇拝形態において古くからよく知られた神であり、仏教では吉祥天と呼ばれている。しかし、後で述べるように、マリアイ女神は正統バラモンたちによって認められた女神たちではなく、「ラクシュミー」と名づけているのは、マリアイ崇拝の人々がそのように呼んでいるのである（図1・2）。マリアイ崇拝は今もって「正統ヒンドゥイズム」、つまり、バラモンたちを中心とするヒンドゥイズム、と反目している宗教形態なのである。

マリアイ崇拝の中では、先に触れたように憑依現象が大きな役割を占めるのであるが、このことが正統ヒンドゥイズムとの反目の主原因の一つと考えられる。わたしが観察したかぎりでは、マリアイ崇拝の女性たちは、あたかもスポーツを楽しむかのように気楽に、憑依状態に入っていったように思われる。

もっともヒンドゥイズムの大きな祭りにおいては、正統バラモンたちと反目していない宗派の場合であっても多くの人が神がかりとなることは珍しくない。例えば、プネーの旧市街地域にジョーゲーシュヴァリー女神の寺院がある。この女神はプネーの「村の神」（グラーマ・デーヴァター）として

図1・2＝瓶にはニムバ（ニーム）の樹の葉が入れられている。女神がこの瓶のなかに宿ると考えられている。マリアイの宗教では多くの女神が崇拝される。瓶の列の背後の神像はマリアイの人々が尊崇する女神たちのうち、もっとも強力な女神「恐ろしいラクシュミー」、別名「マハーラクシュミー」（大ラクシュミー）である。

古くから尊崇されており、プネー市のバラモンを始めとする「上位カースト」（バラモン、クシャトリヤ、ヴァイシュヤ）にとって重要な女神である。しかし、九、一〇月頃に行われるナヴァラートラの祭り（九夜祭）の時期となるとこの寺院の周囲には神がかりとなって託宣したり、神がかりとなって踊る女性たちが大勢現われるという。もちろんこのことは、正統バラモンを中心とするヒンドゥイズムが憑依状態を自分たちの宗教実践の正統的なあり方として容認したことを意味するわけではない。むしろ、ナヴァラートラという祭りの時期においては、自分たちの女神ジョーゲーシュヴァリーの近くにそのような者たちが近づくことを容認するということであると思われる。ジョーゲーシュヴァリーの寺院の近くで憑依状態になる人々は「ごく一般の人々である」という。おそらく上位カーストに属する人々の中でもそのような気質のある者たちが憑依状態となって「格式の高い」ジョーゲーシュヴァリー寺院の近くに集まるのであろう。つまり、上位三つのカーストの人々の中に憑依状態となる者がまったくいないということではなくて、憑依なり神がかりがそれぞれの崇拝形態の中でどれほどの比重を占めているかによるのであろうと思われる。

マリアイ崇拝において憑依状態が彼らの崇拝形態の中で占める割合いは、正統バラモンたちを中心とするヒンドゥイズムにおけるそれよりもはるかに大きい。

以上見てきたように、マリアイ崇拝では憑依現象が重要な役割を果しており、広義のシャマニズムの要素も含まれている。インドやネパールの人々はしばしばこのように憑依やシャマニズムの要素を含んだ宗教形態を「タントラ的」と表現するが、多くの場合、否定的な意味が込められている。

図1・3＝マリアイの司祭は女装した男性である。彼らはチャブーカと呼ばれる「蛇に似た」皮の鞭を使う。

女装の司祭たち

マリアイ崇拝では女装した司祭たちが儀礼の導師を務める。サンガム・ガートでの供養祭の折にも各グループに二人ばかりの女装した司祭がおり、彼らの指示に従って団体が動いていた。この供養祭の行われた日の二日前にも三つのグループの中の一グループによって同じ場所で雨請いの儀礼が行われたが、その時にも女装し、チャブーカと呼ばれる革でできた鞭を持った司祭がグループを率いていた。

この男性の司祭たちも女性たちとはすこしばかり異なった方法で神がかり状態となる。

派手な色柄のスカートで女装した若い男が立ったまま、うつむきかげんで眼を閉じた。彼の周囲には百人あまりの人々が大声をあげたり、踊ったりしている。チャルメラに似たラッパを持った老人がその女装の男に近づくと、若い男の左の耳もとでラッパを吹き始めた。そのラッパの音は、二〇メートル以上離れて見ていたわたしにさえ途方もなく大きく高かった。二、三分の間、その若い男はまったく動かなかった。

やはり女装したもう一人の男性が立ったままのかの若い男性に近づき、その右の耳に口を寄せて何ごとかをいい、最後に「ラクシュミー女神に栄あれ」（ラクシュミー・ジャヤ）

図1・4=チャブーカを振りまわしながら、女装した司祭は群衆のなかで踊る。

と大きな声で叫んだ。その直後、かの若い司祭はくずれるように前に倒れこんだ。二、三人の男たちが倒れた女装の司祭を抱きおこし、司祭の額に赤い粉（クンクム）をすりこんだ。というよりも、顔中に赤い粉をまぶしたといったほうが正確だ。赤い顔の男は、ゾンビつまり蘇生した死体のように動き出し、他の女装した司祭たちと一緒になって祭りの進行係りとなった。

女装した司祭たちは、すでに述べたように二メートル以上はある革の鞭を手にしている（図1・3）。時折りは片膝を付いたかっこうでその鞭を空中に振った後自分の身体に強くまきつける。時には、その鞭を見事に使ってダンスをする。それを見守る人々の輪が小さくなってしまって、鞭を充分に振り回せなくなると、群衆に近づいて鞭をふり、見物人の輪を拡げるのである。

黒く長い髪を女性の髪のように垂らし、スカートをはいた司祭たちは、一種の神がかり状態の中にはあるが、神がかりとなった女性たちとは異なった動き方をする。司祭たちは瞬間的にくずれることはあっても、一部の女性のようにその場でじっとしていることはない。鞭を使って踊りながら、簡単なスキットを見せる者もいる（図1・4）。例のラッパによって神がかりとなった者たちは、突然走り出し、見物人たちの壁をつき破り、林の中に走り込むこともあった。そんな場合は、男たちがその後を追いかけ、数人がかりで連れもどすのである。川の中に入る直前でとりおさえられ、儀礼を行う場へと連れてこられた司祭もいた。

それらの司祭たちがどのような精神・生理学的状態にあるのかを、明確に説明することはできない。司祭たちが極度の興奮状態にあることは確かではあるが、いわゆる憑依の状態ではないと思われる。ラッパの音を聞いて半ば神がかりとはなっても彼らに自意識があることは明白であり、林や川の中へと走りこむことも一種のパフォーマンスであるといえよう。

二人の司祭が数分間、大きな布の下に隠れた後、突然その布をはねのけて走り出し、川べりでニワトリの首を口でかみ切り、川の中にその首を投げ込んだ。これは三つのグループの中の一つが行ったものであるが、このような動物供犠が正統バラモンたちとの反目を大きくする一因となっている。

もっともこの動物供犠に関しては、プネーあるいはマハーラーシュトラという土地柄を考慮に入れる必要がある。というのは、この土地はインドの中でも保守的な正統バラモンを中心とした宗教形態が根づよく残っているところであり、ベンガル、ネパールなどの動物供犠が比較的一般に行われている地域とは動物供犠に対する考え方が異なっているからだ。

ところで、何故「女装」なのか。マリアイが女神であり、その女神が憑くのだから、というのであろうか。女性のもっている資質なり力なりを男性の司祭が得ようとしていることは確かであり、儀礼の執行上、そのような資質なり力なりが必要と考えられているということはできよう。女性のもつ受動的な資質の方が、自らの心身に神あるいは霊を招きやすいということと関係しているのであろう。

マリアイ崇拝と正統バラモン

サンガム・ガートにおけるマリアイの祭りは約二時間続いた。同じガートの隅には白いサリーを着た婦人たちの小さなグループがあった。一見してバラモン階級に属する者たちと分かる。おそらくは最近、縁者を失ったのであろう。白い衣装は、喪に服していることを表している。彼女らはかの賑やかな祭りに参加しようとはしないし、遠まきにしているのみであった。

かのマリアイの祭りに参加した者たちの中には、バラモンとかクシャトリヤといった上位の階級の者はひとりもいなかったに違いない（図1・5）。インドの諸宗教の実態を外部から見ざるを得ない外国人観光客などの眼には、マリアイ崇拝や、同じくマハーラーシュトラ州に特有な水牛の魔神に対する崇拝マソーバーなどはヒンドゥイズムの一部分であるかのように映るであろう。だが、インドのバラモンのある者たち

図1・5＝マリアイの祭りに参加した人々。

は、マリアイやマソーバーの崇拝などはヒンドゥイズムの一部ではないという。その理由は、例えばマリアイ崇拝には経典もなく教義といえるようなものもないということだ。

マリアイ崇拝の人々をバラモンたちが「嫌う」ことはかなりはっきりしている。例えば、かの儀礼を見た日の夕方、わたしと一緒に夕食を食べていた友人のバラモンは、わたしがその儀礼を二時間見ていたことを知ると不快な顔つきになり、「どうしてあのようなものに関心があるのかわからない」といった感じだった。一方、観察者にすぎないわたしはマリアイの儀礼の一片を垣間見たにすぎず、インド社会あるいはマハーラーシュトラ州の中でこれまでにマリアイ崇拝などの人々と正統バラモンを中心としたヒンドゥーの人々の間にどのような歴史があったのかを明確には知らない。したがって、友人のバラモンが単に低カーストの宗教形態を蔑視しているのだといってもあまり意味がないとも思われる。ともかくインド五〇〇〇年の歴史の中には外国人旅行者には簡単に理解できない何ものかがある。

インドには実に数多くの種類のいわゆる土着崇拝がある。それらの崇拝形態と「ヒンドゥイズム」との距離はさまざまである。あるものは明らかにヒンドゥイズムの伝統の中に組み込まれ、正統バラモンによっても容認されている。あるものはマリアイのように土着崇拝の方からは、例えば自分たちの神を「ラクシュミー」と呼ぶというように、正統バラモンへの歩みよりがあったとしても正統バラモンたちがそれを容認しない場合もある。

インドにおけるそれぞれの土着崇拝を、インド亜大陸辺境のヒンドゥイズム勢力がほとんど見られないような、アッサムの一部、北インドの一部などは別として「ヒンドゥイズム」と呼ぶべきか否かは、当然のことながらヒンドゥイズムをどのように定義するかにかかっている。というよりも、宗教をどのようなものと考えるか、によるという方がより正確であろう。バラモン正統派とマリアイ崇拝は別種のものであると考えるか、両者は統一的総合的構造を有する宗教コンプレックスの二側面にすぎないという点を強調するかは、結局のところバラモンたちと「低カースト」の人々とが同種あるいは同質と規定できるほど近い宗教感情をもっていると考えるか否かという問題に帰着する。

ある者たちは即座に反論することだろう。すなわち、「どのような宗教感情をもっているか否か」ではなくて、どのような文化形態をそれぞれの崇拝が作りあげてきたかが問題となるのである。教義、儀礼形態、その教義なり儀礼なりが影響を及ぼすであろう「信徒」たちの社会生活のあり方、さらにはそれぞれの崇拝形態が有する政治的主張などによって「ヒンドゥイズム」と呼ぶか否かが決定されるべきだ、と反論することであろう。

たしかに宗教が社会の中で機能を果しながら生き残ってきたかぎり、それぞれの崇拝形態に属する個々人の宗教感情なるもののみに焦点をあてることは誤りであろう。わたし自身も個々の「信徒」の主観的契機のみが重要であるとは思わない。第一、個々人の宗教感情はこのようなものであると規定することは不可能なことだ。

ではあるが、わたしは従来の宗教一般に関する理解が、教義、儀礼、信徒の社会階層分布などに重点を置きすぎており、宗教が有する構造一般に関して注意を充分に払ってこなかったのではないかと思うのである。「宗教が有する構造一般」が個々人のいわゆる宗教的感情であるというわけではない。従来の宗教理解では、いわゆる世界宗教は民族宗教より優れており、民族宗教は「自然宗教」よりも勝っているという前提がともすれば頭をもたげがちであった。しかし、われわれは一度、かの宗教の三つの区別を中心とした理解を捨ててみる必要があろう。

教義がどのように精緻なものであるか、儀礼がどの程度に洗練されているか、信徒の属する社会階層は社会全体の中でどこに位置するのか、その崇拝形態はどの程度までに完成された美術工芸技術によって神々の彫刻、絵画等を作り得たのか等々。これらの観点はすべてそれぞれの宗教形態をそれぞれの分野における「優劣」の序列の中に並べることを目指している。しかし、このような観点によってわれわれは真に重要なものを見落してきたのではなかろうか。

すでに述べたように、マリアイの司祭たちは蛇のようなかっこうの革の鞭をふり回し、スカートをひるがえしながら踊りくるい、ニワトリの首を歯でかみ切り、その首を岸から川の中央に向かってほうり投げる。人々が興奮して動き回る中で、女性たちが次々と倒れ、泣きわめきながらトランスに入っていく。このような状態を見るならば、バラモンたち、特にマハーラーシュトラのバラモンたちは顔をしかめるに違いない。

たしかにバラモンたちの儀礼は洗練された次第を有し、さらに精緻な教義に裏打ちされてはいる。だが、そのような儀礼上あるいは教義上の相違は、人間の心性にとって、たかだか一万年の歴史しかない人間たちにとってどれほど根本的な違いなのであろうか。数千年の「反目」があるにしてもその反目は数千年を経ても人間が持ち続けねばならないほどに根本的なものなのであろうか。「ヒンドゥイズム」の内部の「反目」に加えて、インド世界はヒンドゥイズムとイスラム教、仏教との対立抗争をかかえている。これらの対立抗争は、教義や儀礼やそれらに基づく生活習慣を従来のように見続けるかぎり、永久になくならないであろう。われわれには「宗教理解の改革」が必要なのである。それぞれの宗教が現われ方は異なるとしても同一あるいは同種の統一的構造をもっていることを現時点において示すよう努力することは、宗教の相互理解にとって有益であろう。もっとも、さまざまな宗教が同一・同種の構造をもたないと考える人々によって宗教間の対立抗争が今日まで続けられているのであろうから、理念として諸宗教が普遍的な何ものか、例えば「聖なるもの」の定立を目指しているとはいっても、それは所詮宗教学あるいは宗教哲学上の一つの解釈の試みにすぎないのかもしれない。

かつてハーバード大学の世界宗教研究所長であったキャントウェル・スミスは、世界の中のさまざまな宗教の研究を通じて一つの普遍的な神学、あるいは神学的立場を構築することを目指した。二〇世紀半ばのことである。当時、アメリカ人に加えて、インド、パキスタン、日本など世界各国からこの研究所に来ていた学生たちは、自分の属する宗教以外の研究をするように義務づけられ、自分のもつ信仰との比較を通じて宗教間の対話への道を開くよう求められた。この試みは普遍的神学の樹立というところまではいかなかったとしても、充分な成功を収めたと思われる。

わたし自身は普遍的な神学の樹立が必要であるとは思わないし、またそれが可能であるとも思わない。しかし、それぞれの宗教に属する者たちが「優劣」によって自らと他との宗教を見ないような立場あるいは理解は必要だと思う。

祭官あるいは祭りの進行役の者が女装して踊ること、動物の生首を捧げること、憑依状態に入ること、このようなことは人間が社会生活を営み始めた時から行ってきたことであろう。さらに、そのような行為へと人を駆り立てる欲動は、姿を変えて現代のわれわれの中でも生き残っているのではなかろうか。

「人間と人間の生活は進化するのであるから、クローン技術を人間に適用するのは当然の進化だ」といいつつ、アメリカのある研究者はクローン人間の研究を進めている。はたして人間、特に宗教の側面における人間はそれほど進歩するものなのだろうか。

人類が言語を用いて社会生活を始めてからどれほどの年月が経過したかは定かではないが、少なくともこの数千年の歴史における人間たちの心性はそれほど変化・進化してきたとは思えない。性を意識し、踊ったり歌ったりし、血や水などの特定のものに「聖なる」力を感じ、日常とは異なった意識(変成意識)に至るというようなことは、数千年以前から人間は行っていたと思われる。それは仏教やキリスト教といったいわゆる世界宗教成立以前のことなのである。

世界宗教の成立以前の諸宗教が関わった問題が、すべて世界宗教によって解決されて現在に至っているわけではない。一方、世界宗教成立以前のものであるゆえに、世界宗教が関わった問題よりもより一層重要なことであったということもできない。しかし、いわゆる世界宗教の成立よりはるか以前から人間が持ち続け、今日に至るまで続いてきた行為は、人間の心性にとって根本的なものに関わってきたのであろうとまず考えてみることは必要であろう。

ヒンドゥイズムとは何か

「ヒンドゥイズムとは何か」という問いに関しては研究者の間でも理解は一致していない。それは日本人にとって仏教よりは馴染みの薄い宗教であるからという理由にもよるが、それよりも「ヒンドゥイズム」と呼ばれている宗教の歴史、思想、儀礼等の形態がより一層複雑であることによると思われる。

ヒンドゥイズムの理解のためには、仏教と比較するよりも神道と比較した方がより効果的だ。ヒンドゥイズムは神道と同様に、特定の開祖を有していない。さらに、いつ頃どのように始まったかについても明確な記録もない。ヒンドゥイズムには、太古の人間の原始的心性を今に伝えているとも思われる側面が存する一方で、中世のスコラ的な精緻な神学体系、さらには近・現代の歴史的状況と対決した結果としての思想形態も含まれている。そもそも、ヒンドゥイズムは宗教・哲学思想というよりは、インド、ネパールなどの人々の生活全体の規範である。

ヒンドゥイズムがインドやその周辺の人々の生活全般を規定しているほどには、神道はその歴史の中で日本人の生活全般を規定してこなかったかもしれない。しかし、神道が歴史の中でさまざまなかたちの変容を遂げてきたその過程は、ヒンドゥイズムがいわゆる民族宗教としてさまざまな変容を遂げてきたそのプロセスとよく似ているのである。

日本の歴史の中で神道の思想・儀礼は決して均質なものではなかった。その当初にあっては原初的なアニミズムの要素を多く有していたであろうし、七世紀以降、山岳宗教との結びつきを今日まで保っている。山岳宗教の中には広義のシャマニズムの要素が含まれていることはよく知られている。神道は平安時代には仏教と深く接触し、仏教さらには儒教から多大な影響を受ける一方で、自らの教義や儀礼形態を整備していった。室町時代には平安時代にもまして国家権力との結びつきを強めた。明治から昭和にかけて神道イデオロギーがどのような社会的機能を果たしたかはここに書くまでもない。このように日本の歴史の中で神道は、自らを「常に開いて」歴史の状況と対処してきた。

ヒンドゥイズムも神道と同様に、それ自身の中にさまざまな要素を含んで発展してきた。「ヒンドゥイズム」とわれわれが一般に呼んでいる形態の中には異なる人種や言語が含まれており、それらはしばしば相争ってきたのであるが、「ヒンドゥイズム」の中における抗争は、おそらく神道の内部における抗争よりも激しく、大規模なものであった。

「ヒンドゥイズム」という名称がどのような形態を指すのかが明確ではないと述べたが、その原因の一つがこの「内部の抗争」である。もっとも「内部の抗争」という場合の「内部」は、「ヒンドゥイズム」という名称の意味を広く採っている者にとって「内部」なのであって、「ヒンドゥイズム」という語の意味を狭く取っている者にとってはそれは外部である。

すなわち、インドには経典および教義を有する正統派ヒンドゥイズム（A）と、経典や教義を持たない土着的な宗教形態（B）とがあるが、ある者たちはAとBの両者を「ヒンドゥイズム」と呼び、また他の者たちはAの方のみを「ヒンドゥイズム」と呼ぶ。AとBはインドの宗教史の中で決して仲が良かったわけではなく、Aの方が優勢ではあったが、抗争を続けてきたのである。

AおよびB両者を「ヒンドゥイズム」の中に含める、広い意味に用いる場合には、かの両者の抗争は「内部」のものとなろうし、Aのみを「ヒンドゥイズム」と呼ぶ狭い意味に用いるならば、Bはヒンドゥイズムの外部のものとなろう。AとBとを共に「ヒンドゥイズム」と呼ぶべきか、Aのみをそう呼ぶべきか。日本では前者の用法が一般的と思われるが、そのように考えるときには、ヒンドゥイズムが本質的に抱えている「内部の抗争」の歴史を無視してしまうことになりかねない。もし、Aのみを「ヒンドゥイズム」と呼ぶべきだとするならば、Bは一体何なのか、を考える必要がある。

インドの宗教および思想史は、以下のような六期に分けられるであろう。

第一期＝インダス文明の時代　紀元前二五〇〇年―一五〇〇年

第二期＝ブラーフマニズム（バラモン中心主義の時代）　紀元前一五〇〇年―五〇〇年

第三期＝仏教などの非正統派の時代　紀元前五〇〇年―紀元六〇〇年

第四期＝ヒンドゥイズム興隆の時代　紀元六〇〇年―一二〇〇年

第五期＝イスラム支配下のヒンドゥイズムの時代　紀元一二〇〇年―一八五〇年

第六期＝ヒンドゥイズム復活の時代　紀元一八五〇年以降

アーリア人が、パンジャブ（五河）地方に侵入し、バラモン中心の文化を作った時代が第二期であるが、ヴェーダ聖典に基づいた祭式が行われた時代であり、「ヴェーダ祭式の時代」と呼ばれることもある。第三期の初期には、ヴェーダ祭式の執行権を占有していたバラモン僧たちの力が衰える一方で、非バラモン勢力に支えられた仏教やジャイナ教が興隆した。第三期の後半には、ブラーフマニズムが各地方の土着的文化を吸収しながらかたちを変えて台頭してきたのであるが、この新しく台頭してきた宗教形態を「ヒンドゥイズム」と呼ぶのが一般的だ。紀元六〇〇年頃にはヒンドゥイズムの勢力は仏教のそれを凌いでいたといわれる。これ以後今日に至るまで一貫してヒンドゥイズムはインドにおける主要な宗教である。ヒンドゥイズムは、またネパールやスリランカなどの南アジア諸国にも伝播した。

今日のインドやネパールではヴェーダ祭式の伝統はわずかながら生き残っているが、それらはヒンドゥイズムの中に組み込まれている。したがって、今日のヒンドゥイズムの中にはヴェーダ祭式の要素も見られるのである。インド思想史の時代区分の第二期に勢力のあったヴェーダ祭式の要素を含んだ形態を今日、「ヒンドゥイズム」と呼ぶことに関しては何人も異論がないであろう。

大いなる伝統と小さな伝統

すでに述べたように、ヒンドゥイズムにおいては多くの異なる民族や言語が抗争してきた。例えば、第二期には今日のイラン地方から侵入し支配者となったアーリア人と侵入者に支配された先住民との抗争があった。この両者の間の抗争は今日にもかたちを変えて続いている。

ヒンドゥイズムはその歴史の中でさまざまな地方文化と接触した。例えば、紀元六世紀に中央集権的国家であったグプタ王朝が崩壊すると中央の「貴族」たちは地方に落ち延びて、それぞれの地方の文化的伝統と自分たちが有していた伝統との融合、調和を図った。ある伝統はかの中央の伝統と調和することができたが、調和も折衷もできない地方の土着的伝統も存したのである。

ヒンドゥイズムにおけるこのような抗争の一つのケースとして、上に述べたAとBとの間の抗争があるのであり、その対立・抗争は今日まで続いている。第二期において、ヴェーダ祭式を執行する専門僧（バラモン僧）の階層を中心としてAの宗教形態が形成されたと考えられるが、先住民の間にはBの形態を有する宗教形態もすでに存在していたと推測される。その後の第二期における対立・抗争はインドの宗教史を貫くものではあるが、アーリア人と「先住民」の抗争という図式がそのままAとBとの対立・抗争として今日に至っているわけではない。

Bの宗教形態の一つとして先にインド西部のマハーラーシュトラ州を中心に見られるマリアイ女神崇拝を紹介した。マハーラーシュトラ州の全人口の内、バラモン階級に属するものは七、八パーセントといわれる。マリアイ崇拝などを有する人々が属する人々の階級は、明らかにバラモン階級よりも多くの人々を擁している。前に述べたように、バラモン階級に属する者たちの多くは、Bの宗教形態、例えば、マリアイ崇拝を自分たちの宗教形態とは異質のものと考えている。それゆえマリアイ崇拝を「ヒンドゥイズム」と呼ぶことを拒否している。

AとBとの間の抗争とここでわたしが呼んでいるものは、いわゆる「大いなる伝統」（great tradition）と「小さな伝統」（little tradition）との間の抗争と常に同じというわけではない。おおざっぱにいって、前者は汎インド的な文化的伝統をいい、後者は地方の文化的伝統をいう。グプタ朝崩壊後には大いなる伝統を有した中央の貴族たちが地方に落ち延び、さまざまな小さな伝統に接したと前に述べたが、このような大、小二つの異なる伝統の融合、折衷はグプタ朝崩壊の直後のみならず、それ以前も、その後も長期にわたって続いてきたのである。その際、その二つの伝統は融合するか、融合しないまでも平和的な折り合いを付けるかが一般的であった。ただし、こういう場合の「小さな伝統」の中には前述のB伝統は例外を除いて含まれていない。

「小さな伝統」の中にもほとんど数えられず、A（「大いなる伝統」）と対立したままではあるが、インドの地に今日まで生き続けている宗教形態の存在することはあまり問題にされてこなかったのである。

マハーラーシュトラ州に見られるヴィッタル信仰は、「例外」である。ヴィッタルとはこの地域特有の宗教形態であるが、ヒンドゥイズムの発展の歴史の中でヴイシュヌ神と同一視されるに至った。ヴィッタル信仰はマラティ人によって支えられているが、彼らはアーリア人種ではない。しかし、マラティ人の中にもバラモン階級は形成されてきた。むしろ近・現代におけるインドのバラモン文化の担い手の主要な部分がマラティ人たちである。この伝統的なマラティのバラモンたちの中でヴィッタル信仰は受け入れられている。マラティのバラモンたちのヴィッタル神に対する態度は、彼らのマリアイ女神に対する態度とは根本的に異なっている。

われわれは、インドがそもそもの始めから抱えており、今日においてもほとんど解決されていない問題に突きあたっている。しかし、これまで日本や欧米においては、そしてある程度まではインドやネパールにおいても、この宗教形態の対立の問題は正面から取り上げられてこなかったように思われる。確かにAの宗教形態がこれまでに築き上げることのできた「文化遺産」つまり、思想、文学、芸能、科学等々は、Bのそれとは比較にならないほど洗練されたものである。それゆえ、従来のインド学がBの宗教形態をAと対比可能なものとして考えるなどということはなかったのである。

しかしながら、もしかすると、Bの宗教形態はAと向き合って考えなくてはならぬほど、重要なものかもしれない。すくなくともヒンドゥイズムとは何か、を考える際にBの存在を考え直す必要はあると思われるのである。

タントリズムとシャマニズム

「ヒンドゥイズムとは何か」および「大いなる伝統と小さな伝統」で扱ってきたBの部分は、インド宗教の中で、さらには宗教全体の中でどのように位置づけられるのであろうか。ここではこの問題を詳細に考察することはできないが、その問題はタントリズム（密教）とシャマニズムを宗教全体の中でどのように位置づけるかという問題と深く結びついていることを指摘しておきたい。

「タントリズム」と「密教」とをわたしは同義に用いている。この宗教形態の起源を論ずることは難しい。ある者たちはその原初的形態がヴェーダ聖典やそれに続くブラーフマナ文献にあり、アーリア人の宗教形態の中に含まれていたものだと主張する。他の者たちはタントリズムは実質的には紀元六、七世紀以降に台頭してきたものであり、アーリア人の宗教形態とは異質のものだと主張する。このような意見の対立は、仏教とバラモン中心主義との対立を考察する場合とよく似ている。すなわち、ある者たちは、仏教がバラモン中心主義、特にウパニシャッドの思想に強く影響を受けたものであり、結局、仏教はヒンドゥイズムの壁の一片にすぎない、ブッダもヒンドゥーの神ヴィシュヌの一つの化身なのだと主張する。一方、ある者たちは、仏教とヒンドゥイズムの思想、儀礼、僧団組織などの相違に力点を置き、インド、ネパール等の地域において実際に抗争が行われてきた点を指摘する。

真実はこれらの相反する立場を止揚したところに存するのであろうが、その統一的見解に至ることは近い将来においては望むことはできないであろう。というのは、ヒンドゥイズムの場合でいうならば、Bの立場はこれまでAの立場によって圧迫されてきたのであり、AとBとの対立は今日ようやく自覚的に政治、経済、文化等の諸場面に持ち込まれるようになったばかりだからだ。AとBとの対立は、単に知的理解の問題ではない。そうなのではあるが、AとBとの宗教的対立が何に根ざしたものであるのか、またその対立が本当に対立すべきものであるかの理解がわれわれに今求められている。

タントリズム、特に後期タントリズムは、血、骨、皮といったいわば「不浄なもの」を自らの教義、儀礼の中にとり入れていった。これはヴェーダ以来の正統バラモンたちが今日に至るまで依然として消極的あるいは「手をつけない」側面である。Bと呼んできた崇拝形態には、マリアイ崇拝に見られたように血などを儀礼の中の主要な要素としてとり入れたものが多い。もっともインドにおけるタントリズムのすべてが、血や骨の儀礼を行い、憑依状態になる人々を尊重あるいは容認してきたわけではない。ヒンドゥイズムの中には、「タントラ主義」の名称で呼ばれながらも非タントラ系の哲学的体系に勝るほどの精緻な理論体系を有し、血や骨などの儀礼は行わないタントリズムの派が存在する。

ヒンドゥー・タントリズム(タントリズムの要素を多く有したヒンドゥイズムの派)が成立した一方で、仏教タントリズム(タントリズムの要素を多く含んだ仏教の派)も成立した。後期仏教タントリズムはインドの伝統のかのBの部分から多くを受け取っている。例えば、チャンダーリー、ドームビー(洗濯を職業とする女性たち)といった低カーストの女性をタントリストたちの修行パートナーとして選んでいるのである。時には性行為をタントリズムの修行の中に組み入れるためにそれらの女性と性交渉を持ったという。チャンダーリーやドームビーといった低カーストの者たちとは話したり食事を共にすることさえ、バラモンを中心とした文化形態の中では嫌悪すべきものとされているのに、なぜ仏教の密教修行者たちは、当然ヒンドゥー・タントリストたちもそうであったであろうが、そうした女性たちと性行為まで行ったのであろうか。

それはそれらのいわゆる低カーストの女性の方が、バラモンなどの上位カーストの女性たちよりも、タントリストたちにとって必要なものを持っていたからであろう。それは何なのか。この問題に答える前に、われわれはシャマニズムを考えてみよう。シャマニズムの特質がかの女性たちの持っているものとも関連があると思われるからだ。

われわれは今広義の意味でのシャマニズムを視野に入れている。つまり、北アジアを中心的領域とする特定の宗教形態のみをいうのではなくて、変成意識（神がかり、憑依、脱魂）を重要な契機とする世界のほとんどの領域に見られる宗教形態を指すことにしよう。この意味では、マリアイ崇拝もシャマニズムの要素を含んでいるといえるであろう。正統派ヒンドゥイズムは憑依を危険なものとして避けてきた。正統派ヒンドゥイズムの実践方法の内、もっとも重要なものとして機能してきたヨーガが目指すサマーディ（精神が究極的に集中した状態）は、明らかに憑依とは異なると正統派は考えてきた。

しかし、憑依と「ヨーガによる三昧」とはタントリズムにおいて結びつけられた。ヒンドゥー・タントリズムも仏教タントリズムも共に成就法（サーダナ）という行法を発展させてきた。これは眼前にあたかも実在のものであるかのように神を呼び出し、その神と一体となる一種の身体技法である。この行法はタントリストたちにとって唯一とはいわないまでももっとも重要な目的の一つであった。タントリストたちは憑依状態における変成意識から示唆を受けて、あるいはそれに近い状態となることによって神と一体になろうとしたのである。

したがって、憑依状態になることのできる女性たちは、タントリストたちにとって必要なものを持っていたことになる。タントリズム、特に仏教タントリズムは、インド社会の中にあって圧迫されながらも古代から人間に与えられてきた原始的心性をバラモンたちよりもより確かに保持してきたからである。

マリアイの祭りで神がかりとなった女性たちは、もちろん現在、仏教タントリストたちのパートナーとなっているわけではない。そもそもマハーラーシュトラには仏教タントリズムは存在していないのである。だが、現在においてもなお、かの「マリアイの魔女たち」は、正統バラモンたちが避けてはきたが、人間の心性にとっては基本的なものを保持し、それをおのが生の核心とし、そのような生を生きているのであろう。

第2章　ヒンドゥー神話の背景

自然と神々

インドをほんのすこしでも旅したことのある人ならば、そこでは今日もなお神々が生きていることを感じ取ることができるであろう。インドの宗教について特別の知識のない旅行者でも「神々」としか呼びようのない、異様ではあるが魅力的な存在者が、町の四辻の小さな社に、巨大な岩のくぼみに、あるいは老木の根元に、人々の崇拝を受けて生きていることを知らされる。

眼には見ることができないけれども明らかに「命のある」力が、人間や牛や犬とともに生きている。無気味な、時として戦慄を覚えさせる力はインドの大都会の混沌とした雑踏の中でも、古代の石窟がある山の麓の小さな部落にあっても、それほどの差違はなく、全インドにおいて発散されている。ヒンドゥー教の神々をまつる寺院のどこを訪れても参拝の人の数は多いし、誰もが熱心に祈っている。

インドにおいてはヴェーダ時代から、他の国々におけると同様、太陽、天空、大地、水などの自然を構成するものが、神々の顕現する場であったり、神々そのものであった。太陽は特に強力な神であり、太陽のもつ様々な特質、たとえば、衝動、栄養がそれぞれ異なった神格として尊崇された。日輪はスーリヤと呼ばれ、暁紅の女神ウシャスの夫であった。

ヒンドゥイズムの時代になると、神々は自然の中の一つ一つの事物と一層強く結びついた。それまで主として天界に住んでいた神々が、地上に降りてきてそれぞれの住みかを見つけたのである。ヴェーダにおける暴風雨の神ルドラはシヴァ神となり、直立する男根（リンガ）という姿を取って地上にそそり立った。ヴェーダにおいてすでに活躍しており、太陽神でもあったヴィシュヌは、シヴァ神と勢力を張り合いながら自らの姿を、野猪、亀、魚、ライオンなどに変え、人々に恵みを垂れた。

ヴィシュヌはまた紫がかった緑色の葉をもつ小さな灌木トゥラシー（図2・1）を妻とし、シヴァはバニヤン樹（図2・2、2・3）の枝から地上に向かって垂れさがる無数の気根を自分の髪とした。幸福の女神ラクシュミーは、蓮華の麗しさに住み、「七人の母神たち」はそれぞれ自分たちの樹を選んでその下に住んだ。太い枝から直接にブドウ状の実をつけるイチジク科のウドゥンバラの樹（udumbara）（図2・4）はヒンドゥイズムにおける三主要神ブラフマー、ヴィシュヌ、シヴァの神体そのものであるとされた。

神々は、樹木や動物ばかりではなく、生命のない岩や石にも自らの姿を顕現させた。巨大な岩山は女神が敬虔な信者に自分の姿を現わして見せる場であり、また女神が常に住む場

図2・1＝トゥラシー。シソの仲間であり、葉をもむとシソの香りがする。

でもある。血を意味すると思われる赤い粉（クンクム）で塗られた一抱えほどの石は女神マリアイの像である。インド大陸の「長さを測る物差しのような」ヒマーラヤ山は山の王であり、その娘は成長してシヴァの妻となったのだった。そのシヴァの妻は火中に身を投げて死に、その死体は切り刻まれて各地に飛び散ったが、そのおのおのの部分から幾百という女神が再生した。女神の部分が落ちたとされる場所は多くの場合、奇観を呈する岩のあるところだ。

自然の一つ一つの事物が神であるのではなく、自然全体あるいはこの世界そのものが神であるともヒンドゥーたちは考える。舞踏の王シヴァ神の踊る姿、あるいは牧童神クリシュナが多くの牛飼い女と戯れる姿がこの世界なのである。

インドでは、自然の個々の事物、さらにはこの世界全体が神々の顕現する場、あるいは顕現した姿に他ならず、自然の運動は神々の行為そのものである。幾千年にもわたって、ヒンドゥーたちはそのような神々の姿や行為そして神々の間の関係などを見守り、巨大なヒンドゥー神話という複合体を生んだ。ヒンドゥーにとって自然あるいは世界は、そうした神話を現時点で文字とは異なった方法で、文字よりも強烈なやり方で語る存在に他ならない。自然の運動のひとつひとつがその神話の中のそれぞれのエピソードに対応し、神話の中で意味をもつ。すなわち、インドの自然は、そのすみずみまで

図2・2＝バニヤン（ヴァタ）樹には直径一センチほどの赤い実がなる。この樹はイチジク（無花果）の一種であって、花托が発達して小さな無数の花を包んでいる。

神話という「意味の体系」によって裏打ちされたものなのである。

ヒンドゥーは、自然が、岩や水さえも、生命のない元素に分解可能な無機物質では決してなく、人間の肉体が生のリズムを有するのと同じようにそれを有すると考える。ヒンドゥーにとって、人間と「生」を共有する自然こそが「聖なるもの」であり、神々であった。「俗なるもの」としての人間は、そのような共通性をたよりに「聖なるもの」に出会おうとする。「聖なるもの」に対する「俗なるもの」の行為が儀礼である。ヴェーダの宗教をも含めてインドの宗教の根底にあるのは儀礼中心主義なのである。

灌木トゥラシーは、別の伝承によれば、神々と人間が出会う場である。素焼きの四角い鉢に植えられたトゥラシーの樹に主婦は毎夕ハイビスカスの赤い華を捧げて祈る。ウドゥンバラの樹を右回りにまわりながら、若い夫婦は子供を願う。象の顔をした神ガネーシャの小さな像には、三叉状になった細い葉を有するドゥールワー草（図2・5）が、水に洗われてのせられる。ガネーシャはその草が好きだからだ。

聖なるものの前で、あるいはそのイメージの前で崇拝する人間たちもまた神話の世界への参加者となる。神々を人間たちの眼前に呼び出し、活気づけ、行為をするよう神々を促すのは他ならぬ人間だからである。神々の世界を常に活気ある

図２・３＝バニヤン樹の枝からは気根が垂れ下がるが、その気根が地面に着くと、やがてその根が太い幹となる。このようにして写真に見られるように、一本のバニヤン樹が多くの幹を持つことがある。

ものとするためのエネルギーをインドはこの幾千年に亘って持ち続けてきた。その種のエネルギーは、幾分衰えたとは言え、まだ充分残っており、今日においてもインドを旅行する者たちを圧倒する。

ヒンドゥーの神話を知ることは、したがって、インドの古代からの歴史を生き生きとした姿で知ることに役立つと同時に、現代のインドの生活の全体像を知る鍵となるであろう。そこでは、神話は文字どおりまだ生きており、人々は神話を生きているからである。そしてこの神話の世界では、第１章におけるＡの伝統とＢの伝統は一体化している。あるいは、一体化とうけとめる人々にとって神話の世界はより豊かである。

神話の歴史的背景

インド思想史を六つの時代に区分することができることはすでに第１章で述べた。第一はインダス文明の時代（紀元前二五〇〇—紀元前一七〇〇）。第二はブラーフマニズムの時代（紀元前一七〇〇—紀元前五〇〇）。第三は仏教などの非正統派の時代（紀元前五〇〇—紀元六〇〇）。続いて第四はヒンドゥイズム興隆の時代（紀元六〇〇—紀元一二〇〇）となるのであるが、この時代は古代のブラーフマニズムが地方の土着崇拝などを自己の中に吸い上げながら新しくヒンド

図2・4＝ウドゥンバラ樹。この樹の下にはしばしばダッタ神が祀られるが、この神は三面を有する。この三面はブラフマー、ヴィシュヌ、シヴァの三神を表わしている。この樹はイチジクの仲間であり、根元には多量の水を蓄えており、旱魃の時には、人々はこの根元を掘ると言われる。幹あるいは枝から直径一・五センチから二センチ大の実が直接付く。温度や湿度の関係で、花托に包まれていた果肉がはじけると赤い花が咲いたようになると伝えられる。それが仏教経典にいう優曇華（うどんげ）の花のモデルとなったのであろう。本書三三三頁参照。

ゥイズムとして復興した時代である。ヒンドゥイズムの台頭はすでに第三の時代、つまり仏教の時代の半ばからすでに見られたものであるが、八〇〇年頃になると仏教が急速に力を失いつつあり、ヒンドゥイズムは仏教の勢力基盤をも自己の中に吸収して全インドに勢力を得ることになった。第五期はイスラム教支配下の時代であるが、この時期はヒンドゥイズム熟成の時代でもあった。つぎの第六期ヒンドゥイズム復活の時代には第五期で蓄積されたエネルギーが社会の表面に噴き出したということができる。

インドの神話に現われる神々は、他の国々の場合と同じように、時代とともにその性格、職能等を変えてきた。ヒンドゥイズムの神々の性格等の変遷も今述べたような六つの時代の区分に従って考えることができる。アーリア人の渡来以前の第一期における神々に関しては現在ほとんど何も分かってはいない。だが近年の考古学的研究によってほぼ確かになったことは、この時期の神々が何らかの仕方において、次の第二期、さらには第三、第四期の神々のイメージや性格に影響を与えたということである。第二期に関しては、後で述べるように、ヴェーダやウパニシャッドなどの文献が残されており、またその文献に関する研究もこれまでに数多く残されている。第三期は仏教を中心とする非バラモン主義が重要な役割を果たした時代であるが、この時期には第二期の神々が大

図2・5＝ドゥールワー草。シヴァ神の息子とされる象面神ガネーシャへの供物とされる。束にして市場で売られている。プネー、二〇〇四年一二月。

幅にそのイメージを変えている。強力だった仏教文化の流れの外でヴェーダの神々は姿を変え、この時期の後半には今日のヒンドゥイズムに見られる神話、神々のイメージ、儀礼形態の原型となった。また、神々の姿が彫像に彫られはじめたのもこの第三期である。第四期、すなわち紀元六〇〇年から紀元一二〇〇年にかけて、第三期の後半において既に台頭していたいわゆるヒンドゥイズムが仏教やジャイナ教を凌いで勢力を確立するのである。その後一二〇三年には、ヴィクラマシラー仏教僧院がイスラム教徒の略奪にあい消滅するが、これを象徴的事件としてそれまでわずかに残っていた仏教はインドより消え、インド史の舞台中央にイスラム教徒が現われ、インドはそれまでとは異なった時代を経験することになった。ただイスラム教徒の長い支配の中にあってもヒンドゥイズムは第四期において完成された形態を、幾分その力が弱まったとはいえ、維持し続け、現代では再びインドの主要な伝統として人々の全生活を色づけている。

第四期までに話を戻せば、第二期におけるバラモン中心主義が、第三期前半（紀元前五〇〇—後一〇〇）において抑えられるが、第三期後半（紀元一〇〇—紀元六〇〇）において、様相を変えて復活する。第四期、特にその後半においては、非バラモン主義の代表者であった仏教が——少なくともインドにおいては——衰退の一途をたどり、地方文化の吸収などによって新しく生まれかわったバラモン中心主義が全インドをおおうのである。第二期におけるバラモン中心主義をブラーフマニズム、第三期後半に新しく生まれかわるバラモン中心主義をヒンドゥイズムとして区別したい。第一期におけるインダス文明は、ヒンドゥイズムの誕生に際して重要な役割をなしたと考えられる点が多い。

さて、本書の目的は、ヒンドゥイズムにおける神話を紹介し、彫像に現われたそれらの神々のイメージを概観することである。先述のようにインドにおいて神々が彫像に刻まれるようになったのは、第三期、つまり仏教を中心とする非バラモン系の勢力が強められた時代であった。そして、次の時期において、いわゆる「ヒンドゥーの神々」の像が盛んに石などに彫られ、またプラーナを中心とするヒンドゥイズムの文献に伝えられたのである。本書はこの第三期後半から第四期におけるヒンドゥーの神々の彫像および神話を主に扱っている。

第二期のヴェーダの神々については、主なるものを取りあげてその性格、職能について述べることにしたい。ヴェーダの神々の性格等が後のヒンドゥイズムにおいてどのような変化を遂げたかについても述べたい。仏教における諸尊については我国においてもすでに数多くの優れた研究がなされており、ヒンドゥイズムにおける神々とは別のグループとして把握さるべき点が多いのでこの書には含めなかった。

仏教の場合と異なり、インドの神々のイメージはわれわれにはかなり疎遠である。見たこともない姿を文章によって伝えるのは至難の業である。本書においては、図版を数多く載せることによってこの困難を克服しようとした。

ヒンドゥイズムにおいては、シヴァ、ヴィシュヌ、ブラフマーの三人の男神が重要であり、本書でもこの三神に最も多くの紙面が割かれている。一方、六、七世紀頃からインドにおいては女神崇拝が盛んになり、一三、四世紀頃になると、ベンガル地方などにおいては特に女神の力は男神たちのそれを越えるのである。女神崇拝はタントリズム（密教）との関係においてとりわけ重要である。従来のヒンドゥーの神々の概説において、それほど紙面は与えられていない女神崇拝を重要視したのも、本書の特徴である。

ヒンドゥーの神々を伝えている文献は叙事詩やプラーナなどであるが、そこで神々は人間たちの世界に現われ、人間たちと話し、戦い、時には結婚する。ヒンドゥーの神々はヴェーダの神々のように天界に住むのではなく、牧童女たちと遊んだり、墓場で瞑想したりして、地上に住む。人間の女を求めて、ある国の王の姿にさえ身を変えるのである。このような叙事詩における神々の姿も、われわれはこの書で見ようとしている。

前節で述べた「自然の神々」も本書の重要な登場人物である。蛇や猿といった動物、河や山といった自然は、古代インドにおいては、他の国々におけると同様に、「聖なる」力を有した「神々」であった。ヒンドゥイズムにおいては、ヴェーダの宗教——われわれの言うブラーフマニズム——におけるよりもはるかに多様な自然物に対する崇拝の要素が増している。このヒンドゥイズムの特質を明らかにするとともに、その神々の多彩な姿を造形作品によってありありと表現したい。

第一期および第二期の様相

われわれの言う第一期、すなわち、およそ紀元前二五〇〇年から紀元前一七〇〇年頃まで、インダス河流域、ナルマダー河、タプティ河の河口域にいわゆる「インダス文明」が栄えていた。この文明は高度に発達した都市社会を有し、また明らかに文字と思われるものや動物などを刻んだ小さな粘土板が出土している。今日までその粘土板の文字は解読されてはいないが、そこに彫られた神像らしきものから、われわれはこの時代の宗教のあり方を垣間見ることができる。これまでしばしば指摘されてきたのは、水牛の角と思われるものをはやした神像であり、これはルドラすなわちシヴァ神の原型ではないかと言われてきた。またテラコッタ製の女神像も明らかに信仰の対象となっていることが窺われ、他に動物や樹木も崇拝の対象になったと考えられる。

このインダス河流域に都市文明を築いていた人々が、後にインドに侵入したアーリア人をおそらくは迎えた人々なのであろう。彼らの都市文明は侵入者によって破壊されたであろうが、インダス文明の中で育ったすべての観念、風習等がまったく消滅してしまったとは考えられないから、粘土板に残された神がシヴァの原型であった可能性は大きい。アーリア人を中心とした『リグ・ヴェーダ』の文化が、やがてドラヴィダなど非アーリア人の文化に影響されて、さまざまな形で両者の統一がはかられる時代になると、それまでアーリア人の文化に圧倒されて社会の表面に出ることのできなかったこのシヴァ神が人気を得てきた、と考えられる。シヴァ神ばかりではなく、後世、シヴァを夫として、夫以上の力を得ることになる大母神に対する信仰も、その源泉をインダス文明の女神像に求めることは不可能ではない。

第二期、すなわちヴェーダの時代における最古の文献『リグ・ヴェーダ』は、神への讃歌や神に加護を祈る呪文を集めた祭詞集である。この「呪力ある祭詞」はブラフマン（brahman）と呼ばれ、ブラフマンを独占する職業的神官がブラーフマナ（brāhmaṇa）、すなわちバラモン階級なのである。一方、宗教的権威を有する彼らに対して儀礼を依頼しその代価を支払うのは、多くは政治権力を有するクシャトリヤ階級であった。これら二つの階級の下に、生産手段の実質的担い手であるヴァイシュヤがあり、さらにその下に元来は征服された敵と思われるシュードラがいた。バラモンたちは、カトリック教会のような堅固な教会組織を生み出しはしなかったが、ある意味では教会組織よりも堅固でしかも効率のよいやり方で人々の心をつかみ、支配した。マックス・ヴェーバーのいう「氏族に認められた精神的権威」（ジェンティル・カリスマ）により、バラモンたちは人々を支配したのである。この精神的権威はヴェーダ儀礼を行なうことによってその効果を発揮したが、その儀礼を行なう権利はもっぱらバラモンたちに専有されていたのである。

ヴェーダという祭詞集が編纂された後、そこに簡単に述べられたにすぎない儀礼のやり方に対する詳細な規定を述べるブラーフマナ文献が出現した。さらに、この儀礼主義に対する反動として、形而上学的知を求め、宇宙原理としてのブラフマンと個我としてのアートマンの本来自己同一性を求めたウパニシャッドが現われた。そして、これら三つが、ブラーフマニズムの三大根幹となった。ヴェーダはどの時代においても、正統派のバラモンたちにより、他の論典とは区別された聖典と考えられてきた。論理学、修辞学、文法学、天文学、医学等々学問のほとんどあらゆる分野において評釈のシステムを作ってきたインド人も、『ヴェーダ』に述べられた儀礼に関しては評釈のシステムを作っても、ヴェーダ讃歌そのものについて評釈のシステムをつくり出すことはしなかったのである。ブラーフマナの儀礼主義は、その後のインドの社会・文化の根底に生きつづけ、儀礼主義に反対する数々の運動が現われても、結局はそれらを自己のうねりの中に吸い取ってきた。元来ブラーフマナの儀礼主義への反動として生まれたウパニシャッドの精神も儀礼主義の襞の中に吸い込まれていったが、主知主義的なウパニシャッドの精神は、インド思想の重要な柱となって、現在に至るまで機能しつづけている。

第三期および第四期において

インドの長い歴史を通じて、バラモン正統主義の思想は、幾多の異種なものに出会う運命にあった。そしてブラーフマニズムが出会った最大の異端が仏教であった。仏教はインドの異端児であった。生まれた国では消滅したが、「母」の知らなかった他の国々をこの「子」は見ることができた。もっとも、この「反逆児」にしても、インドに生まれたものであり、インドの思想のもつ性格を備えその伝統を保っている。

たとえば、ヨーガの伝統は仏教においても解脱へのもっとも重要な道として受容された。仏教はインドにおいて、大きな中央集権国家ができあがるたびに飛躍的に発展した。第一回はマウリア王朝である。この王朝の時、多数の仏教徒がインド以外の国に布教に出かけていった。第二の機会は、クシャーン王朝（一―三世紀）の時に訪れた。この時期には、大乗仏教が理論的にも整備されてそれ以後千年の存続のエネルギーを蓄えることができた。第三は、グプタ王朝（紀元三二〇―六〇〇）である。この時仏教は教学を大成し、インド大乗は最も隆盛を極めた。

ところで、グプタ王朝時代に仏教が教学の完成を急いでいるとき、それまで仏教によって勢力を抑えられ気味であったブラーフマニズムは勢いをもり返していた。このブラーフマニズムの復興は、しかしながら、古代のヴェーダ精神がそのままのかたちで復活したものではなかった。ヴェーダおよび初期ウパニシャッドの時代においては異端とされていた土着的要素や、ギリシャなどの外国文化の要素などを吸い上げながら、古代のバラモン中心主義とはまた別のかたちのバラモンの文化が成立していったのである。宗教面における最も著しい変化は、『リグ・ヴェーダ』においてすでにある程度の力を与えられてはいたが決して中心的な存在ではなかったシヴァとヴィシュヌとが主要神として崇拝されるようになったことである。この二神が勢力を確立したと思われるグプタ王朝期には、すでにウパニシャッドにおける中性原理ブラフマンが男神ブラフマーとして崇拝されていた。ブラフマーは世界を創造し、ヴィシュヌはそれを維持し、シヴァが破壊する、と考えられ、この三神を中心とする信仰形態が成立し、これが今日におよんでいる。この三神への信仰が一般に「ヒンドゥイズム」と呼ばれているものの核心である。この新しい信仰形態においては、ブラフマーは、古代の栄誉を与えられてはいるものの、人々にとっては比較的疎遠な存在であり、人々の信仰の実際的な対象はシヴァとヴィシュヌであった。ブラフマーは他の二神の仲介者となったのである。

グプタ王朝の崩壊後、八・九世紀頃にもなると仏教は急速に力を失っていった。つまりグプタ王朝および戒日王（六〇六―六四七統治）の時代は、仏教のインドにおける最後の隆盛期であり、同時にヒンドゥイズムの核心が成立した時期でもある。グプタ王朝の後は、いわゆる群雄割拠の時代となり、地方の王朝は、グプタ王朝の時代にほとんど成立したヒンドゥイズムの形態を自分たちの地方文化と融合させていった。このようにしてヒンドゥイズムはますます土着的なものを吸収して、全インドに広がった。ヴィシュヌ神は、グプタ王朝以前、クシャーン王朝の時代にすでにクリシュナ――元来はヤーダヴァ族の族長であったという――神と同一視されていたが、一〇世紀の頃までには一〇もの化身（アヴァターラ avatāra）をもつようになり、『ラーマーヤナ』の英雄ラーマ、さらには仏教の如来もヴィシュヌの化身と考えられた。シヴァは化身を持たなかったが幾つかの相（ムールティ mūrti）を持ち、シヴァの多様な性格がそれぞれの相を描く彫刻として表わされていった。地方の宗教家や貴族は、自分たちの土地の女神をシヴァ神の妻パールヴァティーと同一視させるというやり方で、自分たちの地方文化と中央文化との統一を実現させていった。このようにこの時期、特にシヴァ崇拝と密接な関係を保ちながら女神崇拝が発達していったのである。

本書第1章において、上位三つのカースト（バラモン、クシャトリヤ、ヴァイシュヤ）が中心となるヒンドゥイズムの形態Aと第四のカーストおよび四カーストより除外されているハリジャンを中心とした広義のヒンドゥイズムBとの対立がインド宗教史に見られると述べた。Aの形態に対して同等の力を得るということはなかったにせよ、ある程度の力を形態Bが有するようになったのは、第五期の半ば、一〇世紀以降と思われる。非正統派の仏教タントリズムが形態Bから多くの要素を吸収したのはすでに八、九世紀からのことであったろう。ヒンドゥイズムAは、Bから仏教タントリズムが吸収したようには、諸要素を吸収することはなかったけれども、Bの中で一般的であった血、骨、皮などの儀礼の要素を幾分かは受け入れたのである。

このようにインドの宗教は、時代とともに根本的な変化を遂げてきたのであった。第一期インダス文明の時代を別にすれば、ヴェーダの宗教からヒンドゥイズムへの変質が特に重要である。仏教はヴェーダの宗教からヒンドゥイズムへの運動の中で生まれた一つの運動であると規定できよう。

ヴェーダの宗教とヒンドゥイズムのそれとは儀礼の形態、目的が異なっており、またそれにともなって神々の表象方法も異なっている。

ヴェーダの宗教儀礼においては、神々は天より呼びおろされ、ソーマ酒などの捧げものによって活気づけられ、敵を殺すなどの行為をなし、送られて再び自分たちの住居に帰ったのである。ヒンドゥイズムにおいては、神々は寺院――サンスクリットでは「神々の住む場所」（deva-ālaya）と呼ばれる――や、山、森、川に住み、あるいは山や岩そのものが神であった。人々はヴェーダの宗教におけるように捧げものを供え、現世利益を願ったが、その供物は象徴的であり、自分たちの精神の救済をも願ったのであった。ヴェーダの宗教儀礼の目的はほとんどの場合、無病、子孫の繁栄、戦いの勝利などのいわゆる現世利益であったが、ヒンドゥイズムにおいては、そういった現世利益に加えて、個々の人間の精神の救済も神に願ったのである。

第五期および第六期、仏教の後で

第五期（一二〇〇―一八五〇）に入ると、すでに述べたように仏教教団はイスラム教徒の攻撃によってインドから消滅しつつあり、一四世紀中葉までにはインド仏教は消滅したと考えられる。一二〇六年、クトブディーン・アイバクがインドにおける初めてのイスラム王朝を開いた。これは奴隷王朝（一二〇六―九〇）と呼ばれるが、これ以後、一八五八年、ムガール帝国が亡ぶまでインドはイスラム教徒による政治支配を受けるのである。ヒンドゥイズムは、仏教と異なり、僧院主義を採ることなく、その伝統の継承は家庭を中心にして行われたために、イスラム教徒の政治的支配のもとにあっても自らの伝統を熟成させることができた。

第五期においては、ヒンドゥイズムAに含まれる「小さな伝統」つまり地方の伝統が力を得た時代である。「大いなる伝統」との融合を計る一方で、自分たちの「小さな伝統」が「大いなる伝統」の中に完全に飲み込まれないように意識しながら、それぞれの地域に固有な宗教形態をつくりあげていった。

一九世紀中葉にインドの宗教思想史は、第六期「ヒンドゥイズムの復活の時代」を迎える。一八〇〇年頃からインドでは、西洋思想の影響のもとで自らの宗教的伝統を見直そうとする気運がたかまってきた。このような状況の中で、ラーマクリシュナ（一八三六―八六）が登場する。生涯をかけてカーリー女神への帰依に生きたこの聖者の信仰は、弟子ヴィヴェーカーナンダ（一八六三―一九〇二）をつき動かし、この弟子によりヒンドゥイズムの近代化が実現された。このヒンドゥイズム復活は、結果として、ヒンドゥイズムAにおいて起きたのではあるが、低カーストの信仰形態への評価を変えたといえよう。この「低カースト」がすべてヒンドゥイズムBに属するわけではないが、Bが原動力としてあることは否定できない。

ラーマクリシュナが役僧となったカーリー女神の祠堂は「低カースト」の者によって建立されたものであり、バラモン出身のラーマクリシュナ自身、この寺院に就職した頃は、低カーストの者たちによる信仰形態を嫌っていた。しかし、時とともにラーマクリシュナは、正統バラモンたちが忌み嫌う「血を好むカーリー女神」への献愛を深めていった。もっともカーリー女神はすでに「大いなる伝統」の中で認められた女神ドゥルガーの助力者として汎インド的に知られてはいたが、正統派バラモンたちに歓迎される存在ではなかった。今日ではカーリーは、しばしばドゥルガーとも同一視される存在であり、正統派バラモンの多くに受け入れられている。

カーリー女神に対するこのような尊崇態度の変化には、ラーマクリシュナの信仰も影響していると考えられる。

二〇世紀の後半からはインドにおいてヒンドゥイズムBの政治的、経済的勢力が増大していることは事実である。第1章で述べたような祭りが、かなりの規模で行われるということがすでにヒンドゥイズムBの勢力の増大を物語っている。

本書の第1章では、マハーラーシュトラ州プネー市およびその近郊における現代ヒンドゥイズムのあり方を考察した。そこでは、「ヒンドゥイズムB」と名づけた形態に属する宗派マリアイをとりあげたが、第9章においてはマリアイおよびその他の形態Bの宗派をとりあげるとともに、形態Aのなかで「小さな伝統」がどのようにして「大いなる伝統」と融合していったかを考察したいと思う。

第3章　ヴェーダの神々

ヴェーダの神々

中央アジアに住んでいたアーリア人種は、徐々に南方へと移住を始め、その一部はペルシャの地に至りイラン人となり、他の一部が北インドの五河（パンジャブ）地方に侵入して、インド・アーリア人となった。アーリア人侵入以後のインドの歴史は、ドラヴィダ人を含む先住者たちと、アーリア人との抗争の歴史となった。この抗争がアーリア人の方に有利に進み、ほぼアーリア人の勝利に終った時代に、アーリア人たちによる神々の讃歌集『リグ・ヴェーダ』*Ṛg-veda*が生まれたのである。

『リグ・ヴェーダ』は一〇巻から成り、補遺歌一篇を加えて一〇二八編の讃歌を含んでいる。これは、『ヤジュル・ヴェーダ』*Yajur-veda*、『サーマ・ヴェーダ』*Sāma-veda*、『アタルヴァ・ヴェーダ』*Atharva-veda*と続くヴェーダ本集（サンヒター）のうち最古のものであり、現在伝えられるヴェーダの神々に関するエピソードの原型もおおむね『リグ・ヴェーダ』に由来している。

ヴェーダ本集のうちに数えられてはいるが、『アタルヴァ・ヴェーダ』は他の三つとは性質を異にしている。他の三つのヴェーダは「三部作」（**trayī**）と呼ばれ、元来性質を共通にしているヴェーダであったが、『アタルヴァ・ヴェーダ』は当初からヴェーダと呼ばれていたのではなかった。このヴェーダが主として、アーリア系以外の伝統をも含んでいることがしばしば指摘されている。『アタルヴァ・ヴェーダ』は、「二生者」［1］（カーストの上の三つの階級）に属してはいるが、その三つの階級中で下層に属する人々の間でより多く用いられた。『リグ・ヴェーダ』の神々と『アタルヴァ・ヴェーダ』にあらわれる神々とはそれほど異なっているわけではない。ヴァルナ **Varuṇa**、ミトラ **Mitra**、アグニ **Agni**、インドラ **Indra**といった『リグ・ヴェーダ』において重要な役を果たす神々が『アタルヴァ・ヴェーダ』にも現われるが、そこでは、インドラ、アグニ、ソーマ **Soma**等の神それぞれの行為が『リグ・ヴェーダ』におけるように讃美されているのではない。インドラやアグニといった『リグ・ヴェーダ』における重要な神々が名前を呼ばれることはあっても、他のさほど重要ではない多くの神々とともに一つの偈の中で呼ばれることが多いのである。『リグ・ヴェーダ』においてはその約四分の一の歌がインドラ神に独占されているが、このようなことは『アタルヴァ・ヴェーダ』においてはない。さらに、『リグ・ヴェーダ』ではほとんど姿を現わさない、あるいは何ら重要ではないような存在、たとえばガルダ **Garuḍa**鳥なども、『アタルヴァ・ヴェーダ』の中では名を讃えられるのである。このように、『リグ・ヴェーダ』と『アタルヴァ・ヴェーダ』は神々の多くを共有しながらも、それぞれにおけるイメージ、あるいは神々に対する人間の態度を違えたまま、異なる伝統として、バラモン中心主義の歴史の中でそれぞれの機能を果たしてきた。

ヴェーダが命ずる儀礼を伝える仕事は、代々その儀礼を行なってきたそれぞれのバラモンの家族の手にゆだねられてきた。『リグ・ヴェーダ』の学習に専念するバラモンの家族は『リグ・ヴェーダ』の命ずる儀礼をもっぱら司り、『アタルヴァ・ヴェーダ』の学習をするバラモンの家族は『アタルヴァ・ヴェーダ』の儀礼を行なった。『リグ・ヴェーダ』の学習をする家族は、通常の場合、『サーマ・ヴェーダ』と『ヤジュル・ヴェーダ』の学習も行なっていた。非バラモンの家族のものたちは、ほとんどの場合、それぞれの家のバラモンを定めており、たとえば『リグ・ヴェーダ』の儀礼を行なうバラモンに儀礼を普段頼んでいる家族は、儀礼の必要のある揚合にはほとんど、そのバラモンの家族に頼みに行ったと考えられる。『アタルヴァ・ヴェーダ』の僧侶たちと他の三部作のヴェーダの僧侶たちの間には、抗争があった。前者は『アタルヴァ・ヴェーダ』こそが第一のヴェーダであることを主張し、後者は自分たちの儀礼の中に前者を参加させなかった。

『アタルヴァ・ヴェーダ』に見られる宗教的要素が後のヒンドゥイズムとより密接な関係にあることは明らかである。ヒンドゥイズムにおいてはシヴァやヴィシュヌの主要神の他に、他のいわゆる「小さな神々」、さらには動物や植物も崇拝の対象となるが、それらのものあるいはその原型が『アタルヴァ・ヴェーダ』には多く見られるからである。

ヴェーダの神々が力を持ち得たのは、インドの宗教思想史においてそれほど長い期間ではなかった。ヴェーダの祭式が最も盛んに行なわれたのは、紀元前五〇〇年頃までである。さらに、人々の宗教意識の中で、インドラが真の英雄神であり、アグニが神々の司祭であり、ヴァルナが宇宙の理法を司った神であったのは、ヴェーダ本集が編纂され終る頃までである。ヴェーダの中ですでにヴァルナは力を失っており、インドラも『リグ・ヴェーダ』の最も新しい部分である第一〇巻が編纂される紀元前九世紀頃になると、すでに新しい神にその職能をうばわれていたのである。その後インドラは、ニシャダ国の王ナラと妃をうばいあい、またガウタマ・シッダールタにたとえられる等の単なる英雄のような存在として「生きた」。また一方でインドラを人々がことさら侮辱するという儀式も生まれた。このように神々のイメージは、時代とともに変っていったのである。

しかし、ヴェーダは三千年たった今日、おどろくほどの正確さでわれわれに伝えられている。それは、ヴェーダの中の神々の職能やイメージが変っていっても、ヴェーダという聖典の機能は、その文句が一字一句正確に伝えられ得たほど強固な世界として守られてきたことを意味する。なるほど大がかりな祭式は近年ほとんど行なわれなくなっているが、ヴェーダにのっとった数々の祭式においてインドラやアグニを讃える歌を、僧侶は今も歌っている。そして、その中ではインドラはやはりヴリトラを殺した大英雄神なのである。ヴェーダ聖典は今なおインドのバラモンたちにとって第一のものであり続けている。一般のヒンドゥー教徒にとってのヴェーダはキリスト教徒にとっての『旧約聖書』よりは重きを置かれていないと思われる。ヒンドゥー教徒のほとんどが、ヴェーダを聖書のようには用いていない。しかし、ヴェーダはヒンドゥー教徒にとって『タルムード』のようなものでもない。なぜならば、ヒンドゥー教徒の生活の中にヴェーダは直接的に生きているからである。ヴェーダの中の神々がヴェーダの中ですでに力を失いつつあるのにもかかわらず、また、神々が明らかな侮辱を受けるという経験にもかかわらず、ヴェーダという聖典は、次の時代、またその次の時代の中で、バラモン中心主義の土台として生きつづけてきたのである。このことは、ただインドのみが許容しうる、途方もなくスケールの大きな寛容といえよう。

ディヤウスとプリティヴィー

ディヤウスDyaus（天）とプリティヴィーPṛthivī（地）はアーリア民族の神々のなかで最も古い層に属する。この二神は他の神々の父母であり、「偉大賢明であり、力にあふれている」と言われている［2］。神格を具えるときには『リグ・ヴェーダ』では、ディヤーヴァープリティヴィーDyāvāpṛthivīという両数のかたちで表わされる。

ディヤウスは、古代ギリシャのゼウス、古代ローマのジュピター、ゲルマンの神ティーール・ツィオTyr-Zioなどと同様に、原初の天空神の神格化した歴史的形態である［3］。ディヤウスがヴェーダ以後の文献に神として現われることはまずない［4］。ヴェーダ文献には、ディヤウスがプリティヴィーとともに、あるいは単独で真の神としての自律性をもって存在しているが、初期に成立したとみられる詩篇に多い［5］。天空神としてのディヤウスは、ヴァルナ神の登場とともに力を失っていったようである［6］。

プリティヴィーはディヤウスが力を失った後でも、大地の神として尊崇された。『リグ・ヴェーダ』の神プリティヴィーが、そのまま後世のヒンドゥイズムにおける大地の神プリティヴィーになっていったのかどうかは明白ではない。

自然の理法の神ヴァルナと友愛の神ミトラ

天空神はそれよりもさらに一層動的、具体的で親しみやすい神々が現われると隠れ退いてしまう、という現象がしばしば見受けられるが[7]、ヴァルナという別の天空神の出現によって、ディヤウスは早い時期に脱聖化された。ディヤウスの後継者として、天空神ヴァルナはしばらくの間インドにおいて勢力を得ていた。ディヤウスに較べて、より生き生きとしたイメージを持ち、積極的な性格を有し、他の神々や人間と具体的な関係を有していたからだ[8]。ペルシャ最古の宗教典籍『アヴェスター』にはヴァラナ **Varaṇa** と呼ばれる神が見られ、アーリア人が五河地方に侵入する以前のインド＝イラン時代からこの神を有していたことが推定できる。

ヴァルナは単なる天空神ではなく、「天空の守護者」(*Maitrāyaṇī-saṃhitā*(MS).IV,3,4)であり、また「王」(RV.VIII,34,11)、「神々の王」(MS. II,21; *Taittirīya-brāhmaṇa*(TB).II,5,7,6; III,1,2,7; VIII,18,13)でもあった。ラージャスーヤ祭を行って神々の王となったともいわれる。彼は「黄金の外衣をまとい」(RV.I,25,13)[9]「自然の理法(リタ ṛta)を保持する大王」(RV.II,28,6)であり、彼が司る静かな理法によって、太陽、月、星などが時正しく運行するのである。天上の河もヴァルナの天則に従って流れる(RV.II,28,4)。

この神はすべてを知っている。彼は空飛ぶ鳥の、海に浮かぶ月の、遠くまで吹く風の行先を知っている(RV.I,25,7)。そして、過去および未来を知っている(RV.I,25,11)。彼は世界の守護者であり、また罪を犯した者を罰する者である(RV.II,88-89)。罪のためヴァルナの縄索(RV.I,25,21; VII,88,7)にいましめられると、人は水腫病にかかる。しかし、どのようなことがヴァルナに対する罪であるのかを、『リグ・ヴェーダ』の讃歌は明確には伝えていない。またヴァルナは、他のヴェーダの神々と同様、人々に「これこれの行為をなせ」とは告げてはおらず、人々がヴァルナに「擁護を求め」(RV.II,28,6)、「男児に富むことを求め」(RV.II,28,11)て讃美するのみである[10]。

ヴァルナは世界のすべてのものの運行を司るのであるが、特に水を支配する神としての性格がよく知られていた。時代が下ると、彼は海の怪物マカラにまたがって、手に縄索を持った姿であらわされる[11]。ヴァルナの彫像は多くないが、好例がベルリンのインド博物館に見られる(図３・１)。

このように宇宙の理法を司り、神々の主であったヴァルナも、後世、ヒンドゥイズムにおいてはその力を失い、水の神にとどまることになる。インドの西海岸では、ヴァルナは海、井戸、河に住むと考えられ、水夫や海の仕事にたずさわるものたちがこの神の機嫌を取るため供え物を捧げる[12]。北インドにおいては、彼は天候と河川を支配するとされ、舟を進水させるときには、舟乗りはヴァルナの名を唱えながら供え物を流れの中に投げ入れる

図３・１＝ヴァルナ。二本の左手の一つに水瓶を持ち、もう一方の手で蛇を索として持つ。後世、ヴァルナは八方天の一員となり、西方を守る。その際にも蛇を持つことが多い［立川 1987:143］。火神アグニは火の神であったが、火そのものもアグニの姿と考えられた。ヴァルナは水の神であったが、水そのものがヴァルナと考えられることはなかった。インド博物館、ベルリン。

図3・2（右）＝水天（ヴァルナ）。この日本におけるヴァルナ像も、図3・1の場合と同様、索の形となった蛇を有する。索はヴァルナが元来は宇宙の理法を司る神であったことの名残であろうが、後世では水と蛇との結びつきも意識されたと思われる。「十二天形像」『大正蔵図像部』第七巻五八五頁。

図3・3（左）＝水天。ここでは索は蛇ではないが、水天の頭部に蛇が見られる。水天の乗り物は一般に海獣マカラである。この図はワニのような口といったマカラらしき特質はほとんど見られないが、マカラを描いているのであろう。「図像抄」『大正蔵図像部』第三巻No.115。

[13]。デッカン地方では、ヴァルナ神は上流階級出身者の結婚式において水を入れた真鍮の瓶の中に招かれた。新婦の父はその瓶の外に水でねった白檀で四本の線を引き、その上に手をさしのべて新婚の二人に恵みがあるようにとヴァルナに祈った[14]、と伝えられる。ヴァルナは仏教パンテオンの中にも組み入れられ、海獣マカラにまたがった水天としてマンダラ等に描かれる。

日本においてもヴァルナは水天として知られているが、その図像は数多く残っている（図3・2、3・3）。

ヴァルナが『アヴェスター』の最高神アフラ・マズダに対応するのに対し、ミトラは『アヴェスター』のミスラ神に対応する。ミスラとアフラとが『アヴェスター』の中で並んで呼ばれるように、『リグ・ヴェーダ』においても、ミトラとヴァルナは並んで両数「ミトラ・ヴァルナウ」で呼ばれている[15]。『リグ・ヴェーダ』の中でミトラに捧げられた独立讃歌はただ一篇（III.59）にすぎず、彼はほとんど常にヴァルナとともに現われる。ミトラの任務は、ヴァルナのそれと或る側面では対照をなし、また他の側面では似ている。両神が並んでいるとき、ミトラは太陽神であり、ヴァルナは月の神である。この両神とも、宇宙の天則を生み定めるのではなく、それを維持するのみである。日中、あるいは夜に光り輝くことによって、世界を見張り、人々の行為の証人となる。ミトラは「人々をして合意に至らしめ、……瞬きをすることなく人々を見守るのである」（III.59.1）。

暁紅の女神ウシャス

暁紅の女神ウシャスUṣasは、自然の理法が存する場より起き出て(RV.VI,51,8)、太陽にさきだって現われ、睡れるすべてのものをめざめさす。祭式の場に立てられた柱のように、毎朝、東の空に現われ(RV.VI,51,2)、祭式の開始を促し、地上に生きるそれぞれのものをその仕事に向かわせる。

彼女は輝きわたる美しい女神であり(RV.I,48,10)、「若い美女のように男に向かって胸をあらわにする」(RV.V,80,6)。彼女は、母の手で化粧された娘に、あるいは金銀宝石で飾った踊子に、またあるときは沐浴より上がった美しい女(RV.V,80,5)に譬えられる[16]。「天の娘」(RV.I,30,22; VII,81,3)と呼ばれ、また、夜の女神ラートリRātriの姉妹とも呼ばれる(RV.X,127,3)。太陽神スーリヤの恋人あるいは妻であり、若い男が女を追うようにスーリヤはウシャスを追う。太陽神スーリヤに激しく抱かれて暁紅ウシャスは消滅してしまう。彼女の命は短い。しかし、彼女はまた次の日蘇る。このように彼女は常に若く、また無数の年を経ているために老いてもいる(RV.III, 61,1)。

『リグ・ヴェーダ』における数少ない女神の中で、彼女は最も勢力を得ており、この女神にもっぱら捧げられた讃歌は二〇編あまりある。ウシャスは、ラテン語のauroraと語源を一にしている。人々は、この女神に「男児に満ち富を持つ者」となることを祈り(RV.VI,51,10)、邪悪な霊の力を払うために彼女の讃歌を呪文として歌うのである(RV.VIII,47,15-18)。しかし、ヴェーダの祭式の中では彼女はそれほど重要な役割を果たしていない。

女神ウシャスは、『リグ・ヴェーダ』の中では単数形あるいは複数形であらわれる。彼女は赤い馬または赤い牛に(V,80,3)乗ると言われる。明らかに自然現象の神格化されたものである女神ウシャスは、ここで述べた以上には擬人化されていない。ウシャスが彫像につくられたことはないではないが、きわめて少ない。その場合でも、太陽神スーリヤの脇に作られることが多かった[17]。パリのギメ博物館には南インド出土の四臂のウシャス像がある。彼女は左の手のひとつに蓮華のつぼみと思われるものを持ち、もう一つの左手は蔓草に似たものを持っている[18]。ウシャス像の特徴は、図(図3・4)に見られるように、ウシャスの頭の背後に暁紅が描かれることである。

日本の仏教パンテオンでは、この女神はほとんど知られていない。

図3・4＝暁紅の女神ウシャス。女神の背後にある暁紅の表現形式から、この女神はウシャスと考えられる。プネーにて入手。木彫、二〇世紀、個人蔵。

アシュヴィン双神

「アシュヴィン」Aśvinは常に双神として述べられており、個々の神の性格、職能が述べられることはない。「アシュヴィン」は「馬（アシュヴァ）を有する者」を意味するが、この神と馬との間に本質的関係を認めるのは難しい。彼の車を馬が牽くこともあるが、多くは鳥が牽くとされている〔19〕。『リグ・ヴェーダ』においては、インドラ、アグニ、ソーマに次いで多くの讃歌が捧げられているので、当時にあっては重要な神格であったと思われる。アシュヴィンの神格は太陽神ではあるが、サヴィトリ（衝動）、プーシャン（栄養）、ヴィシュヌ（活動）、ウシャス（照）等の太陽神の神格が、自然現象としての太陽のどの形態、特質に基づくものであるかが明白であるのに対し、このアシュヴィン双神の基づく自然現象は不明である。もっとも太陽神ミトラもその基づく自然現象との結びつきは他の太陽神と比べて不明瞭であるし、『リグ・ヴェーダ』の神々がそれぞれの自然現象の直接の神格化であると考える必要はないであろう。

このインド＝イラン時代にさかのぼる古い神に捧げられた讃歌は、数多くのエピソードに言及している。言及するのみで、神話そのものを叙述することはきわめてまれな『リグ・ヴェーダ』は、それらのエピソードを詳述してはいないが、この神が多くの人々や個々の仙人たちと関係していたことを伝えている。彼は「ヴァンダナを〔穴から〕救い上げ、勇力によってレーバを〔水から〕上げ、トゥグラの子を海の中から助け出し、チャヴァーナ〔仙〕に回春をもたらした〔20〕」(I.118,6)。このように、個々の人間や仙人とのかかわりが伝えられる『リグ・ヴェーダ』の神はむしろ数少ないのである。双神は人々を危難から救い、病気を奇蹟をもって治癒させる神であるとともに、安産の神(V,78)でもある。

この双神は、しかし、後世のヒンドゥイズムにおいてはほとんど役を果たしていない。仏教タントリズムのパンテオンにおいても守護神の位置さえ与えられていないのである。

栄養の神プーシャン

プーシャンPūṣanは全世界を見渡し、旅行者の案内者となる(RV.I,42,1; X,17,6; 59,7; 85,26; AV.VI,73,3)。彼の妹スーリヤーSūryāを愛する者と呼ばれ(RV.VI,55,4-5; 58,4)、また昼と夜の循環を助ける(RV.I,23,13-15)。プーシャンの黄金の舟は海洋と天空を進み、太陽神スーリヤの使者の役目を果たすのである(RV.IV,58,3)。地上で生きるものを導くばかりではなく、死者を天界の祖霊へと導く〔21〕(RV.X,17,13ff)。

プーシャンは語源√puṣよりきており、「養う」を意味する。これは太陽が万物を生育する力の神格化と考えられ、プーシャンもすでに『リグ・ヴェーダ』において太陽神であったと思われるが、『リグ・ヴェーダ』の中では明確な証左はない。紀元前五世紀頃と推定されるヤースカ Yāska の『ニルクタ』*Nirukta* (VII,9) においてはプーシャンは太陽（āditya）と呼ばれている。後世には、十二柱の太陽神アーディトヤが数えられるのが一般的となるが、プーシャンもその一柱である〔22〕。

プーシャンは家畜、財宝等を増やす神であり、「財に富む者（purūvasu）」(RV.VIII,4,15)、「食物を与えるもの（vājin）」(RV.I,106,4) と呼ばれる。彼はあらゆる存在を結びつける。この神が結婚を司るのは、おそらく古代の繁殖を願う祭式の名残りであろう〔23〕。この神には「母に求愛し、妹に恋する」(RV.VI,55,5) というような面も見られるが、このような側面が進展して道祖神プーシャンとなったのであろう。

『リグ・ヴェーダ』には、アーリア人の宗教のむしろ古い時代の名残りをとどめたプーシャンの独立讃歌が八篇あり、その他に神酒ソーマおよびインドラと共通の讃歌がそれぞれ一篇ずつある。プーシャンは「インドラの兄弟」(VI,55,5) であり、ソーマとは世界の守護の役を分かち合う (II,40,1ff)。彼はヴェーダの神々の中でも力強く激しい神である。しかし、このプーシャンも他のヴェーダの神々と同様、新しい神々、例えばシヴァと戦わねばならなかった。

プーシャンには歯がないが、その理由を後世の叙事詩やプラーナはシヴァのしわざであると伝えている。『タイッティリーヤ・サンヒター』は、「ルドラ（シヴァの原型）が或る祭式に招かれなかったので供物に矢を放ったところ、その矢はその供物をつらぬいた。この祭式はプーシャンに捧げられたものであったために、プーシャンは歯を失った」と伝えている〔24〕。『マハーバーラタ』とプラーナでは、この物語はさらに一層はっきりとしたかたちを採る。「ダクシャの祭場にいる神々のところにおどりこんだルドラは、怒りくるい、バガの眼を手でなぐってえぐり、足でプーシャンを蹴り、供物を食べていたプーシャンの歯を折ってしまった〔25〕」。

この神が彫像に表わされることは少なかった。十二柱の太陽神アーディトヤ群の一つとして彫られたことはあっても、独立の像に表現されることはきわめて稀である〔26〕。

衝動の神サヴィトリ

サヴィトリ Savitṛという名は、衝動、鼓舞を意味する動詞√sūより派生したものであり、この神は一切の存在物を激励し前進せしめる。「黄金の目を有し」(RV.I,35,8)、「黄金の手あるいは腕を持ち」(RV.I,22,5; III,54,11; VI,50,8; AV.III,21,8;VII,14,2)、

「黄金の舌を有し」(RV.VI.71,3)、そして、「彼の髪は黄金色である」(RV.X.139,1)。脚が白く身体は褐色の輝く馬に牽かせた黄金の車に乗り、あらゆる被造物を見ながら、天空を駆けるのである(RV.I.35,2)。彼は休むことなく躍動しながら、生きものをその居所に従って配置するのである〔27〕(RV.II.38,8)。

この神は太陽の光を放射させ、水と風を循環させる大気運動の原理である〔28〕。明らかに太陽の一側面の神格化と考えられる。太陽神スーリヤと同一視されるが、またあるときには区別される場合もある〔29〕。

火の神アグニ

火に対する崇拝はヴェーダ以前から存在していた。『リグ・ヴェーダ』と『アヴェスター』とを比較してみるならば、両者には火に関して明確な共通のイメージがあって、インド・イラン時代においては火の崇拝が盛んであり、当時すでに高度に発展していた崇拝形態の中心に位置していたことがわかる。『リグ・ヴェーダ』における火の崇拝の起源は印欧時代にまでさかのぼることができよう。元来、火の崇拝は宗教形態の最も古い層に属するものなのである。

『リグ・ヴェーダ』における火の神はアグニである。その名前はまた火そのものをも意味する。天において太陽として輝く火、空中において電光としてきらめく火、地上において祭火として燃えあがる火、このようにそれぞれの場合に場所を得て現われる火は、火の神アグニなのである。火神アグニは自分の職務から逃げて、「水の中に入る」(RV.I.51,1)こともある。ときには、樹木の中にも潜んでいて、木々がこすり合わされると現われて「炎の歯をもつ彼は」山林をなめつくすといわれている。

二片の鑽木を両親として生まれ、火神アグニは立ちあがる。人々はグリタ(牛酪)を注いで火神を増大させ、煙はアグニが天に行く旗印となった(V.11,3)。祭式においてそそがれるグリタを彼はむさぼり、老いることがない(I.58,12)。彼は燃え上がるとき高く吼え(I.58,2)、「叢の上に鎌のような舌をもって強く叫ぶ」(I.58,4)のである〔30〕。

アグニは祭火そのものであるとともに、神事において諸神を招請したいと思う者(I.58,1)でもあり、「祭祀の執行者としてバラモンにより讃え呼び出される」(I.1,1)。「人々は彼により名声と繁栄をかち得ることを望み」(I.1,4)、「完璧な庇護を与えよ」(I.58,8)と祈るのである。人々はまたアグニが彼らに害を与えるラクシャスを退治してくれることをも望んだ。

『リグ・ヴェーダ』においてアグニに捧げられる讃歌は、全体の約五分の一を占め、一人の神に捧げられた讃歌の数としてはインドラに次いで第二位である。

図3・5＝火の神（アグニ）。火炎の光背、あご髭、水瓶が火の神の図像学的特徴であるが、数珠、太鼓腹もアグニ像にはしばしば見られる。インド博物館、コルカタ。

図3・6＝火の神（アグニ）。火炎光背と水瓶を有するが、髭は見られない。一〇世紀、プラティハーラ出土、国立博物館、ニューデリー。（以下デリー博物館と記す）

このように『リグ・ヴェーダ』においては勢力を有していたアグニも、後世、他のヴェーダの神々と同様に、その力を失い、ヒンドゥーのパンテオンにおいては一守護神の位置に転落してしまった。ヒンドゥイズムの時代においてはアグニの擬人化は一層進み、像に作られることも多かった。アグニは肥えふとり、身体は赤く、二面を有し、頭髪は赤味を帯びた黄褐色であり、時として七臂三脚で、牡羊に乗る。それぞれの口からは肉叉状の舌あるいは炎を出し、供えられた牛酪をなめる［31］。仏教のパンテオンにも取り入れられ、守護神としての役を果たした。ヴェーダ以来の神々の中ではアグニはしばしば彫像に作られる神に属する。一般には火炎の後背を有する（図3・5、3・6）。火神アグニは日本の密教の護摩において重要な尊格であり、日本においてその姿はしばしば図像に描かれてきた（図3・7―3・9）。

図3・7（上）＝火天（アグニ）。日本に伝えられた胎蔵マンダラのうちもっとも外側に位置する外金剛部院に登場する火天（火の神）である。火炎光背、髭、数珠、水瓶を持つ。胸のあたりに持つ三角は火のシンボルである。「大悲胎蔵大曼荼羅」『大正蔵図像部』第一巻七六五頁。

図3・8（下右）＝火天（アグニ）。山羊に乗るが、山羊はすでにインドにおいて火の神アグニの乗物として知られていた。「火天部尊像」『大正蔵図像部』第七巻六三八頁。

図3・9（下左）＝火天（アグニ）。図3・8におけると同様、山羊に乗っている。火天の頭部の描き方には中国の作風の影響がみられる。「火天部尊像」『大正蔵図像部』第七巻六四四頁。

英雄神インドラ

インドラへの讃歌は『リグ・ヴェーダ』の約四分の一を占めており、『リグ・ヴェーダ』が編纂された時代には、インドラは最も人気のあった神だったと考えられる。

インドラの出生も、『リグ・ヴェーダ』においては、他の神々の場合に較べ、かなり詳しく述べられている。彼の出生は常ならざるものであり(IV,18)、母は胎から出た彼を捨て(IV,18,10)、インドラは父を殺した(IV,18,12)。宇宙の法則を司り自分自身姿を見せないヴァルナ神などとは異なって、インドラの生涯は他のものたちとの闘争に満ちている。また『リグ・ヴェーダ』は、彼の容貌についても、他の神々と較べるとかなり詳しく述べている。全身茶褐色、頭髪もまた茶褐色である。暴風群神マルトを従え、象アイラーヴァタに乗っている。彼のためにトゥヴァシュトリ Tvaṣṭṛ(工巧神)が造った武器ヴァジュラ(vajra、雷、後に、金剛杵となる)を持って敵を殺す。

英雄神インドラの幾多の武雄伝の中で最も有名なものは、龍の姿をした敵ヴリトラ Vṛtraを殺戮してそれまでヴリトラが占有していた水を解放した話であろう。この神話の起源は今日明らかではない。しかし、ヴリトラの殺戮は一回かぎりのことではなく、反復して行なわれるから、この神話は周期的な自然現象に基づいていると考えることができよう。インドでは、六月の初めに雷雲がわきあがり、稲妻が光り、雷鳴がなって、それまで何ものかに止められていたが、障害が突如としてなくなって落ちこぼれてくるかのように、雨が降る。人々は何日も前からこの雨を待つのである。後に述べるように、今日の儀礼においてもインドラは雨と関係づけられているのであるが、インドラの武器である稲妻が光って、水、つまり雨が降ってくるという、毎年繰り返される自然現象が、インドラ神のヴリトラ殺戮という神話の基礎となったことは充分考えられる。しかし、これは一つの解釈にすぎない。ほとんどすべての民族が、自分たちの英雄伝を持っているが、その際英雄の敵はしばしば龍あるいは蛇の姿で表わされている。彼がヴァラと呼ばれる敵を負かして牛を解放した話も有名である。

彼は、それまで翼を有していた山の翼を切り落して山を固定させ、天と地とを広げた。「動揺する地を固定したる彼、怒り狂う山々を鎮めたる彼、空間を測量していや広くせる彼、天を支えたる彼——彼は、人々よ、インドラなり」(II,12,2)。

インドラはこのように地上のものにかたちを与えはするが、それらを産出しはしない。彼はエネルギーを一つの場か

図3・10＝金剛（ヴァジュラ）を右手に持つインドラ。カトマンドゥにおいては、仏教のインドラとヒンドゥイズムのインドラが常に図像学的に明確に区別されるわけではないが、これはヒンドゥー教寺院の壁の龕に見られるものである。なお、このインドラは象に乗るが、象はインドラの乗り物である。カトマンドゥ。

ら他の場へと移動させるである。すなわち彼による「創造」とは、地上における変形である。ヴリトラの占有していた水を宇宙創造の際の原初の水と考えることはできない。ヴリトラは世界の羊水をかかえる、創造者としてのドラゴンではない。ヴリトラが七つの川を占有したとき、太陽は暗黒に包まれ、天空は広げられていなかったといわれるが、しかし、太陽や天空はそのときすでに存在していたのである。七つの川という神話的観念は、すでに天と地との相違を前提にしていた。というのは、二、三の個所を除いては、七つの川は地上の水と呼ばれているからである［32］。

ヴェーダ後期にいたって、インドラは創造主ブリハスパティと同一視されるに至る。創造主の性格が、元来は英雄神であったインドラに「転移」した結果であろうと思われる。

インドラとソーマ酒との関係は注目に価する。インドラがヴリトラを殺すのは、ソーマ酒を飲んで己が力を増大させたときであった。

人間とインドラとの関係は、ソーマを捧げて恩恵を願うものと、ソーマ酒によっていわば課題を負わされて人間のために働くものとの関係である。『リグ・ヴェーダ』の神々は現世利益を求められていたのであって、後のヒンドゥー教や仏教におけるように、インドラや他のヴェーダの神々にいわゆる救済が求められることはなかった。「雄々しき神インドラは、讃歌者に財貨を与える」のである（IV.24.1）。

仏教はヒンドゥイズムの抬頭によってその力を失っていったが、インドをのがれた仏教は一方で自分たちのパンテオンのメンバーがヒンドゥーの神々を降伏させたという神話を作りあげていった。仏教の神話においては、インドラもまた仏教の神々に打ち負かされたものであり、彼の武器である雷（金剛）（図３・10）は仏教徒の神々の手に持たれ、そしてそれは仏教の神々がインドラに打ち勝ったことのシンボルとなった。

ネパールのカトマンドゥ盆地に住むネワール人たちは、仏教徒であれヒンドゥー教徒であれ、九月の終りから一〇月の初めにかけて、山車を出し、仮面をかぶって踊り、インドラ・ジャートラ祭を祝う［33］。ここでは、インドラは雨をもたらす神と考えられている。プネー市の近くのバージャーBhājā石窟にはインドラ・ジャートラ祭の図と思われる浮き彫りが有名であるが、ベルリンのインド博物館にも同じような構図の浮き彫りが見られる（図３・11）。ベンガル地方の非アーリアン系のコーチKoch族はフドゥム・デーオーHudum Deoと呼ばれる地方神を尊崇しているが、この神はインドラと同一視されている。

このようにインドラは非アーリア系の種族、あるいはインド以外の地においても、今日もなお信仰されているがその地

図3・11＝象に乗るインドラ。インド博物館、ベルリン。

図3・12＝帝釈天（インドラ）。密教では一般に金剛は右手で持つのであるが、ここでは左手に持っている。図3・10、3・11と同様、象に乗っている。「胎蔵旧図様」『大正蔵図像部』第二巻五一一頁。

位はかなり低い。インドラが叙事詩の時代にはすでにその勢力を失いつつあったことはすでに述べたが、インドラの地位が貶められていく過程は今世紀の初頭においても観察できた。東インドのディナージュプルDinājpurでは、インドラは両性具有と考えられ、土あるいは牛糞でつくった男女二体の像であらわされる。旱魃がくると思われるとき、女たちはヨーグルトや糖みつなどの供え物をささげ、夜にその像のまわりを踊り、きわめてみだらな言葉でインドラをののしりながら、エロティックな儀礼を行ない、インドラが雨を降らせてくれるのを願うのである［34］。

仏教パンテオンの中に組み入れられたインドラは、日本仏教の中では帝釈天として知られている。この神は日本では例えば、東寺講堂におけるように梵天（ブラフマー）と組になって護法神として尊崇されてきた。帝釈天の姿は日本においてよく描かれてきた（図3・12、3・13）。

図3・13＝帝釈天（インドラ）。ここにおいても図3・12と同様、左手で金剛を持つ。「胎蔵旧図様」『大正蔵図像部』第二巻五六二頁。

神酒ソーマ

特定の種類のキノコなどには、われわれの精神に興奮、幻覚等をもたらす効果のあることが知られており、古くから呪術行為などにおいて実際そのような植物が用いられてきた。神酒ソーマとは、ソーマと呼ばれる植物を石でたたき、圧搾して液を取り、木桶の中で水、牛乳を混ぜて発酵させた飲料であるが、これもまた一種の興奮飲料であった。ソーマは、多汁質の蔓草（Asclepias acida）であるという説や、キノコの一種（Fly-agaric）であるという説〔35〕などがあるが、はっきりしない。インドにおいても早くから実物を得ることができなくなったようで、代用品が用いられてきた。

ソーマ酒を祭火に注いで神々に捧げ、残った部分をバラモンたちが飲むという儀礼行為を中心とするソーマ祭は、ヴェーダ祭式の中心であった。この飲料を飲んだバラモンは詩的発想を刺激され、神々の活動を眼のあたりに見る。神々もまたソーマ酒を好むと言われる。神々が己が力を増大させ、敵を殺すことができるのは、まさにソーマ酒の力によるのである。祭官は、例えば、インドラに呼びかける。インドラよ、ここにわれわれはソーマ酒を捧げる。これを飲んで、力を得て、敵ヴリトラを殺してほしい、と。

神酒ソーマは神格化されて神ソーマとなった。しかし、植物あるいは神酒のイメージが支配的であるために、この神の擬人的イメージは『リグ・ヴェーダ』では発達していない。『リグ・ヴェーダ』第九巻のほとんどがソーマの讃美とその使用法にあてられている。ソーマは他の巻においても活躍する。さらに注目すべきは、ソーマはインドラ（RV. VI,72; VII,104）、プーシャン（RV.II,40,1）そしてルドラ（RV. VI,74）と両神（dual deities）として現われることである。それらの個所では、ソーマはインドラ、プーシャンあるいはルドラと協同して活動し、性格、職能もまた共有しているのである〔36〕。

『リグ・ヴェーダ』末期以後、ソーマは月神となり、プラーナ神話においては月神としてアトリ仙の息子と言われる。『タイッティリーヤ・サンヒター』（II,3,5,1）によれば、生類の主プラジャーパティが三三人の娘をソーマに与えたところ、ソーマはその中の一人スローヒニーSurohiniとのみ交わった。他の娘たちは嫉妬のあまり父親のもとに帰ってしまったので彼はプラジャーパティ（生類の主）のもとに行って、妻たちに帰るよう説得する。父親はすべての娘たちと交わることを条件に帰すが、ソーマはまたスローヒニーとのみ交わるようになってしまったと言う。また他の伝承はソーマがブリハスパティの妻ターラーを誘拐して息子ブダBudhaをもうける話を伝えている。

死者たちの王ヤマ

日本で知られる地獄の王閻魔は、かつては天上に住むヴェーダの神々の一人ヤマYamaであった。リグ・ヴェーダの時代にあっては火葬が一般的であった。『リグ・ヴェーダ』「葬送の歌」(X.16)では、火神アグニは「不浄なる」(リプラ)屍を調理しながら、すなわち焼きながら、ヤマを王となす者たちのもとへと死者を運ぶと歌われている。

ヤマは太陽神ヴィヴァスヴァットの子といわれ(X.14.1)、ひとびとの祖先の霊が安楽に住む楽園の主なのであった。他のヴェーダの神々と同様に、ヤマの姿は明確には述べられて

図3・14=ヤマ。額にドクロの飾りを付け、右手にはドクロの付いた棒(カトヴァーンガ)を持つ。右足脇に動物が見られるが、ヤマの乗物である水牛であろう。デリー国立博物館。

いないが、中国や日本における閻魔のように恐ろしいイメージはなく、「昼、水、夜によって飾られた安息所を与える」(X.14.9) 王として述べられている。仏教・パンテオンの一員として組み入れられたヤマは、シャマニズムの影響をも受けながら地下の地獄に住む死の神となった。

後世、ヤマは彫像などに表現されたが、ドクロ棒を持った り（図3・14、3・15）。索を持ち、水牛に乗った姿で描かれた（図3・16）。日本では、この後世のイメージが中国などを経て伝えられた（図3・17、3・18）。

図3・15＝ヤマ。右手にはドクロの付いた棒を、左手には鳥の入った器を持つ。左足脇に水牛が見られる。デリー国立博物館。

図3・16＝ヤマ。左手には索を持ち、水牛に乗る。太鼓腹はこの神が恐ろしい性格を有することを表現しはじめていると思われる。デリー国立博物館。

図3・17（上）＝閻魔天（ヤマ）。生首の付いた棒を持ち、水牛に乗る。この閻魔は太鼓腹を有するのでもなく、恐ろしい形相もしていない。「図像抄」『大正蔵図像部』第三巻、No.113。

図3・18（下）＝閻魔天とその眷属。この閻魔天が持つ、生首の付いた棒は図3・17とほとんど同じである。『十巻抄』（石山寺版）第一〇巻。中国、日本では地獄の主の冠を被り、目を見開いた恐ろしい形相の閻魔大王の像が一般的である。

太陽神スーリヤ

『リグ・ヴェーダ』の神々の内、天界に住むと考えられた神々の多くは太陽の諸側面の神格化である（本章注22参照）。スーリヤ**Sūrya**は、ヴァルナとミトラの眼であり、アグニの眼である（I.115.1）。また天空に見られる天体としての太陽の神格化であり、暁紅の女神ウシャスの夫とされる。神というよりは天体そのものを指す場合もある。『リグ・ヴェーダ』において特にこの神に捧げられた讃歌は五、六篇にすぎないが、後世にはしばしば彫像や絵画に表現された。

太陽神スーリヤは、後に九曜（太陽、月、火星、水星、木星、金星、土星、彗星、日月食を起こすラーフ）の一メンバーとして知られることになり、月と対をなし、右つまり向かって左に太陽（日）、向かって右に月が絵画の上段に描かれるようになる。

太陽神スーリヤの彫像の作例はすこぶる多い。馬車に乗り、両手に蓮華を持った姿で表現されるのが一般的である（図3・19―3・23）。

図3・19＝太陽神スーリヤ。クシャーン・グプタ期。クシャーン朝王子の服装をしている。右手の持物は蓮華と思われる。インド博物館、ベルリン。

図3・20＝太陽神スーリヤ。パンドゥPandua地方出土。七頭の馬に牽かれた車に乗るが、このことは『リグ・ヴェーダ』に述べられている（I.50,9）。両手に蓮華を持ち、直立不動の姿勢で表現されるのが一般的である。パーラ朝、一二世紀、デリー国立博物館。

図3・21＝太陽神スーリヤ。馬は一頭のみであるが、両手の蓮華はインドの伝統と一致する。チャング・ナラヤン寺、カトマンドゥ。

図3・22（右）＝日天（スーリヤ）。馬車に乗り、両手で蓮華を持つのは、図3・20に見るように、インド以来の伝統である。「大悲胎蔵大曼荼羅」『大正蔵図像部』第一巻八〇七頁。

図3・23（左）＝日天（スーリヤ）。図像から見るかぎり、この日天は蓮華を持っていないが、この図の右横に書かれた文章では「両手それぞれに蓮華を持つ」と述べられている。『十巻抄』（石山寺版）第九巻。

ヴェーダの神々のイメージ

以上見てきた他に、ヴェーダのパンテオンは実に数多くの神々を含んでいる。創造主であり儀礼の主であるブリハスパティBṛhaspatiや、後世、建築の神となったヴィシュヴァ・カルマン（造一切者）などが重要である（図3・24）。

よく知られているように、ヴェーダの時代には、ヴェーダの神々が描かれることはなかった。彼らが個々の身体を有したことはなかった。ある程度の擬人化はなされており、髪の色とか、歯のないことなどに言及されてはいる［37］。しかし、それはヴェーダ時代のインド人が、個々に独立した身体を持っていた神々を考えていたことを意味しない。天則の神ヴァルナと友愛の神ミトラという元来は異なる神が、まるで一人の神であるかのように現われ、また英雄インドラと火神アグニとが同一視される。インドラはさらに創造神ブリハスパティとも同一視される［38］。したがって、ヴェーダの神々の世界の中に身を置いて考える場合、われわれは個々の神々のイメージを図像に表わすことはできない。インドラでありアグニである像を描くことは、ギリシャ彫刻においてゼウスでもありアポロでもある像を作ることよりなお困難なことだ。アグニは火そのものでもあるし、インドラも人間の姿をしていたかどうかは不明なのであるから。ヴェーダのパンテオンにあっては神々の図像よりも重要なものがあり、バラモンの司祭たちが神の名を呼んだときには図像以外のものを頭に浮かべていた、と考えなくてはならない。それはおそらくは神々の行為であったと思われる。ヒンドゥイズムの時代になると、神々は行為そのものである、としてもその行為を期待する伝統が定着する一方で、それぞれの図像あるいはイメージが確立されていった。

図3・24＝ヴィシュヴァ・カルマン。大工仕事を持つこのような図像がヴェーダ時代に描かれていなかったのは明らかだが、この神のイメージがいつの時代にこのように描かれるようになったのかは明白ではない。

注

[1] Skt. dvija. 母の胎から生まれ、さらに儀礼によって生まれるという意味で「二度生まれる者」すなわち二生者と呼ばれる。二生者以外のもの、すなわち第四のカースト、シュードラはヴェーダの儀礼に参加することはできなかった。
[2] Muir, J., 1967, Vol. 5, p. 23.
[3] エリアーデ、久米訳、一九七四年、一一九頁。
[4] 前掲書、一八〇頁。
[5] 前掲書、一二〇頁。
[6] Bhattacharji, S., 1970, p. 23.
[7] エリアーデ、久米訳、一九七四年、一六四頁。
[8] Bhattacharji, S., 1970, p. 24.
[9] 辻、一九六七年、一二四頁。
[10] Bergaigne, A., 1969, Vol. 3, p. 161.
[11] ウルセル、モラン、美田訳、一九五九年、三五頁。（Oursel, M.P., & Morin, L., 1935)
[12] Hastings, J., 1913, Vol. 6, p. 690.
[13] Ibid., p. 690.
[14] Ibid., p. 690.
[15] 辻、一九六七年、五四頁。
[16] ウルセル、モラン、美田訳、一九五九年、三六頁。
[17] Banerjea, J.N., 1974, p. 441.
[18] ウルセル、モラン、美田訳、一九五九年、八二、八三頁。
[19] 辻、一九四三年、一八六頁。cf. Macdonell, A. A., 1897, p.50.
[20] 辻、一九七〇年、一八八頁。
[21] Muir, J., 1967, Vol. 5, p.173.
[22] 後世『リグ・ヴェーダ』の神格は、天界、空界、地界の中のどこに住むかによって三つに分けられた。天界神格のグループは、①ディヤウス、②ヴァルナ、③スーリヤ、④ミトラ、⑤サヴィトリ、⑥プーシャン、⑦ヴィシュヌ、⑧ヴィヴァスヴァットVivasvat、⑨アーディトヤ神群、⑩ウシャス、⑪アシュヴィン双神によって構成される。これらはすべて太陽神である。
　第二の空界神格のグループには、インドラ、シヴァの原型ルドラRudra、諸々のマルトMarut神群（暴風の神）、ヴァーユVāyu（風神）、パルジャニヤParjanya（雨雲神）、アーパスĀpas神群（水神）などが含まれる。第三の地界神格の中には、サラスヴァティーSarasvatī、ガンガーGaṅgāなどの河の神やプリティヴィーPṛthivī神（地神）が含まれる。さらに、火の神アグニや神酒ソーマもこの第三のグループに属することになる。
[23] ウルセル、モラン、美田訳、一九五九年、三九頁。
[24] Dowson, J., 1957, p. 250.
[25] Ibid., p. 250;『マハーバーラタ』VII, 202.
[26] Banerjea, J.N., 1974, p. 441.
[27] 辻、一九七〇年、三七頁。
[28] ウルセル、モラン、美田訳、一九五九年、三三頁。
[29] Muir, J., 1967, Vol. 5, p. 168.
[30] 辻、一九七〇年、八五頁。
[31] ウルセル、モラン、美田訳、一九五九年、二七頁。
[32] Lüders, H., 1951, Vol. 1, p. 198.
[33] Hastings, J., 1913, Vol. 6, p. 690.
[34] Ibid., p. 690.
[35] Wasson, R.G., 1969, PL. I -XIII
[36] cf. Gonda, J., 1974, p. 335 ff ; p.349 ff.
[37] 前五世紀頃のインド人が、ヴェーダにおける神々の擬人化表現をどのように意識していたかについては、*Nirukta*, VII, 5 (Sarup, L., 1967, p.117) を参照。*Viṣṇudharmottarapurāṇa*は、ヴェーダにおいてすでに登場し、ヒンドゥイズムにおいても尊崇された神々の図像学的特徴を述べる数少ない書の一つである。
[38] Schmidt, H., 1968, p. 70.

第4章　ブラフマー神と神々

神々の統合

ヴェーダの宗教つまり第二期においてルドラ（シヴァ）とヴィシュヌとはすでに知られており、第三期（紀元前五〇〇―紀元六〇〇）においても徐々にそれぞれ勢力を伸ばしていった。紀元前二、三世紀にはシヴァに対する崇拝とヴィシュヌに対する崇拝は、それぞれシヴァ派およびヴィシュヌ派と呼ばれるような集団に育っていたと思われる。

一般にヒンドゥー教の主要な神々は、シヴァ、ヴィシュヌ、およびブラフマーの三神であるといわれるが、これは、すでに述べたように（本書三三頁）、グプタ朝においてブラフマー神が仲介者となって、それまで相互の接触の少なかったシヴァ崇拝とヴィシュヌ崇拝とが融合された結果である。その結果、シヴァ、ヴィシュヌおよびブラフマーの三神は三つの姿を持ちながら一体の神であると考えられるようになった。つまり「三つの身体（カーヤ）を自らの肢体（アンガ）とする者」（トリ・カーヤ・アンガ）といわれる所以である。「三位一体」なのである（図４・１―４・３）。

ヒンドゥイズムは多神教であるが、その歴史のなかでは常に神々の統合が図られた。ブラフマー、シヴァ、ヴィシュヌという三主要神が一体の神へと統合された一方で、後に（第7章）において述べるように、第四期（紀元六〇〇―一二〇〇）において幾百の女神が大女神（デーヴィー）へと統合された。もっともその統合が起きた後においてもそれぞれの神が従来の姿や職能を持ち続けるのである。

中性原理ブラフマン

中性名詞「ブラフマン」（brahman）は、元来は成長、発展を意味する動詞根「ブリフ」（√bṛh）から派生した語であるが、『リグ・ヴェーダ』では、約一五〇回現れ、少なくとも三つの意味に用いられている。すなわち①精神の高揚、②唱えられた祭詞、および③祭詞の力である。

ヴェーダの宗教の祭司たちは、多くの場合、ソーマ酒のような幻覚剤を飲み、エクスタシー状態になって祭詞つまりブラフマンを唱えた。このようないわば神がかりの精神のたかぶり、およびその呪力ある言葉がブラフマンであり、さらにその言葉の威力もブラフマンと呼ばれた。祭司たちによって唱えられた言葉は神々を行為へと駆り立てるのである。例えば、祭司たちはインドラを天から呼び下ろした後、ブラフマンすなわち祭詞を唱えて、インドラに力を与えてくれるよう要請したのである（RV.IV,24,7）。ヴェーダの祭式では、僧たちは神々からの恵みをひたすらに待って祈るというよりは、

図4・1＝ブラフマー（向って左)、シヴァ（中央）およびヴィシュヌ。インドでは三尊形式の場合、中央、右（向って左)、左が位階の順序である。したがって、ここではブラフマーは第二の位置にあるが、これはシヴァ崇拝が強くなった結果と思われる。ブラフマーは四面で、手に水瓶を持っている。19世紀頃、カトマンドゥ。

図4・2＝ブラフマー（向って左）、シヴァ（中央）およびヴィシュヌ。一二世紀、アンドラ・プラデーシュ、デリー国立博物館。

祭詞の力によって神すなわち「聖なるもの」が行為するように命ずるのである。

中性名詞「ブラフマン」は「ラ」にアクセントがあるが、『リグ・ヴェーダ』には「マ」にアクセントを持つ男性名詞「ブラフマン」が約五〇回用いられる。この男性名詞は祭詞を唱える僧あるいは祭司とみなされた神々を意味することがある。『リグ・ヴェーダ』では、ヒンドゥイズムの男神を意味する男性名詞「ブラフマー」は見られない。

また祭詞ブラフマンを所有するもの、すなわち祭司の意味で「ブラーフマナ」（brāhmaṇa）という語が約一五回現われる。この語は四ヴァルナのうち、最高のヴァルナであるバラモン僧階級を指す。例えば『リグ・ヴェーダ』（X.10,12）には「ブラフマー」（僧侶階級）は宇宙の姿を採る原人（プルシャ）の口である」とあるが、バラモン僧、武士階級、商人、被征服者（ヴァイシュヤ）という四つのヴァルナの制度（四姓制度）が社会の枠組として機能しはじめるのはグプタ朝後期以降のことであった。

ヴェーダ聖典が編纂された後、インド思想史の第二期の終り頃（紀元前七―六世紀）には初期ウパニシャッドが成立した。これは宇宙原理ブラフマンと個我アートマンとが本来的には同一のものであるという考え方に基づいていた。すなわちウパニシャッドにおいてブラフマンは中性的宇宙原理と考

図４・３＝ブラフマー。図４・２の部分。四面で数珠と水瓶を持つ。

えられるようになっていたのである。ウパニシャッドとは一冊の書を言うのではなく、仏教誕生以前から数世紀以上にわたって編纂され続けた数多くの聖典の一ジャンルを言うのである。

ウパニシャッド群のうち、重要なものは仏教以前に成立した『ブリハド・アーラニヤカ・ウパニシャッド』*Bṛhadāraṇyaka Upaniṣad*『チャーンドーギヤ・ウパニシャッド』*Chāndogya Upaniṣad*、『アイタレーヤ・ウパニシャッド』*Aitareya Upaniṣad*『タイッティリーヤ・ウパニシャッド』*Taittirīya Upaniṣad*である。仏教成立後、紀元前三五〇―三〇〇頃に『カータカ・ウパニシャッド』*Kāṭhaka Upaniṣad*、『ムンダカ・ウパニシャッド』*Muṇḍaka Upaniṣad*などのウパニシャッドが編纂されている。さらに『マーンドゥーキヤ・ウパニシャッド』*Māṇḍūkya Upaniṣad*のように紀元一、二世紀編纂のものもある。

『タイッティリーヤ・ウパニシャッド』(III.1.1)には有名なくだりがあって、今日でもバラモンたちの集会のはじまりにはしばしば詠みあげられる。この箇所はウパニシャッドにおけるブラフマンの特質を簡潔に述べている。

ヴァルナの子ブリグは父ヴァルナに近づき、「尊き方、ブラフマンを教えてください」と言った。〔父は〕彼に言った「食物、息、眼、耳、心、言葉である」。〔さらに父は〕彼に言った。「そこからこれらの生類が生まれ、それによって生類が生き、〔死んだ時〕そこに帰っていくもの、それを知れ。それがブラフマンである」。彼は苦行を行じ、さらに苦行を続けた。

ここでブラフマンは中性的原理であり、人格神ではない。しかしこの原理は現象世界から超絶しているのではなくて、現象に内在する、あるいは現象と同一視される原理である。したがって、ここでのブラフマンは法則という意味の他にその法則によって運動する物体の意味をも含むと考えることができる。原理でもあり物体(現象世界)でもあるブラフマン(梵)は、インド思想史第三期末期頃から発展を続けたインド哲学最大の学派ヴェーダーンタにおいて考察され、精緻な教理体系の中核となった。

男神ブラフマー

『リグ・ヴェーダ』に世界の創造者としての男神ブラフマーが登場しないことはすでに述べたが、『リグ・ヴェーダ』の末期に編纂された部分には、世界を創造した人格神プラジャーパティ Prajāpati が登場する(X.121.10)。「プラジャー」とは生類、「パティ」とは主のことであり、「プラジャーパティ」とは生類の主を意味するが、この神の職能は後の男神ブラフマーを思い起こさせる。

『リグ・ヴェーダ』の後に編纂された『ヤジュル・ヴェーダ』(XXXII,1)では男神ブラフマーと生類の主プラジャーパティが同一視されている。ヴェーダ聖典の編纂が終った後、初期ウパニシャッド群と前後してブラーフマナ文献が登場する。この場合の「ブラーフマナ」(祭儀書)は『リグ・ヴェーダ』『ヤジュル・ヴェーダ』などのヴェーダ本集に対する説明的文献のことである。儀礼の執行手順を規定し、讃歌や祭詞の意味を説明する一方で、多くの神話や伝説を含んでいる。

『アイタレーヤ・ブラーフマナ』*Aitareya Brāhmaṇa*、『シャタパタ・ブラーフマナ』*Śatapatha Brāhmaṇa* (X.31,21)、『タイッティリーヤ・ブラーフマナ』*Taittirīya Brāhmaṇa* などのブラーフマナ文献においても、プラジャーパティと深い関係にある神あるいは同一の神と考えられている。もっともこの時期のブラフマーあるいはプラジャーパティは造形作品に表現されることはなかった。また、インド社会の法制度をはじめて体系的に述べた『マヌ法典』*Manusmṛti*(紀元前二〇〇—一〇〇)には「ブラフマーはすべての人々の父」(I,9)と述べられている。これ以後、時代が下がるにつれて男神ブラフマーはヒンドゥイズムの文献のほとんどすべてに登場するもっともよく知られた神となるのである。

仏教に組み入れられたブラフマー(梵天)

男神ブラフマーはかなり早い時期に仏教徒に知られていた。紀元前三世紀中葉のアショーカ王(阿育王)以前の編纂と考えられる『長阿含経』*Dīghanikāya*の中の「ケーワッダ経」**Kevaddhasutta** (XI,82)には「創造者、すべての生類の父」と述べられている。紀元前三、二世紀の建造物と推定されるサーンチーの仏塔北門に残る浮き彫りには、三十三天からブッダがブラフマー神(梵天)を連れて下降する様子が描かれている[1]。またブラフマーとインドラ(帝釈天)を脇侍としたブッダのガンダーラ様式の浮き彫りも残されている[2]。上に述べた例に見られるように、仏教においては生類の主であるブラフマー神はブッダの守護者という位置を与えられたのである。この職能はブラフマーが梵天として日本仏教に入ってからも基本的には変っていない。

ブラフマーの図像

宇宙の根本原理ブラフマンは時代が下がるにつれてインド

宗教思想においてますます重要なものとなった。すでに述べたように、ヒンドゥイズムの教理は今日に至るまで根本原理ブラフマンの考察を中核としてきたのである。一方、ヴェーダ本集の編纂が終った頃から、男神ブラフマーのイメージが生まれつつあった。しかし、ブラフマー神はシヴァ神やヴィシュヌ神のような勢力を有することはなかった。ヴェーダ時代からの呪力ある言葉に与えられた権威とウパニシャッド以来の根本原理としての力に支えられながら、人格神としての性格を与えられていった。仏教において重要な尊格となったこと自体、ブラフマー神がインド思想史第三期前半においては、それほどの大きな勢力を持っていなかったことの証左である。ヴィシュヌとシヴァを両脇侍とするブラフマー像がガンダーラやマトゥラーにおいてはつくられることはなかったのである。

ヒンドゥイズムにおけるブラフマー神の像がいつ頃からつくられたのかは明確ではないが、今日残っているものでクシャーン期より古いものはほとんどない。グプタ朝以降の作品になれば残っているものも多い。

ヒンドゥーの男神ブラフマーの像は、一般には四面で数珠、水瓶、本、杓、与願印（願いをかなえる仕草）を持つ（図4・1—4・10）。

カーリダーサの『王子の誕生』

グプタ朝下、約四〇〇年頃詩人カーリダーサが活躍する。彼は英文学におけるシェイクスピアに譬えられるが、美文体詩（カーヴヤ）や戯曲（ナータカ）の分野で画期的な作品を多数残している。彼はそれ以前の神話や伝説を踏まえて流麗で優雅、しかも簡潔な力強さにあふれた韻文体で詠い、美文体詩というジャンルを確立した。

彼はそれまでの神話や伝説を詠うのであるが、彼の作品に登場する神々のイメージは後世の人々の心に強く残ってきた。カーリダーサ以後、インドには「プラーナ」（古譚）と呼ばれる神話集が数多く編纂された。例えば、『シヴァ・プラーナ』*Śiva Purāṇa*、『ヴィシュヌ・プラーナ』*Viṣṇu Purāṇa*、『リンガ・プラーナ』*Liṅga Purāṇa* などであるが、これらはそれぞれシヴァ、ヴィシュヌ、リンガ（男根）によって象徴されるシヴァを中心とする神話や伝説を集めたものである。

プラーナのなかには『マツヤ・プラーナ』*Matsya Purāṇa* のようにその編纂時期が六、七世紀と推定されるものもあるが、ほとんどは九、一〇世紀以降に現在の形を採ったものであり、それぞれのプラーナの最初期の形から現在の形にまとまるまでには、二、三世紀から数世紀かかっていると思われ

図4・4＝ブラフマー。ヴァイクンタペルマールVaikuntha Perumal寺院の壁に彫られた浮き彫り。8世紀頃、カーンチープラム。

図4・5＝ブラフマー。四面。右手で「おそれるな」という意味の施無畏印（せむいいん）、左手で「願いをかなえる」を意味する与願印（よがんいん）を結ぶ。デリー国立博物館。

る。したがって、ある特定の時期における神々のイメージを知るためには、プラーナ文献は適切な資料でないことが多い。

カーリダーサの作品は、その時期がおよそ紀元四〇〇年とわかっており、後世に与えた影響力もプラーナ文献をしのぐ場合さえある。カーリダーサ作『王子の誕生』は当時のヒンドゥー・パンテオンの様子を知るには適切な資料である。

『王子の誕生』の王子とは、シヴァとパールヴァティーの息子スカンダのことである。この息子はクマーラ（童子）、カールッティケーヤとも呼ばれる。中国、日本では韋駄天である。スカンダの音字「建陀」の「建」が「違」と誤写され「韋駄」となったと考えられる。『王子の誕生』はヒンドゥイズムの変革期における神々の勢力の交替を描いている。つまり、創造神ブラフマーの勢力にかげりが見えはじめ、非アーリア的要素を多分に含むシヴァの位置が重要なものとみなされるようになった時期をカーリダーサは詠っているのである。この時期は、シヴァ崇拝の興隆とともに女神崇拝の台頭の時期でもあった。インドの女神たちはシヴァと結婚することによってその勢力を伸ばしていったのである。シヴァの息子スカンダの誕生物語は、シヴァの妃の誕生のそれでもあった。

『王子の誕生』は、シヴァ神とその妃パールヴァティーとの間に王子カールッティケーヤすなわちスカンダ（韋駄天）

が魔神ターラカを殺すべく誕生するまでのいきさつを描く作品である。魔神ターラカの横暴を鎮めるためには、シヴァ神とヒマーラヤ山の娘パールヴァティー（ウマー）が結婚して、二人の間に王子が生まれる必要がある、とブラフマー神がいう。この言葉を聞いて神々は、シヴァ神の心をパールヴァティーに向けさせようと企てるが、その試みは失敗してしまう。その後、パールヴァティーは苦行（タパス）によって得られた美しさによってシヴァ神を魅了しようとする。彼女のこの試みは成功して、シヴァ神がパールヴァティーと共にカイラーサ山の頂上でハネムーンを楽しむくだりで第八章は終る。現在われわれに残されている『王子の誕生』の王子カールッティケーヤが魔神を殺す場面も描いている（第一七章）が、カーリダーサの真作は第八章までと考えられている。

『王子の誕生』第一章は、ヒマーラヤ山の娘パールヴァティーの誕生から成人までを描いている。第二章では、魔神ターラカに苦しめられた神々が創造主ブラフマー神に窮状を訴えるが、この章におけるブラフマー神の前に並んだ神々の描写はカーリダーサの時代におけるヒンドゥー教のパンテオン

図4・6＝ブラフマーと妃。四面で鬚をはやす。左手には本と水瓶を持つ。乗物である鴨をしたがえている。ラリト・カラー・バヴァン博物館、ヴァーラーナシー。

の説明とも考えられる。

シヴァ神の心をパールヴァティーに向けさせるために「愛のキューピッド」であるカーマ神を起用しようと神々は思い立つ。愛の神カーマに花の矢をシヴァ神の胸に向けて射させようとしたのである。第二章は神々の頭インドラ神の前にカーマ神がやって来るところで終っている。「カーマ神の来訪」と名づけられている所以である。

『王子の誕生』第二章　カーマ神の来訪［3］

1［神々が男神ブラフマーのもとに援助を求めて行く。ブラフマーはまだ生類の主として尊崇を受けていた。］

その頃　魔神ターラカによって
苦しめられた天の神々は
インドラ神を先頭にして
自生者〔ブラフマー神〕のもとに行った（一）

顔の輝きの失せた彼らの前に
ブラフマー神は現われた
朝　睡蓮のまだ睡っている池に
太陽が現われるように（二）

そこで　すべての神たちは
あらゆる方向に顔を向けた一切の創造主
言葉の主たるブラフマー神に
適切なる言葉を述べ　礼拝して近くに立った（三）

［ブラフマー神は一般に四面を有する姿で表現されるが、この四面はあらゆる方角に顔を向けていることを表わす。］

（図4・4—4・8参照）

2［連れだってやってきた神々がブラフマー神に窮状を訴える。］

三相［4］を有し
創造以前には純粋な我であり
後には〔純質、激質、暗質の〕三要素の分離を目指して
多様性を表わすあなたに敬礼します（四）

［インド哲学諸学派の一つにサーンキヤ学派があるが、ここでブラフマンの性格はこの学派の教理に基づいて説明されている。この学派は、神我（プルシャ）と原物質（プラクリ

図4・7＝ブラフマー。四面で数珠と水瓶を持つ。インド博物館、ベルリン。

図4・8＝ブラフマー。四面で太鼓腹。右手に数珠を持つ。ネパール国立博物館、チャウニー地区、カトマンドゥ。

ティ）との二原理の存立を認める二元論である。神我は原物質の活動に他ならぬ現象世界の展開をただ見ている者（観照者）と考えられる。原物質は、純質、激質、暗質という三要素より構成されているが、その三要素の均衡状態のくずれによって原物質が現象世界の姿を採ると考えられる。ようするに、ここではブラフマー神は人格神ではあるが、原物質となって世界創造が行われたと述べられているのである。］

生まれざる者よ　あなたにより水の中に
必ず実のなる種がまかれ
その種から動不動の一切が生まれた
この一切の源〔であるあなた〕は讃えられます（五）

〔ブラフマー神、ヴィシュヌ神、シヴァ神という〕三つの
　分位［5］によって
偉大さを表わしながら　あなたは
〔世界の〕創造、維持、破壊の原因である唯一者です（六）

［三つの分位、および創造、維持、破壊という三過程が明記されているが、マッリナータ註に従うならば、『王子の誕生』ではすでにブラフマー、シヴァ、ヴィシュヌの三位一体の思想が受け入れられていたと考えられる。］

男と女は　創造の意欲によって
すがたを違えたあなた御自身の部分です
この両者は出産をこととする創造の親であると
スムリティ聖典に［6］いわれています（七）

御自身の時の基準によって
あなたは　夜と昼をお分けになった
あなたの睡りと目覚めとは
この世の者たちの亡びと生れです（八）

あなた自身には母胎はありませんが　あなたは世界の母胎
　です
あなたは世界の終りですが　あなたに終りはありません
あなたには始まりがありませんが　あなたは世界の始まり
　です
あなたは世界の主ですが　あなたに主はいません（九）

あなたは御自身を力ある御自身により知っておられる
御自身を力ある御自身で創造なさいます
あなたは力ある御自身によって
御自身の中に溶けこむのです（一〇）

あなたは流れ　また〔原子の〕集まりのゆえに堅く
粗大であり　かつ微細です
軽く　また重く　顕現し　また未顕現です
あなたは神力を思うように使います（一一）

［ここにいう顕現とは、かの原物質が現象世界の姿を採ることをいい、未顕現とは現象世界の姿をまだ採るに至っていない状態をいう。］

あなたはヴェーダの源です
その始まりは「オーム」という語でなされ
その発声は〔高、中、低の〕三アクセントの方法によってなされ
それに従う行為は儀式であり　その結果は天に行くことです（一二）

あなたは神我（プルシャ）のために活動する原物質（プラクリティ）だと経典は語っています
あなたこそ原物質を無関心に見る者だと
知られています（一三）

あなたは父たちの父
神々の神
優れたものの優れたもの
創造者たちの創造者です（一四）

永遠のあなたは　祭火（アグニ）への供物であり　祭官なのです
享受されるもの　享受するものであり
知られるもの　知るものであり
観想する者　観想される最高のものです（一五）

［以上によってブラフマー神の職能に関する説明は終わるのであるが、ここでブラフマーは生類の主であり、創造神として描かれている。人間の姿に似せた（アンスロモルフィック）な要素も認められるとともに、宇宙の根本原理としてのイメージも充分に見られるのである。］

3［ブラフマー神が神々に答える。］

このように　彼らより
快き真実のことばを聞き
好意を示そうとして

図4・9＝ブラフマーと妃。杓と本を持ち、鴨に乗る。12世紀、マトゥラー、デリー国立博物館。

創造主は　神々に答えた（一六）

この古代の詩人〔ブラフマー〕の
四面から発せられた
四種のことば［7］の働きは
実りあるものだった（一七）

おのおのの地位を威力によって
保ちつつ一団となって
来られた長き腕の方々
ようこそいらっしゃった　勇猛なものたちよ（一八）

あなたがたの顔は
霧でかすんだ星のようだ
なぜ以前のように
未来の輝きを放っていないのか（一九）

輝きも失せたために
虹の華麗さもなくなった
〔龍〕ヴリトラを殺した〔インドラ神の武器〕金剛は
刃も鋭くなったように見える（二〇）

また〔水神〕ヴァルナの手にある
敵どもにはあらがい難い縄は今
呪文によって力を失ったコブラのように
無力になってしまった（二一）

枝の折れた木のような
棍棒も持たない〔財神〕クベーラの腕は
心につきささった槍のような敗北を
語っているようだ（二二）

〔死者の王〕ヤマでさえ
輝きの失せた棒で地面に何か描いている
その棒はかつては必ず敵を倒したのだが
今は燃えさしほどのつまらぬものになった（二三）

どうして　これらの〔一二柱の〕太陽神たち［8］は
熱を失って冷たくなり
絵に描かれたかのように
思う存分見ることができるようになったのか（二四）

〔風神〕マルトたち［9］の困惑を見れば
彼らの速度も鈍ったと思われる

水の逆流によって
流れがせきとめられているのが推しはかられるように（二五）
また　ルドラたち〔10〕の顔には
巻き髪の結び目から三日月が垂れさがり
「フーン」という〔呪力ある〕文字〔11〕が
見られない（二六）

図4・10＝ブラフマー（梵天）。四面で蓮華と槍を持ち、鴨に乗る。「別尊雑記」『大正蔵図像部』第三巻六五五頁。

通則が例外のために
適用されなくなるように
地位を確立したあなた方は
より強力な敵に凌駕されたというのか（二七）

それゆえ　わが子たちよ　話してほしい
一団となって来て　このわたしに何を望むのか
この世の創造はわたしの務め
その維持はあなた方の務めなのだから（二八）

［ここでブラフマー神が名前を挙げる神々は、インドラ（二〇偈）、ヴァルナ（二一偈）、ヤマ（二三偈）、太陽神アーディトヤたち（二四偈）、風神マルト（二五偈）、暴風雨神ルドラ（二六偈）などほとんどヴェーダにおいて活躍した神々である。もっとも二二偈の財神クベーラはヴェーダ期の神ではない。これらのヴェーダの神々はやがてヒンドゥーのパンテオンの中では、護法神などの位置に配されていくのである。］

4［ブリハスパティ神がブラフマー神に窮状を訴える。ここではブリハスパティ神はブラフマーと同一視されているのではなく、別の尊格として登場する。］

すると　インドラは
そよ風に揺り動かされた蓮の群のような
美しい千の眼で
導師ブリハスパティ神を促した（二九）

正しい道に導くインドラ神の眼であり
千眼を有するインドラ神より優れた
言葉の主〔ブリハスパティ神〕は
蓮華に坐するブラフマー神にいった（三〇）

尊き方　あなたのおっしゃるとおりです
われらが地位は敵に奪われました
それぞれの者に本質を現わすあなたが
どうしてご存知ないのでしょう（三一）

あなたがかなえた望みの力により
慢心したターラカという大魔神が
あたかも〔凶兆といわれる〕彗星のように
人々の不幸をもたらすために現われたのです（三二）

彼の魔神の町では
太陽は井戸の中の蓮華が
咲くほどの熱を
放つのみなのです（三三）

月はいつもすべての弦をもって
彼に仕えています　ただ
シヴァ神の髪飾りとなる
一つの弦は〔シヴァ神のために〕残していますが［12］（三四）

［世界の中軸カイラーサ山に住むシヴァも魔神ターラカに苦しめられているのではあるが、シヴァはいわば別格の存在として扱われている。ブラフマー神のもとを訪れた神々の中にシヴァはいない。］

花をひきちぎらないようにと
風は動きをしずめ
かの魔神のもとでは
ターラ樹の扇の風より強くは吹きません（三五）

時節に合わせた務めを止めて
花を咲かせることに専念し

庭番に等しくなって〔六つの〔13〕〕季節は
彼に仕えています（三六）

河の王である海は
彼へのみやげにふさわしい真珠が
水の中で大きくなるのを
今か今かと待っています（三七）

バースキをはじめとする蛇たちは
宝石の燃えるような輝きをもって
夜　炎のゆれない常夜燈となって
彼に仕えています（三八）

インドラ神でさえ
かの魔神の好意を期待して
彼にとりいったのです　使いの者に
如意樹の花を幾度も届けさせたりして（三九）

このようになだめられても
彼はこの三界を苦しめています
悪人は奉仕によってではなく
報復によって鎮められるべきなのです（四〇）

ナンダナ園の樹木は
神々の妻たちの手で新芽が優しく摘まれていましたが
〔今は〕彼のために切られたり
落されたりする苦しみをなめることになりました（四一）

彼は　寝ているとき
〔捕えてきた〕天女たちの
涙の雨を降らせながら　ため息に似た風を
送る払子で　あおられています（四二）

太陽神の馬たちの蹄がけっていた
メール山の峰々をひき抜き
彼は　自分のすみかに
築山としてしまいました（四三）

〔天を流れる〕マンダーキニー河には
世界を支える象たちの額から流れた液で濁った
水しか残っていません　今や
金色の蓮華が咲く場所は　彼の池なのです（四四）

彼が撃ってくるかもしれないので

天の乗り物の道には誰もいなくなり
神々には世界を見て歩く楽しみが
もはやありません〔四五〕

祭式の行なわれているとき
わたしたちの見ている前で　あの魔術師は
祭司たちが捧げた供物を
火神アグニの口から　持ち去りました〔四六〕

さらになお　インドラ神が長期間勝ち得た名声の権化である
あの有名なウッチャイヒシュラヴァスという名の
宝石のような馬を
彼は奪ったのです〔四七〕

あの残酷な者に対する
われわれのすべての手段は　無効になりました
よく効く薬草であっても
〔風、熱、水という三病素〕すべてが不調となった病いに
対しては効かないように〔四八〕

わたしたちの望みの綱だったヴィシュヌ神の円盤も
彼の首にあたった時に
火花が出ただけで
彼の首飾りになってしまったようです〔四九〕

〔象王〕アイラーヴァタを打ち負かした
彼の象たちは　この頃では
〔凶兆といわれる〕プシュカラーヴァルタカ〔14〕などの雲
〔の山〕に
鼻を打ちつけて遊んでいます〔五〇〕

ですから　大神よ　彼を亡ぼすために
ひとりの将軍を産み出したいのです
生死を越えたいと思う者たちが
業のつくる束縛をたち切る功徳を積もうとするように〔五一〕

神々の軍隊の先頭に　その将軍をいただき
山の破壊者〔インドラ神〕は
敵の手から捕えられた女をとり返すように
勝利の女神をとり返すでしょう〔五二〕

5〔ブラフマー神が答える。〕
〔ブリハスパティ神の〕この話が終ったとき

自ら生れた神〔ブラフマー神〕は話しはじめた
彼のことばは
かみなりの後の雨よりも適切だった（五三）

あなた方のその望みはかなえられるだろう
しばらく待ってほしい　だが
わたし自身はその望みをかなえるために
創造の営みを行なうつもりはない（五四）

わたしから繁栄を得た［15］あの魔神が
他ならぬわたしによって亡ぼされるべきではなかろう
毒の樹でも　育てておいて
自分で切るのはふさわしくない（五五）

以前　わたしは　彼に
〔神々には殺されないという〕望みをかなえると約束した
というのは　世界を焼くことのできる彼の苦行の熱が
願いをかなえることで鎮まったからだ［16］（五六）

戦い好きで身がまえている彼を
首が青く髪の赤いシヴァ神から注がれた
精液のひとしずく以外に
何者が打ち負かし得ようか（五七）

あの神シヴァは　優れた光そのものであり
暗の彼方におられる
わたしやヴィシュヌ神では　あの方の
力の限りを知ることができない（五八）

あなた方は　自制心によって不動となったシヴァ神の心を
ウマー女神の美しさによって
鉄を磁石で引きつけるように
奪うように務められよ（五九）

二つのもののみが
二者から注がれた精液を保つことができる
女神ウマーがシヴァから注がれた精液を保つことができる
のと
彼（シヴァ）の水の相［17］がわたしの精液を保つことが
できるのだ（六〇）

あの首青き者〔シヴァ神〕の子は
あなた方の軍隊の将軍となり
偉大なる武勇によって

捕われた女たちの弁髪の結び目を解くだろう〔18〕（六一）

といって　世界の始源〔ブラフマー神〕は

見えなくなった

神々も　すべきことを心に止めて

天に帰った（六二）

6〔カーマ神が登場する。〕

か〔の天〕において決心して

パーカ鬼を罰する者〔インドラ神〕はカーマ神のもとに行った

目的の成就を急いだために

心の速度を二倍にしながら〔19〕（六三）

すると　その端が美しい女のつたのような眉毛に似た弓を

妻ラティ〔20〕の腕輪の印のついた首にあて

マンゴー樹の若芽の矢を友の春の手に置き

花を矢とする者〔カーマ神〕は　合掌してインドラ神に侍

った（六四）

『王子の誕生』第二章終る。

世界を苦しめている魔神ターラカに対し生類の主であり世界の創造者であるブラフマー神は自ら手を下そうとしない（『王の誕生』第二章五四―五偈）。ここにカーリダーサの時代にはブラフマーの勢力にすでにかげりが見えてきたのを知ることができる。この後、ブラフマーはヴィシュヌやシヴァほどの力を得ることはなかったが、ヴェーダおよびウパニシャッド時代の権威の名残を留めつつ、今日に至るまで尊崇されている。

注

〔1〕Nagar, S.L., 1992, 写真一。

〔2〕Nagar, S.L., 1992, 写真二。

〔3〕テキストは原則としてマッリナータ註を含むKale,M. R., *Kalidara's Kumarasambhava*, Motilal Banarsidass, Delhi, 1967 (sixth edition)を用いた。本章を訳すにあたって、外園幸一「梵文和訳クマーラサンバヴァ（上）」『鹿児島経大論集』鹿児島経済大学経済学部学会　二九巻第一号　一九八八、四九―九二頁を参照した。訳文中の［　］の中の部分は訳者が補ったものである。

〔4〕「三相」とは、マッリナータによれば「ブラフマー、ヴィシュヌ、ルドラ（シヴァ）というすがた」である[Kale 1967: 22]。カルマルカルはnamo'stv amurtaye（無相のあなたに敬礼すべきだ）の読みの方が適切であると考える（Karmarkar, R. D., *Kumarasambhava of Kalidasa*, Aryabhusan Press, Poona, 1951, p.145)。Scharpe, A., Kalidasa-Lexicon, I, 3, 1958, p.27参照。

〔5〕マッリナータは「三つの分位」を「[純質・暗質・激質という〕

三要素によって構成されたヴィシュヌ、シヴァ、ブラフマーと考える（六偈註）[Kale 1967: 23]。

[6] 例えば『マヌスムリティ』I.32。

[7] マッリナータは、「四種のことば」を「実体、属性、運動および普遍の区別による四種」あるいは「新生児のことばのような不明瞭な声、聞きとることのできるようになった幼児のことば、統辞法的に統一されたことば、文法的に完全で長く印象を残すことば」という四種と解釈している[Kale, 1967: 26]。カルマルカルはマッリナータの解釈に賛同せず、「単にブラフマーが四つの口から話したことば」という意味にとる[Karmarkar 1951: 155] *Kumarasambhava of Kalidasa*, p.155)。カルマルカルに従えば、「四方向から聞えたことば」とすべきであろう。

[8] 一二柱の太陽神に関する諸説については[Kale, 1967; 41] および[Karmarkar 1951: 160]を参照されたい。

[9] マルトの数は、『ブラフマーンダ・プラーナ』（III.5,91-95）などに見られるように、一般には四九である。

[10] マッリナータはルドラは一一柱と記している（二六偈註）[Kale, 1967; 28]。「ルドラ」という名称はシヴァの意味で用いられることが多いが、この偈ではシヴァ神をとりまく暴風雨神を指している。

[11] 「『フーン』という文字」という読みの代りに、「誇り」（ahamkara）という読みもある。カルマルカルは後者を採る[Karmarkar 1951: 24]。

[12] 『王子の誕生』ではシヴァ神は特に畏敬の対象となっており、月もシヴァ神の髪飾りとなる三日月は残しておかざるを得なかったという意味であろう。第二章においてブラフマー神のもとを訪れた神々の中にシヴァ神はいない。

[13] 六つの季節とは、ヴァサンタ（春）、グリーシュマ（夏）、プラーヴリット（雨期）、シャラド（秋）、ヘーマンタ（初冬）、シシラ（真冬）をいう。

[14] マッリナータはプシュカラとアーヴァルタカの二つの雲と解釈している（五〇偈註）[Kale, 1967: 33]。C・R・デーヴァダルはマッリナータに従う（Devadhar, C. R., *Kumara-sambhava of Kalidasa*, Motilal Banarsidass, Delhi, 1985, p.26）。

[15] 五六偈参照。

[16] 『マツヤ・プラーナ』CILVIII.12.18 参照。Karmarkar, R.D., 1951, p.176。

[17] シヴァの有する八つの相（ムールティ）の一つが水の相であるといわれる[Karmarkar 1951: 178]。本章第五偈には「あなた[ブラフマー]により水の中に必ず実のなる種がまかれ」とある。この水がどのようなものかははっきりしない。第六〇偈には「彼の相」（tadiya-mūrtir）と明言されているので、この「彼」はシヴァであることが明白である。

[18] インドでは、夫あるいは恋人と離れた女性は髪を編むといわれる。

[19] 「心の速度を二倍にしながら」とは、急いで念じたあるいは思い出したという意味である。

[20] カーマ（kāma）とは能動的男性的な愛欲を、カーマ神の妻ラティ（rati）とは受動的女性的な愛の快楽を意味する。本書三〇五頁参照。

第5章　ヴィシュヌとその化身たち

ヴェーダ期のヴィシュヌ

『リグ・ヴェーダ』の中でヴィシュヌに捧げられた独立讃歌、およびそれに準ずるものは合わせて五篇にすぎない［1］。他にインドラと共有する一篇もあるが、『リグ・ヴェーダ』の中ではヴィシュヌは、インドラやアグニのように勢力のある神ではない。しかし、『リグ・ヴェーダ』の編纂時期の遅い部分を中心に「ヴィシュヌ」という名は約一〇〇回現れており、他の三つのヴェーダ本集それぞれにもその名が現れている。ヴィシュヌはヴェーダ後期にはかなり知られた神であったと考えられる。

インドラ、アグニなどのヴェーダの神々が供犠に関係したことはいうまでもないが、ヴィシュヌもまたヴェーダ祭式に深く関係した。祭式においてこの神は供犠そのものあるいは供犠のもたらす恵みを表していた。今日でも、ヴィシュヌは「ヤジュニャ・ナーラーヤナ」つまり「供犠ナーラーヤナ神」と呼ばれる。「ナーラーヤナ」とは「ヴィシュヌ」の別名のひとつである。

供犠のもたらす恵みとは一族あるいは国の繁栄であり名声であった。二〇〇六年春までヒンドゥイズムが国教であったネパールでは、国王はヴィシュヌの化身とみなされていた。つまり、国王が国家の繁栄のシンボルであった。後世、繁栄の女神ラクシュミーがヴィシュヌの妃とみなされるようになったのは、元来ヴィシュヌ自身にそのような職能が存したからである。

それと対照的に、シヴァは供犠における不浄にして危険な側面を指し示している、とビアルドーはその著『ヒンドゥイズム』の中で述べている［2］。シヴァのヴェーダ時代の名称は「ルドラ」すなわち「恐ろしきもの」を意味したが、この神は人々の住む領域の外に住み、森、山に住む者［3］である。彼は墓場に住むともいわれる。

『リグ・ヴェーダ』の中で語られるヴィシュヌに特有な神話は、「世界を三歩でまたいだこと」である。そのようにして「彼はひとりして三界を支えた。天も地も。一切の万物を も」（RV.I.154.4）といわれる。この三歩についてヴェーダ注釈家シャーカプーニは、地下の火、中空の光、および天空の太陽光の三つと考え、他の注釈家アウルナヴァーバは朝、昼、夜の太陽の三つと考えた。いずれにせよ、ヴィシュヌが太陽エネルギーの具現であることは確かである。ヴィシュヌは「スールヤ・ナーラーヤナ」（太陽ナーラーヤナ）と呼ばれることがある（図6・2―6・5）［4］。倭人《わいじん》（図5・6）に化身したヴィシュヌが三歩分の土地の所有を認められると巨人に身を変えて世界を三歩でまたいだという。

図5・1＝ヴィシュヌ。図4・2の部分。右の二臂に蓮華と棍棒を、左の二臂にホラ貝と円輪を持つ。

図5・2＝世界を三歩でまたぐヴィシュヌ。ヴィシュヌの左足が面のみの魔神ラーフを脅かす。ラーフに足をくわえられているように見えるが、日月蝕を起こすといわれるラーフを威嚇しているのである［5］。バーラト・カラー・バヴァン、ヴァーラーナシー。

図5・3＝世界を三歩でまたぐヴィシュヌ。四七六年の銘があり［6］、カトマンドゥ盆地にもかなり古い時期からヴィシュヌのこのイメージが伝えられていたことが分かる。ネパール国立博物館、チャウニー地区、カトマンドゥ。

図5・4＝世界を三歩でまたぐヴィシュヌ。図5・2の場合と同様、面のみの魔神ラーフを威嚇している。プラティハーラ朝、一一世紀、カーシープール、デリー国立博物館。

図5・5＝世界を三歩でまたぐヴィシュヌ。挙げられた左手は不釣り合いに大きいが、これはヴィシュヌの身体が急激に巨大化したことを表現しているのであろう[Berkson, 1992:291]。ヴィシュヌの左足の先の壁には魔神ラーフが彫られている。エローラ第15窟。

図5・6＝倭人（わいじん）の化身としてのヴィシュヌ。右の第二臂に棍棒、左の第二臂に円輪を持つ。パーラ朝、バーラト・カラー・バヴァン、ヴァーラーナシー。

叙事詩におけるヴィシュヌ

インドでは二つの叙事詩、『マハーバーラタ』と『ラーマーヤナ』がよく知られている。前者は、古代の北インドにおいて実際にあったと伝えられる戦争をモデルにした物語であり、盲目の王ドリタラーシュトラの息子たち（百王子）と王の弟パーンドゥの息子たち（五王子）との間で行われた一八日間にわたる戦争の描写が、この叙事詩の大きな部分を占めている。

後者の叙事詩『ラーマーヤナ』は、王権の継承者（ユヴァラージャ）となる祝いの会が行われる日の前夜に国を追われたラーマ王子とその妃シーターおよび同行する腹違いの弟ラクシュマナ王子の物語である。シーターは魔王ラーヴァナに奪われてしまうが、ラーマ王子が猿王ハヌマーンの助けを借りて妃を奪いかえすという筋書きである。

おそらくは『ラーマーヤナ』の原形はシーター妃を奪還したところで終わっていたのであろうが、現在の形はシーターが大地の中に姿を隠してしまうくだりもつけ加えられている。さらに、国にもどり王位についていたラーマが王位を別の弟バラタに譲り、自分は自ら命を絶つという話も最後の巻には述べられている。後世、ラーマ王子はヴィシュヌと同一視される。自ら命を絶ったというエピローグはラーマが普通の人間ではなく神であった、あるいは神になったことを語ろうとしていたのであろう。

二大叙事詩はヴィシュヌ崇拝と特に深い関係を有している。『マハーバーラタ』第六巻二五章から第四二章にわたる一八章七〇〇頌は『バガヴァッド・ギーター』（*Bhagavad-gītā*, 神の歌）と呼ばれて、もっともよく読まれたヒンドゥー教聖典の一つであるが、「バガヴァッド」（神）とはヴィシュヌ神のことである。また『ラーマーヤナ』（ラーマの行状）に登場するラーマは、後世ヴィシュヌ神の化身（アヴァターラ）

図5・7＝ラーマ王子の母カウサリヤー（写真向かって左から三番目の人物）。『ラーマーヤナ』の物語の展開を描く浮き彫り（部分）。クリシュナ・マンディル、パタン。

図5・8＝シヴァ神が遺した弓を引き絞り折ってしまうラーマ王子。この弓を引き絞ることのできた者がジャナカ王（写真向かって右端）の娘シーター（写真向かって右端から二人目）を妻にすることができるという王の約束であった。写真向かって左端から二人目はラーマの異母弟ラクシュマナであり、左端はラーマとラクシュマナの師ヴィシュヴァーミトラである。三人は魔神退治の旅の途中でジャナカ王の都に立ち寄ったのであった。トゥルシー・バーク寺、プネー（図9・23参照）。

図5・9＝妃シーターを奪った魔神ラーヴァナ（中央の多臂像）と戦うラーマ王子（二臂像）。クリシュナ・マンディル、パタン。

図5・10＝妃シーター（写真向かって左から二番目の人物）とラーマの異母弟ラクシュマナ（写真向かって左から三番目の人物）。クリシュナ・マンディル、パタン。

とみなされた。「アヴァターラ」とは、文字通りには「下（地上）へと降りてくること、あるいは降りたもの」を意味するが、「ヴィシュヌの化身」という場合には、人々を救うために神ヴィシュヌが人間界の中に姿を現すこと、あるいはその姿をいう。

「バガヴァッド」とは「バガ（bhaga）を有する者（vad）」のことであり、バガとは元来は分け前、持ち分、つまり祭式の後のおさがりなどを意味した。神から授けられる人間への「分け前」は恵みであり、その分け前を人間に与えるべく有する者は神に他ならない。また祭式を執行する僧たちに謝礼というかたちの分け前を与える者は祭式の依頼人（施主）である。したがって、「バガヴァッド」は神および祭式の依頼人との双方の関係を指すのである。

ちなみに「スバガ」（su-bhaga）つまり「よい分け前（を与えられたもの）」とは、幸運な者を意味し、この語から派生した「サウバーギャー」（saubhāgyā）とは、幸運な女、美人を指す。タントラ（密教）経典ではバガは女性性器を指す。仏教経典一般において「世尊」と訳された語は「バガヴァッド」であり、女神はヒンドゥイズムにおいても仏教においても「バガヴァティー」（bhagavatī）という女性形名詞によって呼ばれている。

族長クリシュナ

『バガヴァッド・ギーター』の「バガヴァッド」という名称にはさらに特別の事情が含まれている。すなわち「バガヴァッド」は古代インドのマトゥラー近くの郷党ヤーダヴァ族の長であったクリシュナが創始した一種の新興宗教の神の呼び名であったと伝えられている。この宗教は「主としてクシャトリヤ階級のために説かれた通俗的宗教で、実践的倫理を強調し、おそらく神に対する誠信の萌芽をも含んでいたことは想像に難くない〔7〕」。この宗教あるいは宗派は、「バガヴァッドに属する者たち」という意味でバーガヴァタ派と呼ばれている。

このバーガヴァタ派の思想を伝える聖典『バガヴァッド・ギーター』が、『マハーバーラタ』においてまさに戦争が始まる直前の部分に置かれているのであるが、この部分は後世挿入されたと考えられている。つまり、戦争はすでに終わっており、両軍のほとんどの者が死んでしまったという結果がわかっている時点で挿し入れられた部分が、ヒンドゥー教のもっとも重要な聖典の一つとなって今日に至っているのである。

この挿入部分は、ヤーダヴァ族の長であるクリシュナが五王子の軍の総大将である王子アルジュナに向かって、バガヴァッドつまりヴィシュヌへの信仰に関する教理と実践を明かすくだりである。クリシュナはアルジュナ王子の戦車の御者なのであるが、この御者はヴィシュヌの化身だったのであるから、自身への信仰のあり方を語ったことになる。

五王子の軍と百王子の軍との戦いがまさに始まらんとするとき、五王子の軍の大将であるアルジュナは敵方に自分の師、親族、友人たちが並ぶのを見て、意気消沈してしまう。これを見たクリシュナはアルジュナに「結果をかえりみることなく行為をなせ。それがわたし、すなわちヴィシュヌへ至る道である」と語る。「たとえ戦いにおいて死ぬようなことがあっても死を恐れることなく、自らの務めをはたせ」と教えるのである。

『ギーター』におけるクリシュナ

もっとも族長クリシュナが『バガヴァッド・ギーター』に見られるようにヒンドゥイズムの主要神ヴィシュヌと同一視されるのは、バーガヴァタ派の教義がかなり整備された後のことである。現在のかたちを採る以前、数世紀を要した『マハーバーラタ』の最古の部分におけるクリシュナは陰謀にたけた奸雄というべき存在である。「紀元前七世紀以後ではない［8］」歴史的人物としての族長クリシュナが徐々に聖なる大神ヴィシュヌと同一視される過程を『マハーバーラタ』は語っていると考えることができよう。

ヤーダヴァ族の長クリシュナは、『マハーバーラタ』の物語の展開そのものにおいては中心的役割を果たしているわけではないが、重要な脇役として登場している。例えば、パーンドゥ王の五王子たちがドゥルパダ王の娘ドラウパディー（クリシュナー）と結婚した場面に登場する。パーンドゥ家の伝統に従った一妻多夫婚であったが、その結婚式にクリシュナが出席していた。というのもクリシュナはパーンドゥ王のいとこであったからだ。ドラウパディーとの結婚の後、アルジュナは国を離れ、各地の霊場などを巡ったことがあったが、ヤーダヴァ族の土地でクリシュナの妹スバドラーを見そめ、奪ってしまった。クリシュナのとりなしでアルジュナはスバドラーを妻とすることができた。

両軍の戦いが終わったとき、五王子の軍はクリシュナを含めて七人、百王子の軍は四人が生き残ったのみであった。大戦の後、三六年経ってクリシュナの部族は酒宴での争論がもとで互いに殺し合い、滅亡してしまった。クリシュナは森にのがれ、物思いに沈んでいたところ、カモシカとまちがえられ猟師に射殺されてしまう。このようなクリシュナの生涯はやがてクリシュナ伝説として発展した。後世、ヴィシュヌにはふつう一〇の化身があると考えられるようになるが、クリシュナもその一つになったのである。

『ギーター』においてクリシュナは単に戦争を目的としてアルジュナに武器を取れといっているのではない。『バガヴァッド・ギーター』は決して戦争へと人を駆り立てる聖典ではない。インドのどの指導者もこの聖典をかざして戦争へと人々を導くことはなかった。すでに述べたように、物語が語られる時点では戦いはすでに終わっているのであって、死んでしまった戦士たちの魂（アートマン、個我）をいかに救うかということがむしろ問題だったと思われる。

図5・11＝ヴィシュヌ。右第二臂に円輪、左第二臂にホラ貝を持つ。パッラヴァ朝、六、七世紀、カーンチープラム、タミルナド、デリー国立博物館。

図5・12（右）＝ヴィシュヌ坐像。パッラヴァ朝、八世紀、南インド、デリー国立博物館。
図5・13（左）＝ヴィシュヌ。八世紀頃、ヴァイクンタ・ペルマール寺院、カーンチープラム。

図5・14＝ヴィシュヌ。グプタ朝、五世紀頃、マトゥラー、デリー国立博物館

知の道と行の道

『ギーター』第二章においてクリシュナすなわち神ヴィシュヌは、アルジュナ王子に向かって相矛盾すると思われるような二つの道を指し示す。その二つは、知の道と行為の道と呼ぶことができる。前者の道を行く人は「思慮の定まった人、瞑想に住む人」（第二章七二偈）と表現されている。ここでは、感官を制御し対象に向かってと出ようとする心を引き戻す心の真実を修練した人が、いわばモデルとして示される。クリシュナはまた「あなたの関心を行為にだけ向けなさい」（第二章四七偈）とアルジュナにいう。ここではクリシュナは感官を制御して心を引き戻すというのではなくて、「行為をなせ」といっている。一方では感官を統御して心を引き戻して瞑想の道を辿れ、といい、また一方では、行為にのみ関心を振り向けよ、という。

このような神ヴィシュヌの教えにアルジュナ王子は心を乱される。第二章の最後でクリシュナが、心の真実が行為より勝る、と述べるのに対し、第三章の始めでアルジュナは「もしそうならばなぜ戦争という恐ろしい行為に自分を駆り立てるのか。行為から引きさがるべきなのか、あるいは積極的に行為に出るべきなのか、どちらかを明らかにしてほしい」とヴィシュヌに訴えている。

対象から引きさがる態度（知の道）と積極的に行為する態度（行の道）は、インドで古代から考えられてきた二つの代表的な生き方である。心を対象から引き戻し世界から引き下がる態度は「ニヴリッティ」、積極的に行為をして「外に出て行く」態度は「プラヴリッティ」と呼ばれてきた。一般に「ニヴリッティ」は死滅への道あるいは寂滅への道、「プラヴリッティ」は促進の道と訳されている。この二つの概念は『マハーバーラタ』の他の部分においても重要な概念として用いられている。インドにおける最大の哲学者といわれ、現存する最古の『ギーター』注を書いたシャンカラ（紀元約八〇〇）も、第三章の始めを注釈しながら、知識のヨーガと行為のヨーガをそれぞれ「ニヴリッティ」と「プラヴリッティ」と呼んでいる。

どのように進むべきかわからなくなったアルジュナ王子に対してヴィシュヌは次のように答える。

「私は太古において二種の生き方、道を説いた。その二種とは知識の修練という道と行為の修練という道である。」（第三章三偈）

ヴィシュヌは続ける。

「人は行為を始めることなくしては
超行為（ナイシュカルミヤ）に達することはない。」（四）

超行為とは行為をしないということではなくて、行為をするが行為の結果ということに対して関心を払わず、その行為が成功するか不成功に終わるかを思い煩うことなく、淡々として行為をなす態度のことをいう。つまり、この超行為とは行為の欠如をいうのではなくて、行為の一般的構造からの超越を意味する。宗教の究極的な場面においては、現状認識（世界観）、目的および手段という三要素を有する行為の仕組みが崩れるのが特徴であるが、『ギーター』における「行為の道」（カルマ・ヨーガ）は、その行為の構造が崩れる場面をこそ示しているのである。

さらに、クリシュナはアルジュナに向かっていう。

「誰も一瞬の間でも無行為の状態でいることはできない。」（五）

『ギーター』の編者であるヒンドゥー教徒たちは、すべての人間が常に行為をしていることを行為の基本的なあり方と考えている。行為に関するそうした考え方は次のようにも表現されている。

義務の行為をあなたはするべきだ。
行為は無行為より優れている。
行為なしに人は生きることさえできない（八）

ここでは行為に対して価値が認められている。行為を全般

図5・15＝アルジュナ王子の馬車とその御者クリシュナ。五王子と百王子の戦いの挿絵。プネー版『マハーバーラタ』Vol.7, pp.120-121。

的に評価するあるいは認めるという態度は、初期仏教あるいは初期大乗仏教には認められない。ヴェーダ祭式においては行為（カルマ）とは儀礼行為のことであった。『ギーター』の時代すなわち紀元二世紀頃になると、儀礼行為以外の行為も考察の対象となっているのを、ここで見ることができる。

人はそれぞれの行なう行為の結果として輪廻の輪の中に縛り付けられている、というのが古代からのインドの考え方であった。ヴェーダ聖典に基づいた儀礼行為すら現世利益を求めるものであり、真の救いに至るものではないと、『ギーター』第二章では語られていた。その調子が、第三章九偈あたりから変わってくる。儀礼行為に対する評価が変わり、さらに行為一般が儀礼行為に汎化される。

「祭祀のための行為は除いて
この世は行為に縛られている。
その〔祭祀の〕ための行為を、アルジュナよ、
〔結果への〕執着を離れて行え。」（九）

『ギーター』の編者たちは、ここではヴェーダの祭式を批判するのではなく、それを解釈しなおして自分たちの体系に取り込もうとしている。後半の「祭式のための行為を行なえ」との呼びかけは、第二章における「戦争という行為に参加せよ」という呼びかけと結びついて「あなたにとって祭式である戦争という行為をなせ」という呼びかけとなる。

すべての行為を祭式にみなすという「汎化」の基礎付けは、続く箇所で改めて行なわれている。第一〇偈から第一二偈は、正統バラモンの伝統を担う神プラジャーパティ（生類の主）が祭式の参加者に言うことばからなっている。

「この祭祀によって繁殖しなさい。
これがあなた達の如意牛であることをわたしは願う。」
（一〇後半）

「これによって神々を繁栄せしめなさい。
その神々があなた達を繁栄せしめるようにとわたしは願う。」（一一後半）

「あなたたちが望む享楽を、
祭式によって繁栄せしめられた神々は
あなたたちにこの世で与えるであろうから。」（一二前半）

ヴェーダ祭式では神々に対して供物を差し出し、その供物によって神々は活性化され、つまり繁栄せしめられて、人々に恵みをたれると考えられる。すなわち、人々が捧げる供物

が神々を喜ばせ、喜ばせられた神々は人々に恵みをたれるのである。『ギーター』のこの箇所は、そのヴェーダ祭式の基本的な構造を踏まえている。クリシュナ（ヴィシュヌ）は、さらにその祭式の持つ意味を示す。

「万物は植物から生まれ、植物は雨から生まれ、
雨は祭祀から起こり、祭祀は行為の所産である。」（一四）

祭祀は、世界を維持し、人間を繁栄させるのに必須の行為として述べられている。ここでも、編者たちはヴェーダの伝統を自分たちへの体系へと引き込みながらヴェーダ祭式に対して肯定的な評価を与えているのである。

この一四偈の「祭祀は行為の所産である」といった考え方は、第二章の四二偈から四四偈のあたりまでに見られるヴェーダの伝統に対する批判的な態度とは明らかに異なっている。『ギーター』が矛盾したことを述べているとみるのではなく、古代の伝統を批判するべきところは批判し、受け継ぐところは受け継ぐ編者の態度があらわれているとみるべきであろう。

続く一五偈は次のようである。

「行為はブラフマンから生じるものと知れ。
ブラフマンは不滅のものから生ずる。
世界に偏在するブラフマンは
常に祭祀に基づいている。」

ここで「ブラフマン」という語が用いられているが、これはウパニシャッドにおけるような世界の根本原理としてのブラフマンではなく、現象世界の構成要素、素材となっている原物質を指している。宇宙原理ではなくて、宇宙の素材をブラフマンと呼んでいるのである。同時にここでは、宇宙の根本原理であるブラフマンをも背後において指していると思われる。現象世界の素材つまり原物質としてのブラフマンと根本原理としてのブラフマンとは、インドにおいては根本的に異なるものとして扱われてはこなかった。現象と本質とはインドにおいては原則として同じものとして考えられてきたからだ。それを踏まえたうえで、ここでは現象世界の基礎的な素材としてのブラフマンが祭祀に位置づけられているのである。

「行為がブラフマンから生ずるものであることを知れ」に対して、シャンカラはこの場合の「ブラフマン」はヴェーダ聖典を意味すると述べている。この「ブラフマン」をサーンキャ哲学におけるプラクリティつまり原物質と考えるのか、あるいはシャンカラの言うようにヴェーダ聖典と考えるのかは、注釈者の立場によって異なるが、いずれにせよ、一五偈

のこの表現によって行為がはっきりと肯定的な意味を与えられていること、そのことがヴェーダ祭式の伝統を踏まえて述べられている点が重要である。

クリシュナは、一六偈では「この世において回転されている車輪、つまり輪廻の車輪、これが止まってしまってはいけない、これを止めるように働く人間は悪人である」と語り、そして、一七偈後半、一八偈前半には

「ただ単に自分自身に満足する人、彼には〔真の〕なすべきことがない。彼にはすでになされたことやまだなされないことにも何らの目的もない。」

と語る。自分自身のことのみに関心を持ち、自分のことのみで満足してはならないという発想は、第三章の始めの部分の「超行為」につながる考え方であろう。それは『ギーター』における最大の主張である。

一九偈でクリシュナはアルジュナに向かってはっきりと行為の道を行くことを薦め、その行為を超行為として行うよう要請する。

「それゆえ執着なく常になすべき行為をなせ。
執着なくて行為をする人は　最高のものに達するから。」

この最高のものとは、神すなわちヴィシュヌ、つまり語り手の「わたし」のことである。

次にクリシュナは

「世の中の秩序を維持するのみという意味であっても、
あなたは行為をなすべきである。」（二〇後半）

と付け加える。世界が回転をし続けており、それを人が守らねばならないといった考え方は、仏教には、少なくとも初期大乗仏教までには見られない。

二二偈ではクリシュナは次のようにいう。

「アルジュナよ、わたしにはなすべきことあるいは有してないものは
三界において何もない。
しかも、わたしは行為をいつも行っている。」

そして二四偈では

「もし、わたしが行為をしなければ、

世の中の人は滅びるであろう。」

という。二二偈あたりからクリシュナは少しずつ自らの秘密をあらわにし始める。自分がこの世界を維持している神である、ということをアルジュナに少しずつ証してゆく。このように自分を顕わにしつつ、クリシュナはアルジュナに対して二五偈においては

図5・16＝アルジュナを説得するクリシュナ。二〇世紀、ビルワ寺院の壁画、デリー。

「執着を去り、世界の秩序維持を図ろうと願って行為をすべきである。」

と決定的に行為の道を指し示しつつ、三〇偈では

「すべての行為をわたしに任せて、
最高我を心に念じ、
望みなく所有欲を離れて戦え。」

と、最終的に戦いへとアルジュナの背を押す。

三一偈は次のようにいう。

「このわたしの見解に従って実行する人々は　行為から解放される。」

「わたしの見解に従って」、つまり、ヴィシュヌにすべてを託し、対象に執着することなく感官を統御し行為をする者は、行為が持っている否定すべき側面つまり、輪廻の輪の中に人間を縛り付けるといった側面から解放される、というのである。行為の道をことばを尽くして説く、その終わりの部分に説かれるのが「行為からの解放」なのである。

宇宙的姿を採るヴィシュヌ

『ギーター』第一一章において、クリシュナすなわちヴィシュヌは、王子アルジュナに自らの「あらゆる姿」あるいは「宇宙的姿」（ヴィシュヴァ・ルーパ）を見せる。アルジュナはヴィシュヌの本来の巨大な姿を見て、「あらゆる姿を有する方（宇宙的姿を有する方）」とヴィシュヌに呼びかけている（一六）。後世、「ヴィシュヴァ・ルーパ」とはヴィシュヌなどの有力な神の宇宙的姿を指す言葉となった。

「ヴィシュヴァ・ルーパ」という語は、「宇宙的我」を指し示す語としてすでに紀元前七世紀頃の『チャーンドーギヤ・ウパニシャッド』に用いられている。訪問者たちの質問に答えて賢者ウッダーラカ・アールニは「あなたが瞑想している我（アートマン）が、あらゆる姿を採るアートマンと呼ばれる宇宙的我（ヴァイシュヴァーナラ）に他ならない」（V.13.2）と答えている。『シュヴェーターシュヴァタラ・ウパニシャッド』ではブラフマンの特質として「宇宙的姿を採るもの」（ヴァイシュヴァ・ルーパ）と述べられている。

「ヴィシュヴァ」という語は、形容詞として「すべての、あらゆる」を意味する場合と、名詞として「すべて」「宇宙」を意味する場合がある。「ルーパ」は姿、形の意である。「ヴィシュヴァ・ルーパ」は、したがって「すべての姿」あるいは「すべての姿を採った神」（例えばヴィシュヌ）を指すとともに、「宇宙の姿」「宇宙の姿を採った神」を指す。「すべての姿を採った」神は、世界の中のあらゆる生類の姿を採るわけであるから、結局は「宇宙の姿を採った」神ということになろう。

『ギーター』第一一章において、ヴィシュヌは次のような宇宙的姿を見せている。

多くの口と眼を持ち、多くの希有な姿を有し、
多くの神々しい飾りを着け、多数の神的な武器を振りあげ、
神々しい花環と衣を身につけ、すばらしい香料や塗料をほどこし、
あらゆる奇瑞より成り、無限で、一切の方角に面する神を〔見よ〕（一〇―一一）。

そこで、神々の中の神の身体の中、一所に集まりながら、多様に分かれた全世界を　アルジュナは見た。（一三）

アルジュナは「すべての神々、さまざまな生類の群れ、さらにはすべての聖仙や竜王たちをヴィシュヌの身体の中に見たのである」（一五）。「冠を戴き、武器である円輪を持ち、光の塊そのものであるヴィシュヌを見たのであった」（一七）。

図5・17＝宇宙的姿（ヴィシュヴァ・ルーパ）を採ったヴィシュヌ。リッチャヴィ朝、チャング・ナラヤン寺、カトマンドゥ。

さらに、アルジュナはこれから合戦を行おうと並んでいる彼の親族、友人たちがヴィシュヌの巨大な口の中に吸い込まれていくのを見た。ヴィシュヌの牙で頭をくだかれている者や歯の間に捉えられている者もいる（二七）。神ヴィシュヌは全世界を呑み込みかみくだき、燃えたつ口で舐め尽くす。このような神の口の中に世の人々がとびこんで死に至るのである（三〇）。

このように一人の神がさまざまな姿を採りそれらが宇宙を埋めつくすという考え方は、後世ヒンドゥー教においてますます一般的なものとなっていった。仏教においても『大日経』（七世紀頃）第二章冒頭に見られるように、一人の仏から生まれた無数の分身が世界に満ちるとされている。

図5・18＝宇宙的姿を採ったヴィシュヌ。マイトラカ朝、七世紀、サマラージ、グジャラート、デリー国立博物館。

宇宙的姿（ヴィシュヴァ・ルーパ）の作例

ヴィシュヌの宇宙的姿の作例は多い。図5・17は、カトマンドゥ盆地のチャング・ナラヤン寺境内にあるヴィシュヌの宇宙的姿の浮き彫りである。高さ六七センチのそれほど大きくない岩の平面にヴィシュヌの二つの姿が刻まれている。上部には多面多臂の立像が描かれ、下部にはアナンタという名の大蛇の上に横たわる姿が見られる。八世紀頃の作と推定されるこの浮き彫りは『ヴァガヴァッド・ギーター』第一一章に述べられたヴィシュヌ像を忠実に再現しているわけではない。しかしこの浮き彫りの上部の像からは、数多くの面と臂を有する巨大なヴィシュヌのイメージが伝わってくる。下部に見られる横たわるヴィシュヌ像は、この神の宇宙創造に関する伝承を描いているものであり、この伝承は『ギーター』には述べられていない。

図5・18においても図5・17と同様に多面多臂のヴィシュヌ像が見られる。この神の足の下でからまりあっている二匹の蛇は、世界が創造される際の素材を意味している。

図5・19のヴィシュヴァ・ルーパ像では、ヴィシュヌの光背の中にさまざまな神の姿やヴィシュヌ神を見守る人々が描かれている。ヴィシュヌの顔の向かって左には獅子の面が、

図5・19＝ヴィシュヴァ・ルーパの姿のヴィシュヌ。バーラト・カラー・バヴァン、ヴァーラーナシー。

右には野猪の面が見られる。獅子の面は、顔が獅子であり胴が人間であるヴィシュヌの化身（アヴァターラ）の一つである「人獅子」（ヌリシンハ）を表しており（化身については本書一三四頁以下参照）、野猪の面は同じくヴィシュヌの化身である「野猪」（ヴァラーハ）を表している。この彫像の光背は破損しているが、光背の向かって右端には神々あるいは人間が周縁に沿って並んでいる。光背全体の周縁にこのような神（あるいは人）の像が配されていたのであろう。

このような光背の描き方は、図5・20においても見ることができる。この作品では光背以外の部分においても神・人が描かれているが、光背の周縁が神・人の顔の連なりによって表現されているのは、図5・19の場合と同様である。図5・21、5・22、5・24の作品にあっては、いわゆる「光背」は図5・23―5・25のようには描かれていないが、ヴィシュヌの背後は半円形の弧を描いており、その半円の中はヴィシュヌの「あらゆる姿」（ヴィシュヴァ・ルーパ）によって埋めつくされている。

宇宙的姿あるいは「あらゆる姿」の作例はヴィシュヌに限ったことではない。シヴァの場合（本書二一三頁）やカーリー女神の場合（本書二七七頁）もある。

図5・20（上）＝宇宙的姿を採るヴィシュヌ。中央のヴィシュヌの面は欠損しているが、その向かって右にはヴィシュヌの化身の一つである野猪の首が見られる。左は獅子のようにも見えるが、はっきりしない。ヴィシュヌの持ち物である棍棒の上方には海獣マカラに乗った女神ガンガー（ガンジス河）が描かれている。デリー国立博物館。

図5・21（右）＝宇宙的姿を採るヴィシュヌ立像。宇宙的姿を採ったヴィシュヌが左右の手をそれぞれ女性の頭に置いている。この二人は人間の姿を採った武器である（本書一二八頁）。バーラト・カラー・バヴァン。ヴァーラーナシー。

アナンタ蛇上のナーラーヤナ

ヴィシュヌはまた「ナーラーヤナ」（人間の避難所《ナーラ・アーヤナ》）とも呼ばれる〔9〕。この神は、『シャタパタ・ブラーフマナ』で、バラモン正統派を代表する神である生類の主プラジャーパティの命令を受けて「すべての世界をわたし自身の中に置き、わたし自身をすべての世界の中に置いた」。ナーラーヤナは次のようにいう。「すべてのヴェーダ聖典をわたし自身の中に置き、わたし自身をすべてのヴェーダ聖典の中に置いた、ということを彼〔プラジャーパティ〕に知ってほしい。世界は不滅であり、神々もヴェーダも不滅である。（中略）このことを知る者は滅するものから不滅のものに行き、〔輪廻の中で〕くり返される死を克服して、全き生を得るであろう」（XII.3.4.11）。

このように人間の本来的不死性とヴェーダ聖典の正統性を追求するナーラーヤナへの崇拝はやがてヴィシュヌ崇拝の中に組み込まれていった。紀元前後の作と考えられる『マハー・ウパニシャッド』ではシヴァやブラフマーの上に立つと述べられているが、このウパニシャッドはヴィシュヌ派系のウパニシャッドとしては最古のものである〔10〕。このように紀元前後にはナーラーヤナは、ヴィシュヌと同一視されており、シヴァやブラフマーと拮抗する勢力を有する神となっていたと考えられる。

後世のヒンドゥイズムにおいてヴィシュヌはさまざまな神々と同一視され、それらの神々の職能を合わせて持つ大神となった。しかし、ヴィシュヌへと統合されたそれぞれの神は、ヴィシュヌがヒンドゥイズムを代表する神となった後でも、かつての「前身」の職能を持ち続けた。例えば、叙事詩『ラーマーヤナ』の王子ラーマはヴィシュヌと同一視されるが、勇敢で賢明な王としての職能、イメージを保っている。ヤーダヴァ族の長クリシュナをモデルとしたクリシュナ神は、英雄、指導者といった側面を強く持ち続けている。一方、ナーラーヤナは、「供犠ナーラーヤナ」とも呼ばれ、ヴェーダ祭式に深くかかわるとともに、宇宙創造にも関係してきた。しかし、武士あるいは英雄としての性格はほとんど持ち合わせていない。

ナーラーヤナの典型的な姿に「アナンタ蛇上に横たわる（シャーイー）ナーラーヤナ」がある。これは「アナンタ（無限なるもの）」あるいは「シューシャ」（残り）と名づけられた蛇がとぐろを巻いた上に横たわった像である。図5・22ではアナンタ蛇上で頬杖をついたナーラーヤナすなわちヴィシュヌの臍から蓮華が生えており、その蓮華の上にブラフマー神がいる。このような像は、宇宙創造の仕事を終えたヴィシュヌが宇宙を創造する際の素材を意味する蛇の上で休息している姿を表している。カーリダーサの『王子の誕生』（クマ

図5・22（上）＝アナンタ蛇上に横たわるヴィシュヌ。ヴィシュヌは創造神としての職能を強く持つ神である。「アナンタ」（無限者）と名づけられた蛇は、まだ形を与えられていない世界創造のための素材をとり囲む原初の蛇である。世界を象徴するリンガ（シヴァ神のシンボル）をとり囲むのも宇宙的蛇である（本書175頁参照）。ヴィシュヌの臍から生まれたかつての大神ブラフマーが蓮華の上に坐る。これはヴィシュヌの勢力が巨大となり、ブラフマーのそれをはるかに凌いだことを示している。8、9世紀、エローラ第15窟。

図5・23（左頁上）＝アナンタ蛇上のヴィシュヌ。ヴィシュヌの足もとにラクシュミーがおり、向かって左端にはガルダ鳥、その右には猿面のハヌマーンがいる。図5・22と同様、ヴィシュヌの臍からはブラフマーが生まれている。このような場面は現代ヒンドゥイズムにおいて一般的である。20世紀のポスター。

図5・24（左頁下）＝アナンタ蛇上に横たわるヴィシュヌ。カトマンドゥ盆地北のブダニルカンタにおいて地面から掘り出されたといわれている。[Pattanaik 1998:101]。

図5・25＝アナンタ蛇上のヴィシュヌ。七世紀、チャールキヤ朝、アイホーレ、デリー国立博物館。

ーラ・サンバヴァ）第二章（本書八三頁）に見られるように、宇宙創造はブラフマーの職能であると考えられている。そして、ヴィシュヌがその宇宙の維持を司り、シヴァがその破壊を行い、またブラフマーが宇宙を創造する。このようにヒンドゥイズムにおいては宇宙が周期的に、創造、維持、破壊を繰り返すのである。もっとも図5・26における蓮華とブラフマーはヴィシュヌの臍つまり身体の中心から生まれており、ヴィシュヌの方がむしろ創造者であり、蓮華とブラフマーは被造物であるかのように描かれている。

アナンタ蛇、ヴィシュヌ、ブラフマーという三者は、サーンキヤ哲学学派の理論に基づいて解釈されることがある。サーンキヤ学派は、原物質（プラクリティ）と霊我（プルシャ）との二原理を立てる。前者の展開によって宇宙（世界）は成立するのであるが、後者は前者の展開を見守るのみの観照者である。「俗なるもの」である原物質の活動が止滅したとき、「聖なるもの」である霊我が輝く。この霊我の輝きがサーンキヤ学派の求めるものである。

未展開の原物質にやがて知的要素（覚）が生まれ、次に集合的、原初的な統覚作用が生まれ、この統覚作用から具体的な現象世界が生まれる、と考えられている。宇宙の展開の根本素材である原質は、現象世界へと展開する以前は「未顕現なもの（アヴィヤクタ）」と呼ばれる。具体的なかたちを採って現われてはいない原初的素材である。この未展開の原質は純質（サットヴァ）、激質（ラジャス）および暗質（タマス）という三つの要素（グナ）から成り立ってはいるが、それらの三要素は均衡状態を保っている。純質とは、知性、認識の本質である「明るさ」の要素であり、激質とは、経験、運動の本質である「動き」の要素であり、暗質とは認識の対象の本質である「暗さ」の要素である。

未展開の原質はやがて均衡状態を離れて「大（マハット）」と呼ばれる力のかたまりとなる。この力は知的存在であり、「覚（ブッディ）」とも呼ばれる。原質は「大」あるいは「覚」の状態から「自己 - 感覚」（アハンカーラ、我慢）の状態へと変化する。この「自己 - 感覚」とは、個々人の自己感覚あるいは自己意識ではなく、いわば集合的な自己統覚作用である。つまり、心的原理なのではあるが、意識された個人的経験を欠く、全世界的原理である。「自己 - 感覚」は、次に純質が優勢な感覚器官、暗質が優勢な認識対象と激質が優勢な運動器官により構成される現象世界へと展開する。図5・26における蛇、ヴィシュヌおよびブラフマーは、順次、原物質、知的要素（大）、集合的統覚作用を意味するというのが、サーンキャ哲学に基づいた解釈である［11］。また、「太陽系の大虚（アナンタ）から太陽（ヴィシュヌ）が生じ万物（ブラフマーと蓮華）が生ずるを示す」という解釈もある［12］。

ガジェーンドラ（象王）を救うヴィシュヌ

ガジェーンドラ（象王）は、ある呪いのため象の姿に変えられてしまった王であるが、ある時、湖で水を浴びていたところワニに似た怪獣に足を捕らえられ、水の中にひきずりこまれようとした。象王と怪獣との戦いは、長期間にわたった。象王の力が尽きようとした時、彼はヴィシュヌに救いを求めた。ガルダ鳥に乗ったヴィシュヌが飛来し、かの怪獣から象王を解き放ったと伝えられる。

この神話は「象王の解放」（ガジェーンドラ・モークシャ）と呼ばれており、ヴィシュヌがガルダ鳥に乗って飛んでくるシーンは古来、しばしば浮き彫りなどに表現されている。この神話はヴィシュヌのどの化身とも関係はないように思われるが、『ヴィシュヌ・プラーナ』（I.11-12）、『ヴァーマナ・プラーナ』（ch.85）、『ヴィシュヌ・ダルモーッタラ・プラーナ』（I.194）、『バーガヴァタ・プラーナ』（VIII.2-3）など多くのプラーナの中で語りつがれている［13］。

また、ガルダ鳥に乗ったすがたのヴィシュヌは常に象王を救うすがたを描いているのでもないであろう。

図5・26＝ガルダ鳥に乗ってガジェーンドラを救うヴィシュヌ。右手に円輪を、左手に棍棒を持つ。リッチャヴィ期、9世紀頃、チャング・ナラヤン寺。[14]。

図5・27＝妃と共にガルダ鳥に乗ってガジェーンドラを救うヴィシュヌ。右手に円輪を持つ。ガルダは人間の姿を採り、背に羽を有する。アイホーレ、デリー国立博物館。

図5・28＝ガルダ鳥に乗ってガジェーンドラを救うヴィシュヌ。8世紀、ヴァイクンタ・ペルマール寺院の本堂外壁、カーンチープラム。

図5・29（上右）＝（上右）ガルダ鳥に乗ってガジェーンドラを救うヴィシュヌ。インド博物館、ベルリン。
図5・30（上左）＝ガルダ鳥に乗る那羅延天（ならえんてん）（ヴィシュヌ）。左手に円輪を持つ。首の両側に海獣マカラ（クンビーラ、金比羅）が描かれているが、元来はライオン（右）と野猪（左）であっただろう。「大悲胎蔵大曼荼羅」『大正蔵図像部』第一巻七八七頁。
図5・31（右）＝ガルダ鳥に乗る那羅延天。図5・30の場合と同様、マカラが描かれているが、元来はライオン（右）と野猪であったと思われる（図5・19、5・32参照）。蛇はガルダの食糧である。「覚禅抄」『大正蔵図像部』第五巻No.388。

人の姿を採る武器

ヴィシュヌはしばしば「人の姿を採る武器」（アーユダ・プルシャ）を伴う。それらの「武器」はヴィシュヌの左右に置かれ、ヴィシュヌはそれらの頭部に手を置いている、というのが一般的表現である。「人の姿を採る武器」の性は、ほとんどの場合、その武器を表す名詞の性に従う。例えば、棍棒（ガダー）は女性名詞である故に、女性の姿で表される。「チャクラ」（円輪）は中性名詞である故に去勢された男の姿で表されるが、「グプタ末期および中世においては男性として表現される」[15]という。

図5・31では、中央のヴィシュヌの右に人の姿を採った円輪があり、左におそらく女性の姿を採った棍棒が見られる。

図5・32＝人の姿を採った武器を持つヴィシュヌ。パーラ朝、11-12世紀、デリー国立博物館。

図5・32では、ヴィシュヌの左に人の姿を採った円輪が見られる。この図ではヴィシュヌの首の右にライオンが、左には野猪が見られる。ここでは「宇宙の姿を採るヴィシュヌ」（図5・19参照）にも首の両側にヴィシュヌの化身としてのライオンと野猪が描かれていたのを思い起こすべきであろう。「人の姿を採る武器」を持つのはヴィシュヌの場合に顕著であるが、シヴァの武器である三叉戟が人の姿を採る場合もある［16］。ヴィシュヌの武器である円輪（チャクラ）には「美しい姿のもの」（スダルシャナ）という名前があるが、この武器にはマントラ（真言、呪）があり、毒を中和させ、邪悪や魔神たちの力を弱める働きがあるといわれる。

図5・33＝人の姿を採った武器を持つヴィシュヌ。カシミール。左側にもう一人の「武器」が存在したと思われる。7世紀、スワート、パキスタン、インド博物館、ベルリン［17］。

妃を伴うヴィシュヌ

ヒンドゥイズムのパンテオンのおおよその構造は、三主要神であるブラフマー、ヴィシュヌ、シヴァがそれぞれどのような女神を妃とし、どのような子供たちを得たかを知ることによって理解できる。ヴェーダの宗教の時代には、女神崇拝の勢力は決して大きなものではなかった。ヴェーダ期の末期には、かの三人の男神たちは女神の助けを借りることなく、創造作業を行っていた。

古代インドの供犠にあっては捧げられたものが、世界の展開を約束するものであり、捧げものが世界の発展、維持の質量因となった。ヴィシュヌは祭官たちによって捧げられる犠《にえ》であった。祭官たちはヴィシュヌ神をこの神より一層偉大な神へと捧げたわけではない。ヴィシュヌという犠をヴィシュヌという神へと捧げたのであり、それはヴィシュヌが人間たちに望んだことでもあった。

供犠のこのような側面は、しかしながら、時代とともに弱まり、それぞれの神は、創造神ブラフマーでさえ、妃を定めるようになった（図5・34―5・36）。

おそらくはグプタ期以後のことであろうが、ヴィシュヌはヴェーダ期においてすでに知られていた二人の女神を妃（シャクティ）とした。女神については本書第7章において詳しく考察することになるが、「シャクティ」とは元来、力を意味した。ということは、男神は力が宿る基体すなわち質量因、素材を意味することになる。このようにして、ヒンドゥイズムにあっては、男神は世界の質量因を、女神はそこに宿る力、エネルギーを意味するのである。

インド精神史第四期（紀元六〇〇―一二〇〇）に入ると、それまで男神に帰せられていた力の側面が女神として表象されるようになり、それまでの神話においてある程度知られていた女神が、男神の妃と考えられるようになった。このようにして、ヴィシュヌはヴェーダ時代から知られていた二人の女神ラクシュミーとサラスヴァティーを妃とすることになった。図5・34に見られるように、ヴィシュヌの右側にラクシュミーを、左側にサラスヴァティーを置いた構図が一般的であり、インド国立博物館には、この作例の他にも数点が所蔵されている。

ヴィシュヌには数多くの化身が存在するが、その化身ごとに妃が定められている。例えば、ヴィシュヌの化身の一人であるクリシュナにはルクミニーという妃がいるが、この妃がラクシュミーあるいはサラスヴァティーの化身とみなされることはない。

図5・34＝妃を伴うヴィシュヌ。高い冠を被り、直立不動の姿勢で、右第二臂には与願印（願いをかなえる仕草）と棍棒を、左第二臂でホラ貝（手の平の中にある）と円輪を持つ。右下はラクシュミー、左下は楽器ヴィーナーを持つサラスヴァティー。パーラ朝、デリー国立博物館。

図5・35＝ナーラーヤナとラクシュミー。この作品ではヴィシュヌ（ナーラーヤナ）は官能的な妃の姿勢に応えている。11世紀、カジュラホ、デリー国立博物館［18］。

図5・36＝ラクシュミー（右）とガルダ鳥（左）を伴うヴィシュヌ。右第二臂に与願印と円輪、左第二臂にホラ貝と棍棒を持つ。9世紀、チャング・ナラヤン寺、カトマンドゥ［19］。

ヴィシュヌのさまざまな化身

インドでは世界の創造、維持および破壊がくり返されると考えられた。ブラフマーが創造し、ヴィシュヌが維持し、シヴァが破壊を司るといわれる。ブラフマーによって創造された後、世界は四周期をかけて良き時代から末世へのサイクルをくり返す。その四周期とは、

クリタ・ユガ（kṛta-yuga）――一七二万八〇〇〇年
トレーター・ユガ（tretā-yuga）――一二九万六〇〇〇年
ドゥバーパラ・ユガ（dvāpara-yuga）――八六万四〇〇〇年
カリ・ユガ（kali-yuga）――四三万二〇〇〇年

であるが、これらの名前はサイコロの目に由来している。インドのサイコロは四角い棒状で、一から四までの四つの目しかない。第一周期の目は四であり、最良を意味する。第二周期の目は三、第三のそれは二、第四周期の目は最悪である。つまり、世界は黄金期から末世へと衰退を続けると考えられている。

この四周期の千倍がブラフマーの一日である。ブラフマーの「一日」の夜、この神が眠りにつくと世界は溶解する［20］。つまり、仙人、神々および世界を構成する諸元素は残るが、人間、動物、山や川などは消滅するのである。ブラフマーが目覚めた時、世界は再び創造される。ブラフマーの寿命は『マールカンデーヤ・プラーナ』*Mārkaṇḍeya-purāṇa*によれば一〇〇歳である。ブラフマーが死んだ後も世界の構成要素は残ると考えられている。このように古代インドでは世界（宇宙）は創造と破壊がくり返されるのではあるが、ある時からは創造の素材（質量因）のみが無秩序に残されると信じられた。つまり、古代インドにおける創造とは、永久に存在し続ける宇宙の構成要素（元素）の間のエネルギーの移動を意味するのであって、世界の質量因そのものを産み出すことではないと考えられた。

ヴィシュヌは、ブラフマーが世界を創った、あるいは諸元素を素材として世界の中のさまざまなものの姿・形を整えた後、四周期それぞれの状況に合わせて、自らの姿を変えて世の中に出現するという。このような化身（アヴァターラ）の思想はすでに紀元二世紀頃の編纂の『ギーター』（IV.7）に見られる。もっともヴィシュヌのさまざまな化身のシステムがヴィシュヌ神話の中に位置づけられるのはかなり後のことである。『ヴァラーハ・プラーナ』*Varāha-purāṇa*（XV.9-18）には一〇の化身が、一〇世紀頃成立した『バーガヴァタ・プラーナ』*Bhāgavata-purāṇa*（I.3,6-25）には二二の化身が述べられている。今日では一般にヴィシュヌには一〇の化身があり周期に合わせて人々を救うために現れるとされる［21］。

ヴィシュヌの一〇の化身はしばしば一つのセットとして表現される（図5・37―5・51）。

（1）クリタ・ユガ期における化身

（一）魚（マツヤ）

（二）亀（クールマ）

（三）野猪（ヴァラーハ）

（四）人獅子（ヌリシンハ）

（2）トレーター・ユガ期における化身

（五）倭人《わいじん》（ヴァーマナ）

（この第五の化身ヴァーマナが、本書九六―一〇一頁において扱った「世界を三歩でまたぐヴィシュヌ」となるのである）

（六）武人パラシュラーマ

（七）ラーマ王子

（3）ドゥヴァーパラ・ユガ期における化身

（八）クリシュナ

（4）カリ・ユガ期における化身

（九）仏陀

（一〇）カルキ

図5・37＝魚の化身（向かって左）と亀の化身。オリッサ地方の絵。個人蔵。

図5・38＝野猪の化身（向かって左）と人獅子の化身。オリッサ地方の絵。個人蔵。

図5・39＝倭人の化身（向かって左）とパラシュラーマの化身。オリッサ地方の絵。個人蔵。

図5・40＝ラーマの化身（向かって左）とクリシュナの化身。オリッサ地方の絵。個人蔵。

図5・41＝ブッダの化身（向かって左）とカルキの化身。オリッサ地方の絵。個人蔵。

図5・42＝魚の化身。バクタプール、カトマンドゥ盆地。

図5・43＝亀の化身。バクタプール、カトマンドゥ盆地。

図5・44＝野猪の化身。バクタプール、カトマンドゥ盆地。

図5・45＝人獅子の化身。バクタプール、カトマンドゥ盆地。

図5・47＝パラシュラーマの化身。バクタプール、カトマンドゥ盆地。

図5・46＝倭人の化身。バクタプール、カトマンドゥ盆地。

図5・49＝クリシュナの化身。バクタプール、カトマンドゥ盆地。

図5・48＝ラーマの化身。バクタプール、カトマンドゥ盆地。

図5・50＝ブッダの化身。バクタプール、カトマンドゥ盆地。

図5・51＝カルキの化身。バクタプール、カトマンドゥ盆地。

魚の化身

ブラフマーの一日を劫《こう》（カルパ）というが、劫は一四の時期に分けられる。その一四の一つひとつに一人のマヌ（人間の祖）が存在する。第一のマヌは自生者（スヴァヤンブー）つまりブラフマーの息子であり、現在の人間たちの祖は第七のマヌであるサティヤヴラタであり、太陽神ヴィヴァスヴァットの息子である。

ある時、マヌすなわちサティヤヴラタは祖霊に対する供養（シュラーッダ）のために用意された水の器に小さな魚を見つける。「河には流さないでほしい」という魚の願い通りに飼っているとその魚は角のある巨大な魚となってしまったので、海に入れた。マヌはその魚がヴィシュヌであったことを知った。

魚は「やがて大洪水が起きるから船をを用意し、あらゆる種類の草木や種子、さらにはさまざまな生類を積み込んで船に乗りなさい。そしてその船を大蛇アナンタでわたしの角に結びつけなさい」とマヌに伝えた。

魚の言葉通りに洪水は起きた。マヌは大蛇で船を魚の角に結びつけると、魚はマヌたちを安全なところに導いた。マヌがヴィシュヌを讃えると、ヴィシュヌはマヌに真理を説いたという（図5・52）。

図5・52（上）＝魚に化身したヴィシュヌの言葉通り、船がサティヤヴラタの前に現れた（右上）。その船を巨大な魚が洪水の間引いたのである。『バーガヴァタ・プラーナ』写本、バンダルカル研究所［22］。

図5・53（左）＝魔神ハヤグリーヴァから取り戻したヴェーダを魚の化身がブラフマーに返す［24］。

この神話は『マツヤ・プラーナ』（ch.1）、『バーガヴァタ・プラーナ』（VIII,24）、『ヴァラーハ・プラーナ』（ch.9）などに現れるが、化身の神話はすでに仏教誕生以前の『シャタパタ・ブラーフマナ』（I,8,1-6）に見られ、『マハーバーラタ』（III,190,2-56）にも『シャタパタ・ブラーフマナ』の神話が若干の変更を加えられて述べられている［23］。このように、魚の化身の神話は、ヴィシュヌ神話の中では、倭人の神話（世界を三歩でまたいでしまう話）とともにもっとも古い層に属すといえよう。

またこの洪水神話は『旧約聖書』に見られる「ノアの箱船」の話と関係があるのかもしれない。『旧約』の場合には、神ヤーウェは自らの姿を現さない。まして被造物である魚の姿を採るというようなことは考えられない。一方、ヴィシュヌは世界の中のありふれたものの姿を採り、ほとんどの場合、巨大な姿となる。「ヴィシュヌ」は世界を覆うものを意味する。つまり、ヴィシュヌは世界を構成するものなのである。ヴィシュヌの職能は世界を維持させることであった。この維持は自らが世界を構成するものとなって行われる。このような意味でヴィシュヌは、供犠を捧げる祭官というよりもむしろ祭官によって捧げられる供犠であるといえよう。

洪水の話に続いて『バーガヴァタ・プラーナ』（VIII,24）は、ヴィシュヌが魔神ハヤグリーヴァ（馬の頸を持つ者［25］）と戦ってヴェーダを取り戻す神話を語っている。眠っているブラフマーからヴェーダ聖典を盗んだハヤグリーヴァを魚に化身したヴィシュヌが打ち負かし、聖典を取り戻してサティヤヴラタに与えたという。この聖典が現在の四周期（ユガ）にある人間たちの指針になるのである。また「取り戻したヴェーダ聖典をブラフマーに返した」というヴァージョンもある。図5・53ではブラフマーがヴェーダを受け取っている。

図5・54＝魚の化身。テラコッタ。ネパール国立博物館、チャウニー地区。

図5・55＝魚の化身。背後にいるのは魚によって救われた者たちであろう。大英博物館。

亀の化身

魚の化身の神話で述べたように、世界は大洪水に見舞われた。その際、不死の霊薬（アムリタ）をはじめとするさまざまな貴重なものが海に沈んでしまった。洪水が引いた後、神々は魔神たち（アスラ、阿修羅）とともにマンダラMandara山に大蛇ヴァースキを巻きつけて攪拌棒として大海を攪拌したが、マンダラ山はその重みのために沈みはじめた。それを見ていたヴィシュヌは亀に化身して、マンダラ山の下に入った。神々たちは再び大海を攪拌しはじめ、不死の霊薬や宝などを海の底から手に入れることができた（口絵・5、図5・57）。

神々が海中から得たものには次のようなものがある［26］。

（一）雌牛（スラビ）。この牛の乳から作られたバター油がヴェーダ祭式の代表的祭式であるアグニホートラ祭に用いられる。

（二）白馬ウッチャイヒシュラヴァス。倭人に化身したヴィシュヌに「三歩の土地」を許した魔神バリがこの馬を望んだ。

（三）象王アイラーヴァタ。東方を守る象

（四）パーリジャータ樹（Pārijāta, Etythrina indica）。ヴィシュヌの妻サティヤバーマーが好きだったのでヴィシュヌがインドラの天上の園から奪ったといわれる。花は二センチほどのロート状で落下するときには回転し、夜咲き、朝には地面を白くするほどである。今日、ヴィシュヌへの供物として用いられている。

（五）アプサラス（天女）たち。

（六）シュリーすなわちラクシュミー。元来は王家の繁栄を意味した。彼女はヴィシュヌを夫として選んだ。

（七）ダヌヴァンタリ神。不死の霊薬の入った壺を持つ神で、アーユル・ヴェーダの創始者といわれる。

ヴィシュヌが亀となって攪拌棒の土台となるという神話は、『アグニ・プラーナ』（ch.3）、『クールマ・プラーナ』（ch.259）、『ヴィシュヌ・プラーナ』（I.9）、『パドマ・プラーナ』（VI.259）、『バーガヴァタ・プラーナ』（VIII.7）などに見られる。しかし、亀の姿を採るのは元来、プラジャーパティの職能であった。後世、ヴィシュヌの職能となったのである。

『シャタパタ・ブラーフマナ』（VII.5.1.5）には「生類の主プラジャーパティは、亀の姿を採って生類を創った」とある。また同書（VI.1.1.11-12）には、プラジャーパティが宇宙卵（anda）［27］を割り、その中のジュースから亀が生まれたともいわれる［28］。

図5・56（上）＝亀となったヴィシュヌ。一〇世紀、ヴァーラーナシー出土、バーラト・カラー・バヴァン、ヴァーラーナシー。
図5・57（下）＝攪拌棒としてのマンダラ山の土台となる亀の化身。『バーガヴァタ・プラーナ』写本、バンダルカル研究所［29］。

図5・58＝亀の化身。パタン、カトマンドゥ盆地。

図5・59＝大地の女神プリティヴィーを抱き上げる野猪（ヴァラーハ）の化身。大英博物館。

野猪の化身

太古において大地は海の中に沈んでいた。ヴィシュヌは野猪の姿を採って海の中にもぐり、大地を海の下に引きずりこんでいた魔神ヒラニヤークシャ Hiraṇyākṣa（黄金の眼をした者）を打ち負かして再び大地を海の上に「巨大な船」のように置いた。大地の位置を定めた後、ヴィシュヌは山を造り、それを七つに分けた。さらにブラフマー神の姿を採って、生類を創造した、と伝えられる。

右に述べた神話は『ヴィシュヌ・プラーナ』（I,4,45-50）に述べられたものであり、ヴィシュヌが野猪に姿を変える神話は他の多くのプラーナ文献（『パドマ・プラーナ』VI,264、『ヴァーユ・プラーナ』ch.6、『アグニ・プラーナ』ch.4、『ブラフマ・プラーナ』ch.213、『リンガ・プラーナ』pt.1,ch.94、『クールマ・プラーナ』I,6）に見られる。

しかし、プラーナ文献より古い『タイッティリーヤ・サンヒター』（VII,1,5）には、生類の主プラジャーパティ（ブラフマー）が野猪の姿を採って海の下にあった大地を持ち上げたと述べられている（図5・59、5・60）。野猪に変身することは、元来はプラジャーパティの職能であったのだが、ヴィシュヌ崇拝が勢力を強めたのに伴って、ヴィシュヌの職能とな

図5・60＝大地の女神を抱き上げる野猪の姿のヴィシュヌ。8世紀、エローラ14窟。[30]

ったのである。

『タイッティリーヤ・ブラーフマナ』*Taittirīya-brāhmaṇa*（I.1.3.6）にはまた異なったヴァージョンが伝えられている。すなわち、プラジャーパティは蓮華の咲いているのを見て、この花は何かに根づいているにちがいない、と考えた。そして、彼は花の下に潜っていき、大地を見つけて抱き上げた、というものである（図5・61）。

野猪はその牙で大地を掘るが、ある程度の大きさの動物で大地を掘るものは他にいない。ここに大地と野猪の結びつきがあると考えられる。世界創造においては、天と海と陸が重要な要素となる。ヴェーダの宗教にあっては、天はすでにその存在が確立されていた。次には、まず海あるいは水の存在が認められ、その上に浮かぶものとして大地が考えられた。プラジャーパティは、右に述べた神話に見られるように、世界の中の秩序あるいは構造を定めていくという意味での創造神であった。ヴィシュヌもまた、海と大地を分けるというような「世界の構造を定めていく」職能を持つ神として、プラジャーパティの職能を受け継いだといえよう。

『タイッティリーヤ・サンヒター』*Taittirīya-saṃhitā*（VI.2.4.2）には、祭祀はヴィシュヌの姿を採った、とあり、『チャラカ・ブラーフマナ』（『リグ・ヴェーダ』サーヤナ注 VIII.77.10）には「ヴィシュヌは祭祀である」とある［31］。この場合の「祭祀」とは供犠を行うことではなくて、祭祀において捧げられ、祭祀の後分け前（バガ）として獲得されるもの、ようするに財、繁栄のことである。後世、財、繁栄の女神ラクシュミーがヴィシュヌの妃となるが、ヴィシュヌ自身が財や繁栄の神だったのである。「ラクシュミー」とは元来は「ラクシュマン（目印）」を有するものを意味したといわれる。つまり、目印の付いた家畜などの意味から財、富の意味に変化したと思われる。

『リグ・ヴェーダ』（I.61.7; VIII.69.14; VIII.77.10）にはインドラが猪エームシャ（エームーシャ）を殺したとある。「猪と共にあった」［32］アスラたちの財宝つまり祭祀をヴィシュヌはインドラに命じられてアスラたちから奪ったといわれる。しかし、この古い神話においてはヴィシュヌが猪の姿を採るわけではない。後世のヴィシュヌの神話においては「インドラ神に命じられた」という部分はなくなり、ヴィシュヌ自身が野猪の姿を採っている［33］。これはプラジャーパティが野猪に変身したという神話がヴィシュヌ神話に変形したためと考えられる。

インドでは今日でもヴァラーハが食肉用家畜として飼われている。古代においてヴァラーハも明らかに食用であった。その際食用としての財が供儀において捧げられたのである。その際に捧げられるものは神であるというのがヴェーダーの宗教の特徴である。

図5・61＝大地の女神を抱き上げる野猪の姿のヴィシュヌ。パーラ朝、一〇世紀、東インド、デリー国立博物館。

図5・62＝大地の女神を抱き上げる野猪の姿のヴィシュヌ。ヴィシュヌの左第一臂にあるべき大地の女神プリティヴィーは、ヴィシュヌの顔とともに破損している。ヴィシュヌの冠らしく高さが強調されている。男神ヴィシュヌが女神の右側に位置するのが慣例であるため、野猪は左を向いて女神を抱き上げることになる。大英博物館。

図5・63＝人獅子に化身して魔神ヒラニヤカシプの腹を裂くヴィシュヌ。写真に向かって左上は四面のブラフマー、その左下は翼を有するガルダ鳥、その右は妃ラクシュミー、写真向かって右、ヴィシュヌに近い神は三叉戟を有するシヴァである。スンダリ・チョーク前、パタン旧王宮、カトマンドゥ。

人獅子

野猪となったヴィシュヌに殺された魔神ヒラニヤークシャの兄弟ヒラニヤカシプは、復讐を誓い、マンダラ山の洞窟の中で苦行（タパス）を行った。その苦行の熱（タパス）のために世界が苦しんだので、神々はブラフマーに窮状を訴えた。ブラフマーは魔神の苦行をやめさせるために、結局は魔神にある「願いごと」を許してしまった。その願いごととは、「いかなる武器によっても、人間・獣・神々のいずれによっても、家の内外のいずれにおいても、昼と夜のいずれにおいても、自分は殺されないように」というものであった。今や無敵となったかの魔神は、自分自身以外のいかなる神への崇拝をも禁じた。彼の息子プラフラーダPrahrādaがヴィシュヌ崇拝者であることを知り、魔神は激怒し、息子を拷問にかけた。しかし、息子はヴィシュヌへの信仰を捨てなかった。魔神は息子を殺すために毒蛇や象を差し向けたり、断崖から投げ落としたりしたが、息子は死ななかった。

ある夕方、「ヴィシュヌは世界に遍在する」と言い張る息子プラフラーダに魔神ヒラニヤカシプは「ならば、この宮殿の柱にもヴィシュヌはいるのか」と問うた。すると、その柱から頭は獅子で胴体は人間という姿、つまり人獅子

図5・64＝ヒラニヤカシプの腹を裂くヴィシュヌ。頭部の上にキールティムカ（角のある獅子に似た伝説上の怪獣）が見られる（図5・62参照）。この怪獣は天空の守護神である。セーナ朝、一二世紀、ベンガル、デリー国立博物館。

図5・65＝ヒラニヤカシプの腹を裂くヴィシュヌ。バーラト・カラー・バヴァン、ヴァーラーナシー。

Narasiṃha,Nṛsiṃhaに化身したヴィシュヌが現れ、鋭い爪でヒラニヤカシプの腹を裂いてしまった。人獅子は人間・獣・神々のいずれでもなく、柱は家の内でもなく外でもない。夕方は昼でも夜でもなかった（図5・63—5・66）。

プラフラーダや神々は喜んでヴィシュヌを讃えた。満足したヴィシュヌがプラフラーダに「願いごと」を許したところ、かの息子は、「父の罪が清められますように」と願い出た。ヴィシュヌは息子の願いをかなえてやった（『バーガヴァタ・プラーナ』VII,2-10）。

「プラフラーダ」の名前は『バガヴァッド・ギーター』に「わたし（ヴィシュヌ）は〔魔神の妃〕ディティの息子たちの中のプラフラーダである」（X,30）とある〔34〕。力と智に富む魔神は讃えられるべき存在であり、ヴィシュヌ崇拝あるいはシヴァ崇拝にあっても「仲間」として引き入れられたのである。この神話も魔族をヴィシュヌ神への帰依者として「仲間」にしようとした試みと考えられる。人獅子の化身の作例は多い。魔神の頭部を人獅子の化身の左腿の上に置き、両手であるいは右手で魔神の腹部を裂くという相で表現されるのが一般的である。図5・66の像に見られるように、パーラ朝、八世紀頃にはこの相の作例が存することなどから考えるならば、この相の確立はかなり古い時期におけるものであったろう。この相は日本では知られていない。

図5・66＝ヒラニヤカシプの腹を裂くヴィシュヌ。パーラ朝、八世紀、東インド、デリー国立博物館。

ラーマとパラシュラーマ

叙事詩『ラーマーヤナ』[35]の主人公ラーマ（ラーマチャンドラRāmacandra）が後世、ヴィシュヌの化身と考えられたことはすでに述べた（本書一〇一頁）。『マハーバーラタ』の中の『ギーター』（紀元二世紀頃完成）にはクリシュナがヴィシュヌの化身であると述べられているが、『ラーマーヤナ』の中でラーマがヴィシュヌの化身であると述べられているわけではない。しかし、今日ではラーマはクリシュナの化身と並んでヴィシュヌの化身のうちではもっともよく知られた存在である。

ラーマ、クリシュナ、ハリHari（ヴィシュヌ）を讃える次のような歌はよく知られており、しばしば詠われている。

ハレー　クリシュナ　ハレー　クリシュナ
クリシュナ　クリシュナ　ハレー　ハレー
ハレー　ラーマ　ハレー　ラーマ
ラーマ　ラーマ　ハレー　ハレー

「ハレー」とは、ハリ（ヴィシュヌ）の呼格である。この偈では、クリシュナとラーマがヴィシュヌの化身としてイメージされている。しかし、クリシュナのイメージとラーマのイメージとは遠く離れている。もともと異なる物語あるいは神話の中のキャラクターだからだ。しかし、ヒンドゥー教徒にとってはそれらの異なるキャラクターが同一の神の化身であることには何の違和感もないのである。このようにまったく異なった伝統を包括するより大きな「文化の天蓋」を設けることがヒンドゥイズムの特徴である。なおラーマのイメージについては、本書第9章におけるラーマの図像も参照されたい。

「パラシュラーマ」は、パラシュ（斧）を持つラーマを意味するが、彼はその斧でクシャトリヤたち（武士階級の者たち）を全滅させるべく殺戮を行う。

バラモン階級に属するブリグ族の末裔であるジャマドー・アグニはレーヌカー[36]と結婚し、数人の息子をもうけたが、末子がパラシュラーマである。ある日、ハイハヤ朝のアルジュナ王がジャマド・アグニJamadagni仙の庵を訪れた際、望んだものをすべてもたらす如意牛（カーマデーヌ）によって歓待された。王はその牛が欲しくなり、彼の都マーヒシュマティーに連れて帰ってしまった。これを知ったパラシュラーマはハイハヤ朝の軍隊を滅ぼし、アルジュナ王をも殺し、かの如意牛を取り戻した。

ジャマド・アグニは、王殺しの罪を清めるために、パラシユラーマに聖地巡礼を命じた。巡礼を終えて帰ったある日、彼が外出している間に、かのアルジュナの息子たちに父ジャマド・アグニは殺されてしまう。パラシュラーマはマーヒシュマティーの都に出かけ、アルジュナ王の息子たちを殺してしまった。

パラシュラーマは父の死体を聖草クシャの上に置き、ナーラーヤナに礼拝し、大がかりな供犠を行った。この息子の供養によってジャマド・アグニは七仙（サプタリシ〔37〕）の第七に数えられることになったという（『バーガヴァタ・プラーナ』IX,15-16）。

パラシュラーマ神話は、元来はヴィシュヌ神話というよりはナーラーヤナ神話との結びつきが深かったように思われる。「ナーラーヤナ」とは、「ナラーハ」（narāh）つまり世界創造における原初の水の中を「動くもの」（アーヤナ）を意味したと考えられる一方で〔38〕、太陽エネルギーの神格化であることに疑いはない。つまり、原初の水の上を動く太陽エネルギーを意味したのであろう。宇宙の創造を終わって宇宙的原初の蛇シェーシャの上で眠る神は、ヴィシュヌというよりもナーラーヤナと呼ばれることが多いのも、ナーラーヤナが原初の水と深く結びついていることを表しているのであろう。パラシュラーマ神話とナーラーヤナ神話との結びつきは、しかし、はっきりしない。

クリシュナの化身

われわれはすでに『マハーバーラタ』の一挿話としての『バガヴァッド・ギーター』（『ギーター』）においてアルジュナ王子の御者として登場するクリシュナが、実はヴィシュヌの化身であったのを見た。ヤーダヴァ族の長として歴史上の人物であったクリシュナは、神格化され、ヒンドゥイズムの主神ヴィシュヌと同一視されるに至ったが、インドの人々は千年の歳月をかけて「クリシュナの生涯」に関する長編神話を作り上げた〔39〕。クリシュナ神話はプラーナ群の中では古層に属す『ヴィシュヌ・プラーナ』においてもかなりのまとまりを見せてはいるが、この神話の最終版は九、一〇世紀の成立と推定される『バーガヴァタ・プラーナ』である。

このプラーナに従ってクリシュナの生涯を簡単に述べておこう。クリシュナの一生は魔神カンサ Kaṃsaとの戦いであった。この魔神の出生、この魔神を殺すことになるクリシュナの誕生、両者の間の戦いの物語は、デリーの近くのマトゥラーを首都とするヤーダヴァ族の国を中心に展開する。マトゥラーにヴリンダーヴァン Vṛndāvanと呼ばれる寺院があるが、ここはヴィシュヌの宮殿と考えられ、ヴィシュヌ（クリシュナ）崇拝の中心である。

クリシュナの生涯は四期に分けることができる［40］。

（一）異常な怪力ぶりを発揮した幼年時代
（二）牛飼いの女たちと戯れた青年時代
（三）生涯の敵カンサを倒した成年時代
（四）自国の王となり、バラタ（バーラタ）戦争に参加し、ダルマ（法）を説いた時代

クリシュナ神話はカンサの出生の秘密から始まる。ヤーダヴァ族の王ウグラセーナにはパヴァナレーカーという妃がいた。ある時、この妃は夫に化けた魔神ドゥルマリカに犯されてしまうが、その魔神は、やがて生まれてくる息子カンサは強力な王となろうが、クリシュナという名の者に殺されるだろうと予言する。ウグラセーナは生まれた子を自分の子と信じていたが、成長したカンサは父を廃位して自ら王位に就き、数々の悪行を重ねた。

カンサの叔父デーヴァカの七番目の娘デーヴァキー Devakī はヴァースデーヴァ Vāsudeva と結婚したが、実はこれは神ヴィシュヌによって定められた運命であった。ヴィシュヌは自らの身体から一本の黒い毛と、蛇アナンタから一本の白い毛を抜いた。黒い毛はデーヴァキーの八番目の息子クリシュナとして、白い毛は七番目の息子バララーマとなるとヴィシュヌは定めたのであった。

クリシュナという者に殺される、という予言に怯えたカンサは、デーヴァキーの六人の息子を次々と殺していった。七番目の息子をヴィシュヌはヴァースデーヴァのもう一人の妻ローヒニーの胎へと移してバララーマの命を救った。八男クリシュナが生まれると、ナンダとその妻ヤショーダー Yaśodā との間に生まれた女の子と入れ替え、デーヴァキーの赤子は女の子であったと、カンサに信じさせた。このようにしてクリシュナはヤショーダーを養母として成長していった。

クリシュナは幼年の頃から悪魔たちの攻撃を受けたが、彼らをすべて退治してしまった。カンサによって遣わされた魔女プータナーは各地をまわって子供たちを殺していった。ある夜、若い美女に化けたプータナーはクリシュナに乳房を含ませる機会を得た。魔女は自分の乳房に猛毒を塗って幼児クリシュナに吸わせた。しかし、クリシュナは毒に犯されるどころか、魔女の生気を吸いつくし、プータナーは怪物の正体を現して死んでしまった［41］。

魔神シャカタ・アスラもまたカンサが放った刺客であった。ある時、瓶を満載した手押し車の下にクリシュナが寝ているのを見ると魔神はその車の上に舞い降りた。車ごとクリシュナを押しつぶそうとしたのである。しかし、クリシュナが手押し車を蹴りあげたために魔神はテーブルと手押し車の

図5・67＝手押し車を蹴るクリシュナ。浮き彫りに向かって右には、驚く女性、おそらくは養母ヤショーダーであろう。グプタ期、五世紀頃、デオガルフ出土、デリー国立博物館。

間で押しつぶされてしまった。また手押し車自体が魔神の化けたものであった、という伝承もある［42］。あるいは、クリシュナは養母ヤショーダーの乳がほしかったために車を蹴った、という話も伝えられている［43］。これらの伝説が歴史的にどのように作られたのかはよく分かっていないが、クリシュナが手押し車を蹴るシーンは浮き彫りや絵にしばしば表現されてきた。図5・67はグプタ朝五世紀の作品と考えられる。この作品は右側に驚いているヤショーダーを登場させているのみで、魔神の姿は見られない。

マトゥラーやヴリンダーヴァンの近くを流れるヤムナー Yamunā川にカーリヤ Kāliyaという蛇がいた。この蛇の毒でヤムナー川の水は煮えたぎっており、その毒風で多くの人や動物が死んだ。クリシュナは川に飛び込み、蛇の尾を捉え、蛇の頭上で踊った（図5・68）［44］。幼児の持つ宇宙の重みに耐えかね、蛇は気絶してしまった。カーリヤ蛇の妻の命乞いに、クリシュナは蛇たちに海へと去ることを許したという（『バーガヴァタ・プラーナ』X.16）。

この他、幼いクリシュナには壺を割って中のバターを食べてしまったとか、アオサギに化けた魔神のくちばしを引き裂いてしまった［45］、というようなエピソードが数多くある。やがてクリシュナは青年となるが、この期には彼は牛飼い女たちの人気者となり、彼女たちと戯れる日々を送った。牛飼

図5・68＝蛇カーリヤを退治するクリシュナ。蛇の尾を掴み、その頭に乗って踊る姿が有名である。ホイサラ朝、一二世紀頃、ハーレービド、デリー国立博物館。

図5・69＝笛を吹くクリシュナ（ヴェーヌ・ゴーパーラ）。チョーラ朝後期、一二世紀、南インド、デリー国立博物館。

図5・70＝笛を吹くクリシュナと牛。オリッサ地方の絵、二〇世紀。

い女と戯れる様子はしばしば細密画のモティーフとなった。口絵・6は、川で水浴をしていた牛飼い女たちの衣服を奪って木の上に登り、女たちをからかうクリシュナを描いている[46]。「全裸で水浴するなどお前たちは神を冒瀆した。川から上がり、手を合わせて拝め、ならば、衣服を返してやろう」というような手前勝手なクリシュナの暴言も、牛飼い女たちの彼に対する恋慕の情を鎮めることはできなかった。クリシュナは無類のプレイボーイであったのだ。

　しかし、牛飼い女のクリシュナに対する思慕は世俗的な恋愛感情に終わってはならない、とクリシュナは牛飼い女たちにいう。つまり、クリシュナ神話は、ハンサムな青年クリシュナに対する牛飼い女たちの慕情を、「聖なる」神への帰依へと高めようとしているのである。

　口絵・5、図5・69、5・70に見られるように、クリシュナはしばしば横笛を吹く姿で表現される。彼の吹く笛の音に牛飼い女はもとより牛たちも魅せられる。このように牛飼い女と戯れるクリシュナの話は、カンサとの戦いの神話とはひとまず切り離されて扱われるようになった（図5・71）。つまり、恋愛の典型的モデルとなったのである。クリシュナの恋人としてはラーダー Radhaが九世紀頃からよく知られていたが、一二世紀の詩人ジャヤデーヴァ Jayadevaが詩作品『ギータ・ゴーヴィンダ』*Gīta-govinda*を著してから有名になった。クリシュナとラーダーとの愛を描いた細密画はすこぶる多い。しかし、『バーガヴァタ・プラーナ』はラーダーの名を伝えていない[47]。

　牛飼い女たちとの戯れの時期が終わって、クリシュナとカンサとの戦いが本格化する。クリシュナの生涯の第三期に入るのである。カンサはクリシュナの実の両親であるヴァースデーヴァとデーヴァキーを捕らえて投獄し、クリシュナをおびき寄せて殺そうとした。カンサは馬や狼に化けた悪魔を送り込んだが、その悪魔たちをクリシュナは殺してしまった。

　カンサはマトゥラーで行う大犠牲祭にクリシュナと兄バラ

図5・71（上）＝牛飼い女たちを愛するクリシュナ。1730年、デリー国立博物館［48］。
図5・72（下）＝天上の樹パーリジャータを自分の宮殿に植えるクリシュナ。カングラ・スタイル。約1810年、デリー国立博物館所蔵の作品の部分［49］。

ラーマを招待した。あるレスラーとの試合でクリシュナを殺す工作がなされていたのである。クリシュナは都で待ちかまえていたカンサとその八人の兄弟、さらには彼らの家来たちを殺してしまった。

カンサたちとの戦いがひとまず終わると、クリシュナは結婚の相手を捜すことになるが、彼の結婚相手の数は尋常ではない。彼はまず悪魔の化身シシュパーラと婚約していたルクミニーを得た。さらに多くの悪魔たちとの戦いの末、七人の妻を得た。大地の息子ナラカを打ち負かして彼の王宮にいた一万六〇〇〇人の処女全員と結婚したという（口絵・2）。

ある時、クリシュナは天界に植えてあったパーリジャータ Pārijāta の樹の花を妻ルクミニーに与えた。この樹を一目見るだけで若返ることができると信じられていた。三番目の妻サティヤバーマーの望みをかなえるため、インドラ天の住む宮殿からその樹を彼の国に持ってきてしまった。図5・72はパーリジャータ樹をクリシュナが自分の宮殿に植えたところを描いている。

クリシュナの生涯の第三期「成年時代」の最後には、クリシュナの妻ルクミニーのかつての婚約者シシュパーラとの戦いがある。婚約者を奪われた後、シシュパーラは幾度もクリシュナに攻撃を仕掛けてきた。しかし、そのつどクリシュナはシシュパーラを許してきた。百一回目のシシュパーラによる攻撃の際には、クリシュナは彼を円輪（チャクラ）を用いて即死させた（『バーガヴァタ・プラーナ』X.74）。この神話はすでに『マハーバーラタ』（II.30-40）にあり、七〇〇年頃［50］の詩人マーガ Māgha はこの神話に基づいて『シシュパーラの殺戮』*Śiśupālavadha* を著した。この美文体調の作品はクリシュナ伝説の傑作として今日でもよく読まれている。

シシュパーラを殺した後のクリシュナの生涯は、最後の第四期である。彼は自分の王国を統治しながら、五王子と百王子の戦いに参加する。クリシュナが五王子の軍の総大将であるアルジュナ王子の御者として『ギーター』（『マハーバーラタ』VI.23-40）に登場することはすでに述べた。

クリシュナと五王子との結びつきは、シシュパーラの殺戮に際して五王子の一人であるビーマおよびアルジュナの助力を得たことなどにも見られるが、特に五王子の軍に味方をしたというわけではない。クリシュナは五王子のパーンドゥ一族と百王子のカウラヴァ一族の両者ともと深い関係があった人物であり、『ギーター』においても、パーンドゥ一族の勝利のために語っているのではない。『ギーター』が述べるところは、死ぬ運命にある者、つまり人間が、どのようにすれば魂の救済を得ることができるかなのであった。『ギーター』は『マハーバーラタ』の挿話として後世加えられたものであるから、『マハーバーラタ』の原初的形態の中でクリシュナがパーンドゥ一族とカウラヴァ一族にどのように関係したかはまた別の問題として扱われねばならない。『ギーター』の中のヴィシュヌとしてのクリシュナと牛飼い女と戯れる「笛吹き牛飼い」とが一人の人物としてどのように整合性を有するのか、というような問いは、クリシュナ神話あるいはインド神話においてほとんど問題とならない。牛飼い女との戯れというテーマを通じて、人間の性愛とは何かを考えた人々がいたように、「目的を捨てて行為すること」（カルマ・ヨーガ）をヴィシュヌ崇拝の本質と考えた『ギーター』の編者たちが存在したということなのである。クリシュナ神話は、このように性愛や信仰（帰依）の問題を考える母胎であったといえよう（口絵・4）。

クリシュナの生涯の最後に話を戻そう。五王子と百王子の戦いで彼は生き残った。しかし、彼と彼のヤーダヴァ一族の終わりは悲劇的なものであった。彼および彼の一族を滅ぼした武器はヤーダヴァ族の少年たちから愚弄されたバラモンたちの呪いから生まれた鉄の棒であった。その鉄の棒は粉々にされて海に捨てられるのであるが、その破片の一つから矢じりが作られ、また他のものは鉄のように硬い藺草《いぐさ》に成長した。これらの鉄の破片がヤーダヴァ族を滅ぼすことになるのである。

嵐の襲来や奇形児の発生に苦しみはじめたヤーダヴァ族の者たちは、ある時、河岸で酒を飲み、戦いを始め、ついに殺し合ってしまった。武器は岸に植えていた藺草であった。兄バララーマは海辺で苦行し、死んだ。彼の口から蛇アナンタが流れ出た。元来、アナンタの白い毛一本からバララーマが、ヴィシュヌの黒い毛からクリシュナが生まれたのだった。

クリシュナもまたこの地上を去るべくヨーガの姿勢をとった。クリシュナの足を鹿と見誤って通りがかりの狩人が矢を射た。その矢は例の鉄の破片を矢じりとしていた。急所を射抜かれたクリシュナはこの傷がもとで死んだ。死ぬ直前、クリシュナは自分の王国ドゥヴァーラカーがまもなく海に呑み込まれるゆえに、残った者たちに立ち去るようにと告げた。クリシュナとバララーマの遺体の荼毘の火の中に両人の妻たちが身を投じたという。

クリシュナの死は、クリシュナ神話に必要だったと思われる。『ラーマーヤナ』のラーマ王子とその弟ラクシュマナもまた自ら死を選んでいる。なぜ、これらの主人公は「物語の中」で死なねばならなかったのか。おそらくそれはそれらの主人公を「天界に送り届けること」によって神格化するためであったろう。また肉体が死んでも魂は不滅であることを示すためにも、今生での肉体の終わりは「物語の中」で示される必要があったのであろう。

ブッダとカルキの化身

ヴィシュヌの第九の化身はブッダである。この化身は第四の宇宙周期（カリ・ユガ）すなわち正しい法はほとんど行われることのない末法の時代に現れるという。しかし、仏教徒が一般にブッダの教説として信じているものをヴィシュヌの化身ブッダが説くと考えられたわけではない。ヴィシュヌが化身したブッダは、ヴェーダ聖典の権威を否定することによって悪魔たちにヴェーダの宗教を捨てさせる。そのようにして神々の敵である悪魔たちを邪道に導いてその勢力を弱めるというのである。ブッダがヴィシュヌの化身の一つに数えられたのは、仏教の勢力が弱まり、ヒンドゥイズムの中に吸収されていく一つのステップを示しているということができよう。ブッダの化身の神話は『マツヤ・プラーナ』（II.VII,247）、『アグニ・プラーナ』（ch.16）、『バーガヴァタ・プラーナ』（I.3,24）、『バヴィシュヤ・プラーナ』（III,1.6）などに見られる。

カリ・ユガつまり末法の時代には、ヴィシュヌの第一〇の化身カルキが現れる。この化身はシャンバラ村のヴィシュヌヤシャスというバラモンの家に生まれるといわれる。成人した彼は馬に乗り、剣を手にとって、悪魔（ダスユ）どもを皆殺しにするという。すべての悪魔が除かれた時、世界はふたたび黄金期（クリタ・ユガ）を迎えるという（『バーガヴァタ・プラーナ』XII.2）。一〇の化身のうち、この化身のみはまだ現れておらず、未来に現れると信じられている。

注

［1］辻、一九七〇年、四一頁。

［2］Biardeau, M., 1989, p.97.

［3］Biardeau, M., 1989, p.97.

［4］Rao, G., 1968, PartI-1, pp.72-74.

［5］ヴィシュヌがラーフの首を切る話については、上村、一九八一年、六四頁。

［6］Ray, A., 1973, Pl.34. 同様の構図の浮き彫りに関しては、Ray, A., 1973, Pl.35, Kramrisch, S., 1964, pp.17-19 参照。

［7］辻、一九八〇年、三一七頁。

［8］辻、一九八〇年、三一六頁。

［9］「ナーラーヤナ」（nārāyaṇa）は「水（ナーラー）の中を動くもの」とも解釈される（*Manusmṛti*,I.10）。

［10］井原、一九四三年、二〇〇頁。

［11］井原、一九四三年、二〇〇頁。

［12］井原、一九四三年、二〇〇頁。

［13］以下、ヴィシュヌ神話のサンスクリット文献におけるレファランスに関しては、Daniélou, A., 1985, pp.164-181に負うところが多い。

［14］Slusser, M.S., 1982, Vol.2, Fig.378 参照。Asher, F. M., 1980, Pls. 107, 237にも同様の構図の作品が見られる。

［15］Stutley, M. and J., 1977, p.34.

［16］Stutley, M. and J., 1977, p.34.

［17］髪をはやした中央の面の右には獅子の面があり、左には野猪の面がある。この三面は本書図5・19の宇宙的姿を採るヴィシュヌでも見られた。ヴィシュヌは右第一臂に蓮華を、左第一臂にホラ貝を持つ。足もとにガルダ鳥が見られる。ヴィシュヌ左は円輪（チャクラ）の人格化したものである[Härtel, Moeller, Bhattacharya 1976: 100-101, 181]。Huntington, S.L. 1985, p.366.

［18］Pattanaik, D.V., 1998, p.68参照。

［19］図5・36をモデルとして後世多くの彫像が作られたと思われる（Waldschmidt, 1969, Pl.16参照）。Kramrisch, S., 1964,p.31参照。

［20］*Mārkaṇḍeya-purāṇa*(II.VI. 22) ; Daniélou, A., 1985, p.249.

［21］ヴィシュヌの一〇化身に関しては以下のものにまとまった説明がある。上村、一九八一年、二一八―二六四頁。井原、一九四三年、二〇一―二〇七頁。Daniélou, A., 1985, pp.164-181. Gupta, R.S., 1972, pp.29-35. Ions, V., 1967, pp.48-68. Tewari, S.P., 1979, pp.71-75. また化身伝承の歴史に関してはバンダルカル、一九八四年、二二一―二二四頁。Bhandarkar, R.G., 1982, pp.58-59参照。

［22］Shimizu, 1993, p.74.

［23］Daniélou, A., 1985, p.166.

［24］Gole (ed.), No.402; Shimizu, 1993, p.75参照。

［25］「馬頭」は日本では馬頭観音を意味することが多いが、インドやチベットの仏教では小さな馬の頭（頸）部を頭部の横に付けた忿怒尊のことである。観音（観自在）はさまざまな尊格と合体するゆえに馬頭的観音のイメージができあがった。この箇所はヒンドゥイズムにおけるハヤグリーヴァであり、馬頭観音とはまったく異なる尊格である。

［26］詳しくはGoswami, C.L., 1971, PartI, pp.855-6参照。

［27］Cinnaswamisastri, 1975, VI.1.1.10.

［28］Eggeling, J.(tr.), 1963, PartIII, p.147.

［29］Shimizu, 1993, p.58.

［30］野猪の化身の彫像は五世紀初期にエーラン Eran（マディヤ・プラデーシュ）やウダヤギリ Udayagiri（マディヤ・プラデーシュ）において見られる。これらの写真に関しては、立川・石黒・菱田・島、一九七九年、二二一―二二三頁、Huntington, 1985, p.192, p.195参照。

［31］辻、一九七八年、一七一頁。

［32］辻、一九七八年、一七〇頁。

［33］Gonda, J., 1954, p.139参照。

［34］プラフラーダの息子にヴィローチャナ Virocanaがいるが、倭人神話、つまり「世界を三歩でまたぐヴィシュヌの神話」に登場するバリ Baliはヴィローチャナの息子といわれる[Mani 1975: 595]。ちなみに、インドネシアのバリ島はこの魔神の名前に由来するといわれている。

［35］『ラーマーヤナ』の内容の概説に関しては、ヴィンテルニッツ、一九六五年、一八一―一九九頁参照。

［36］図9・40に見られるレーヌカー女神の像は、ジャマド・アグニの妻のそれなのではあるが、マハーラーシュトラ州の町マフルを中心とした土着神と結びついた結果である。

［37］七仙とは、マリーチ、アンギラス、アトリ、プラスティヤ、ヴァシシュタ、クラトゥ、あるいはアトリ、ヴァシシュタ、カシュヤパ、ヴィシュヴァーミトラ、ゴータマ、ジャマド・アグニ、バラドヴァージャをいう。彼らは北斗七星とも見なされた（上村、一九八一年、一八七頁）。

［38］本章注［9］参照。

［39］クリシュナ伝説は『バーガヴァタ・プラーナ』ch.10（Goswami, C.L., 1971, PartII, pp.935-1488）、『ヴィシュヌ・プラーナ』pt.5, ch.1-33（Wilson, H.H., 1972,pp.394-486）の他に『アグニ・プラーナ』ch.12-15、『ブラフマ・プラーナ』ch.180-212、『パドマ・プラーナ』pt.4, ch.69-88, pt.6, ch.272-279、『デーヴィー・バーガヴァタ・プラーナ』pt.4, ch.23-24『リンガ・プラーナ』pt.1, ch.68-69などに見られる。もろもろのプラーナの英訳に関して

は *Ancient Indian Tradition and Mythology* (Motilal Banarsidass 一〇〇巻余の予定で現在刊行中）を参照されたい。

クリシュナ神話についてプラーナ以外では次のものを参照されたい。上村、一九八一年、二四一—二六四頁。Daniélou, A., 1985, pp.175-180, Gonda, J., 1969, pp.154-163, Ions, V., 1967, pp.57-68, Mani, V., 1975, pp.420-429. また *Special Exhibition on Kṛishṇa of The Bhāgavata Purāṇa, The Gīta Govinda and other Texts*, National Museum, New Delhi.1982はクリシュナ神話に関する豊富な図像学的資料を含んでいる。

［40］Ions, V., 1967, p.58.

［41］上村、一九八一年、口絵三六参照。

［42］Mani, V., 1975, p.421.

［43］上村、一九八一年、二四九頁、Wilson, H.H., 1972, p.406参照。

［44］Ions, V., 1967, p.63の図参照。

［45］上村、一九八一年、口絵三八参照。

［46］*Special Exhibition on Kṛishṇa,*1982, Pl.26.

［47］上村、一九八一年、二五六頁。

［48］Gupta, S.P., 1985,p.115.

［49］Gupta, S.P., 1985,p.123, Pl.158.

［50］辻、一九七三年、六四頁。

第6章　シヴァとその家族

シヴァ（ルドラ）

「シヴァ」という語は元来、「温和なるもの、目出たいもの、寂静なるもの」を意味した。この語は『リグ・ヴェーダ』（II.33.1-7など）に暴風雨神ルドラの別名として現れている。「ルドラ」とは吼えるもの、赤いもの、光るものを意味する。S・K・チャテルジーは、ヴェーダのルドラ神とドラヴィタ人の間ですでに崇拝されていた暴風雨神「赤い神」と関係があるのではないかという［1］。『リグ・ヴェーダ』（I.43.1）においてルドラは恵みの雨、さらには健康と幸福をもたらす神でもあった。もっともルドラは暴風雨神であるゆえに、彼の引き起こす暴風雨が人々を苦しめることもあったであろう。そのような時、人々はこの荒ぶる神を「シヴァ」（温和なるもの、寂静なるもの）という別称で呼んだと考えられる。ヒンドゥイズムの主要神の一人であるシヴァの古い名称は「ルドラ」であったが、ヴェーダの時代が終わり、ヒンドゥイズムの時代になると「シヴァ」という名称が一般的となった。

もっともルドラとシヴァとが常に同じ神を意味したというわけではない。『リグ・ヴェーダ』のルドラは同じく暴風雨神マルトと同一視され、複数の神として登場することもある。カーリダーサの『王子の誕生』には、ルドラ神群とシヴァとがまったく別の神として登場する（本書八七頁参照）。

クシャーン王朝初期のコインには人間の姿を採り、三叉戟を持ったシヴァ像が彫られている。その像は二臂あるいは四臂で牛に乗っている［2］。一方、クシャーン王朝後期にはリンガ（男根）、三叉戟、牛（ナンディン）の彫像がシヴァのシンボルとして用いられるようになった。これらのシンボルによってシヴァを表すのは今日でも変わらない。

男根崇拝は世界の各地に見られるが、インドにおいてもヴェーダ期にすでに行われていた。もっともヴェーダ聖典を奉じたアーリア人たちは男根崇拝（リンガ崇拝）に対しては否定的であった。しかし、ヴェーダ祭式を中心とした崇拝形態つまりバラモン教が勢力を失い非バラモン的要素の強い仏教やジャイナ教が台頭した後、バラモン教は仏教やジャイナ教さらには土着的文化要素を吸収して新しくヒンドゥイズム（ヒンドゥー教）が興隆する。この新しい形態の興隆が顕著となるのは紀元前後であるが、シヴァ崇拝がそれまでのインドにあった男根崇拝を自己のシステムの中に組み入れたのもこの頃である。

リンガはシヴァのシンボルなのではあるが、ヒンドゥー教徒はしばしばリンガはシヴァの姿そのものでもあるという。つまり、シンボルと姿（イメージ）を同一視するという考え方はヒンドゥイズムによく見られるのである。

図6・1＝シヴァ。図4・2の部分。右第三臂に数珠、ダマル太鼓およびカトヴァーンガを、左第三臂に果実［3］、蛇および三叉戟を持つ。デリー国立博物館。

図6・2＝シヴァ。右手の持ち物はおそらく花であろう。後グプタ期、七世紀、デリー国立博物館。

インドにおける一二のリンガ霊場

インドでは一二のリンガ霊場が有名であり、一般に「一二リンガ」あるいは「光輝のリンガ」（ジュヨーティルリンガ）と呼ばれる。名前と場所は以下のようである［4］。

（1）ソームナート（ソームナート、グジャラト州）
（2）マッリカプージャナ（シュリーシャイラム、アンドラプラデーシュ州）
（3）マハーカーレーシュヴァル（ウッジャイン、マドゥヤプラデーシュ州）
（4）オーンカーレーシュヴァル（オーンカーレーシュヴァル、マドゥヤプラデーシュ州）
（5＊）ヴァイジナート（プネーから東二〇〇キロのアムバジョーガーイ、マハーラーシュトラ州）
（6＊）ビーマシャンカル（プネーから九五キロのビーマシャンカル、マハーラーシュトラ州）
（7）ラーメーシュヴァル（ラーメーシュヴァル、タミルナド州）
（8＊）ナーグナート（オーランガバードから東二一〇キロのパルバニ、マハーラーシュトラ州）
（9）ヴィシュヴェーシュヴァル（ヴァーラーナシー、ウッタラプラディーシュ州）
（10＊）トリアンバケーシュヴァル（ナーシク、マハーラーシュトラ州）
（11）ケーダルナート（ケーダルナート、ウッタランチャル州）
（12＊）グリシュネーシュヴァル（エローラ）

リンガ崇拝と結びついたシヴァ崇拝の霊場がこのようにほぼ全インドに広がっている。これらの一二のうち、五（＊印）がマハーラーシュトラ州にあり、この地方がリンガ崇拝の中心であることが分かる。これらの霊場のほとんどがそれぞれの神話的背景と千数百年以上の歴史を有しており、近年、これらの霊場を訪れる参拝者は増加している。イスラム教への対抗心や観光産業がインドにおいても急伸していることなどによるのであろう。

『スカンダ・プラーナ』（プラバーサ巻）には、次のような神話が述べられている。チャンドラ（月）はダクシャ神の二七人の娘と結婚したが、夫の愛はその二七人の中のローヒニーのみに注がれた。不満に思った二六人の娘たちは父親ダクシャに訴える。夫チャンドラは、舅に諫められても改めなかったので、舅によって「身体が徐々に欠けていく」という呪いを受けてしまう。この呪いを憂えた神々はブラフマーの許に出かけて助けを求めるが、ブラフマーはチャンドラがシヴァを崇拝することが唯一の道であると教えた。この指示に従

図6・3＝牛ナンディンに乗るシヴァ。リンガを起立させているのは、シヴァの畏怖相であるバイラヴァに多い（図6・43参照）。13世紀、コナーラク、オリッサ、デリー国立博物館。

図6・4＝ダクシナー・ムールティ（南面する相）のシヴァ。パッラヴァ朝後期、九世紀、南インド、デリー国立博物館。

図6・5＝ダクシナー・ムールティ（南面する相）のシヴァ。パッラヴァ朝後期、九世紀、南インド、デリー国立博物館。

って、チャンドラは半年間苦行を行い、シヴァを崇めた。すると、シヴァが彼の面前に現れて、チャンドラの身体が半月の間は満ちていくことのできるような力を与えた。チャンドラはまたソーマとも呼ばれるが、シヴァはこの地では「ソーメーシュヴァル」すなわちソーマ（月）のイーシュヴァル（シヴァ神）と呼ばれるようになったという。

『スカンダ・プラーナ』にすでにソーメーシュヴァルのことが述べられていることから考えて、グジャラトの半島の南端に位置するソームナートの寺は六、七世紀には存在していたのであろう。七二二年にイスラム教徒に襲われたという記録がある。その後、幾度も（一〇二五、一二九七、一四七九、一五〇三年）イスラム教徒から攻撃を受け、一七〇一年この寺院は完全に破壊された。

しかし、一八七一年、シヴァ教徒のサードゥヴィー・ホルカルによって寺院は再建された。一九五一年五月、インド大統領ラージェンドラ・プラサドによって新しいリンガが置かれ、今日、ヒンドゥイズムの有名な霊場となっている。他のリンガ霊場の多くも千年に近いイスラム教徒との抗争を経て今日に至っている。ヴァーラーナシーにあるリンガ霊場ヴィシュヴェーシュヴァルは、今日でもイスラム教徒との抗争のただ中にある。というのは、塀ひとつ隔ててイスラム教の寺院モスクが建っているからである。

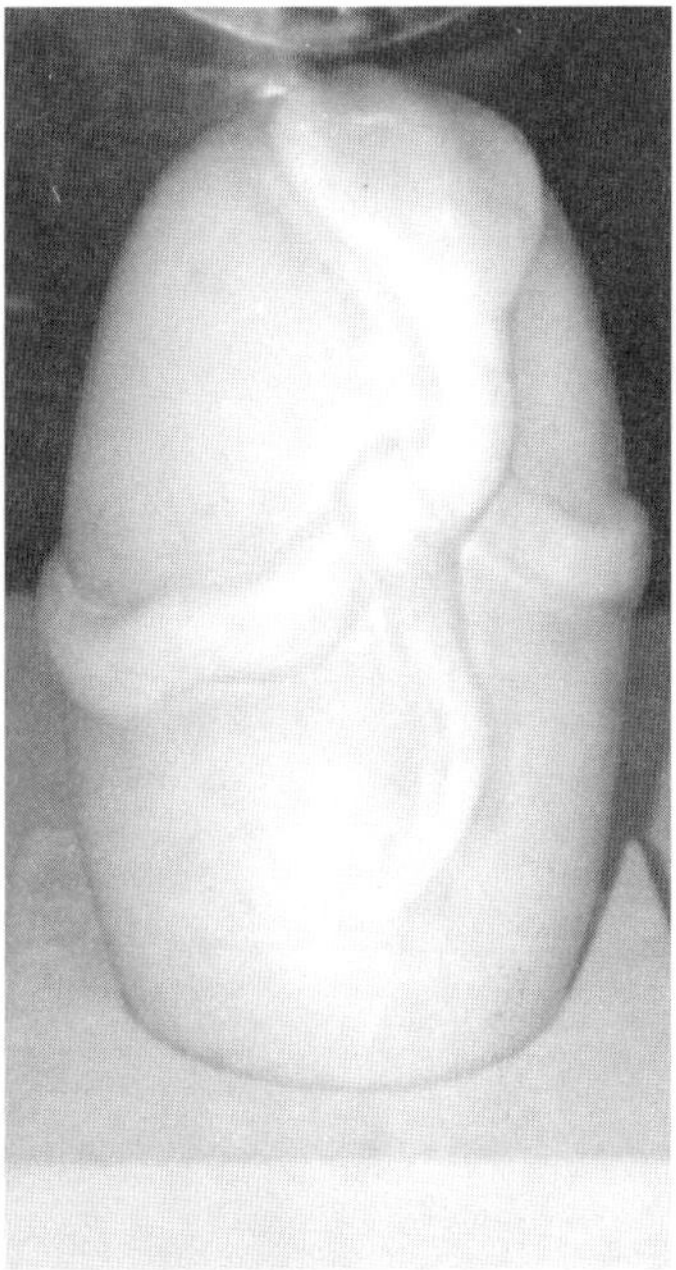

図6・6＝シヴァのシンボルとしてのリンガ。卵形のリンガを蛇がとりまく。デリー国立博物館。

図6・7＝シヴァのシンボルとしてのリンガ。エローラ第14窟奥殿。

リンガの象徴的意味

リンガの基本的イメージは、起立した円筒であり、その上部は半球であるというものである。半球状の男根の先端が下や横つまり水平に向けて本堂などに安置されることはない。起立した男根の図はすでにインダス文明の印章に見られるが、男根起立は行者が射精を抑制している状態を示すといわれている。射精はすなわち性力あるいは生命力の消失につながると考えられたからである。

リンガはシヴァの基本的シンボルであるとともにイメージでもある。つまり、ヒンドゥー教徒はシヴァを常に人間に似た姿で思い描いているわけではなく、円筒形のリンガをシヴァの姿の一つでもあると考えるのである。

シヴァのもう一つの姿に卵形がある。この姿は世界を意味する。つまり、シヴァは世界でもある。図6・6ではこの「世界」を原初の蛇（本書一二〇頁）がとり巻いている。直径二、三センチから二〇、三〇センチの卵形の石がリンガとして儀礼に用いられる。ヴィシュヌもまた卵の姿を採ることがあり、シャーリグラーマ（śāligrāma）あるいはシャーラグラーマ（śālagrāma）と呼ばれる［5］。ヴェーダ期には中性原理ブラフマンが卵から生まれたと考えられていた［6］。この

図6・8＝リンガ・ヨーニ。エローラ第16窟カイラーサナータ本堂奥殿におけるシヴァのシンボルとその妃のシンボルであるヨーニとの合体像である。このカイラーサナータ窟はシヴァを祀る窟であるが、このリンガとヨーニの合体像、つまりリンガ・ヨーニがこの窟院の中尊である。ヨーニの先からはプージャー（供養）に用いた水やミルクが流れ落ち、その水・ミルクが窟の外に流れ出るための溝が作られている。

ように卵は古代インドにおいては神々あるいは世界の姿であると考えられたのであるが、卵そのものは決して男根ではない。シヴァ崇拝においては、しかし、卵形のものがリンガ（男根）と呼ばれるのである。

「リンガ」に男根の意味はあるが、寺院の中尊として祀られたリンガに対して礼拝するヒンドゥー教徒たちには「男根」という観念はほとんどないといってよい。リンガはシヴァの持つ活動力、生命力のシンボルであり、すでに述べたように世界そのものをも意味した［7］。もろもろの現象を貫き、しかも個々の現象を越えるという意味において、円筒形あるいは卵形はすぐれた形態を有している。

図6・9＝リンガ・ヨーニ。ヨーニを蛇がとりまいている。カトマンドゥ旧王宮ハヌマン・ドカ近くのリンガ堂、カトマンドゥ。

ヨーニ（女性性器）とその上にそそり立つリンガのイメージをリンガ・ヨーニ（linga-yoni）という。正確にはリンガが女性性器を貫いて女体（胎）の中に入っている姿である。つまり、リンガ・ヨーニを見る人はすでに巨大な女神の胎内にいるのである。それゆえ、リンガ・ヨーニを祀る社の内部は装飾がないのが普通である。図6・7、6・8のエローラ第15窟内部、図6・9のカトマンドゥ市のリンガ・ヨーニの

社、図６・11のバクタプール市のリンガ堂なども内部の装飾はまったくないか、ほんのわずかである。図６・11の場合のように、リンガの上に壺状の容器の底から落とされる水滴は、リンガつまりシヴァ神を浄化するためのものではなくて、シヴァの表す生命活動を演じながら崇拝していると考えられる。かの水滴は精液である［8］。

図６・10（上右）＝四面のシヴァ・リンガ。クンベーシュヴァル寺院、パタン、カトマンドゥ。
図６・11（上左）＝リンガに対するプージャーの準備をする僧。リンガの上に吊り下げられている瓶状（銅製）の容器の底には穴があり、そこからリンガの上に水滴が落ちるようになっている。バクタプール、カトマンドゥ。
図６・12（下）＝一面のシヴァ・リンガ。行者シヴァは自らの長い髪（ジャター）を結って冠（ジャター・ムクタ jaṭāmukuṭa）とする。グプタ朝、五世紀、マディヤ・プラデーシュ、デリー国立博物館。

図6・13＝リンガから生ずる相のシヴァ。チョーラ朝、12世紀、南インド。デリー国立博物館。

図6・14＝リンガから生ずる相のシヴァ。まだ世界が混沌としている時、暗の中でヴィシュヌとブラフマーがどちらがより優れているかを争っていた。両者の間に輝く火柱が現れ、巨大なリンガとなった。ブラフマーは天空を舞ってそのリンガの頂きを確かめようとし（写真左上）、ヴィシュヌは野猪となってその底を見ようとした（写真右下）。しかし、両者はかのリンガの頂きも底も見ることはできなかった。そしてシヴァがリンガから姿を現した［『ヴァーユ・プラーナ』LV,13-57］。エローラ第15窟。本堂に向かって右側パネル。

図6・15＝死神という敵を殺す相（kāla-ari-mūrti）のシヴァ。聖者ムリカンドゥは神に祈って息子を得たが、その息子は一六年の寿命しかないといわれていた。息子マールカンデーヤMārkaṇḍeyaが一六歳になろうという時、死神カーラ（時間 Kāla）が彼を迎えに来た。少年の首に鎖をつけてまさに彼を連れ去ろうという時（写真中央下）、シヴァがリンガから姿を現し（写真左下）、死神を三叉戟で刺してしまった。少年は命を長らえた［Rao,1968: II-1,156-157］。エローラ第15窟。

象の魔神を殺す相のシヴァ

「象の魔神を殺す相」（ガジャースラ・サンハーラ・ムールティ gajāsurasaṃhāramūrti）もよく知られたシヴァの相のひとつである。この相の特徴は、殺した象の魔神の生皮をシヴァが被ることである。もっともその「被り方」はさまざまであるが、図6・17に見られるように、殺した魔神の頭部つまり象の頭の上にシヴァが乗り、その生皮はシヴァの身体全体を包み込むように表現されるのが一般的である。象の頭を踏みつけて踊るシヴァの身体が半球の中にすっぽりと納まるように彫られることもある［9］。図6・18においても踊るシヴァの身体をおし広げられた皮が包んでいる。

『クールマ・プラーナ』（I.32.22）には「千回生まれ変わっても解脱はどこか他のところで得られるか得られないかであるが、皮を被れば一回の生涯で得られる」［10］とある。皮を被ることがこの輪廻からの離脱につながると考えられていたのである。弟子の入門儀礼などでは、しばらくの間皮を被り、その後沐浴して、入門が認められる。ここには皮の有するシンボリズムが見られる。シヴァのこの相においても皮の再生あるいは解脱のシンボリズムが存すると思われる。

『シヴァ・プラーナ』のルドラサンヒター編（V.57.50）には、ドゥルガー女神に殺された水牛の魔神マヒシャ（本書二四七頁参照）の息子ガジャ・アスラ（象の魔神）がシヴァの三叉戟に貫かれて「傘のように」持ちあげられる話がある［11］。魔神は苦行の末、ブラフマーから特別の力を与えられたが、自分の力におぼれ、人々を苦しめたのでシヴァに退治されるという典型的なストーリーである。死に際して魔神はシヴァに、「臭いもなく柔らかな自分の皮をこれ以後まとってほしい」と頼むが、シヴァはそれを承知したと伝えられる。この伝承は明らかに水牛の魔神を殺すドゥルガー神話（六、七世紀）より後のものであるが、エローラ第15、16窟など八世紀頃の窟院にはその浮き彫りが見られる。シヴァと皮崇拝との結びつきはかなり古いと思われるが、いつ頃かははっきりしない。『シヴァ・プラーナ』の成立は一〇世紀以降であろう。

仏教のタントリズム（密教）の尊格の背後には皮が広げられている。「秘密仏」と呼ばれるサンヴァラ（勝楽《しょうらく》）［12］、ヘーヴァジュラ（呼金剛《ここんごう》）などは背後に象の皮を広げるが、シヴァの場合のようには、皮で身を包むわけではない。秘密仏はシヴァの幾多の図像学的特徴を受け取って自らの特徴にしているが、象の皮を被ることもおそらくはシヴァの特徴を受け取ったのであろう。しかし、仏教において皮を被ることの意味は、ヒンドゥイズムにおけるほど強いものではなかったと思われる。

図6・16（上）＝三都を焼く相のシヴァ。エローラ第15窟。
図6・17（下右）＝象の魔神を殺す相のシヴァ。エーカーンベーシュヴァラ寺院、カーンチープラム。
図6・18（下左）＝象の魔神の皮を広げて踊るシヴァ。チェンナイ。この図と前図においては、シヴァが踊りのポーズを採っているのが顕著である。

図6・19＝象の魔神を三叉戟で刺すシヴァ。象の魔神ガジャ・アスラの体内から流れ出る血が地上に落ちると、その血からまたガジャ・アスラの分身が生まれ出る。三叉戟に突き刺されたガジャ・アスラから流れ出る血は骨と皮ばかりの女神カーリー（ヨーゲーシュヴァリー、写真右下）が容器で受けて、それを飲んでいる。エローラ第15窟。

図6・20＝象の魔神を殺す十臂のシヴァとカーリー（ヨーゲーシュヴァリー）。右の上方二臂と左の上方二臂で象の生皮を広げ持つ。右の他の二臂はダマル太鼓と三叉戟を持つ。残る右の一臂の持ち物は不明。左の他の一臂は象の魔神の身体から落ちる血を受ける器を持ち、もう一臂は女神の顔に触れている。残る左の一臂の持ち物は不明。シヴァ右脚の横に象の魔神の頭部が見える。シヴァの足もとには七母神（本書二七八頁参照）の像が並ぶが、彼女らの頭部は欠けている。エローラ第16窟本堂入口の向かい側の浮き彫り。

G・ラオは*Elements of Hindu Iconography*,PartII-1,p.193において三叉戟で象の魔神を貫く構図の浮き彫りを「アンダカ・アスラAndhakāsuraを殺す相」と呼んでいる。しかし、三叉戟で空中高くあげられてしまうのは、マヒシャの息子のガジャ・アスラであると『シヴァ・プラーナ』は述べている（本書一八一頁）。一方、アンダカ・アスラはヒラニヤークシャHiraṇyākṣaの息子である（『シヴァ・プラーナ』ルドラサンヒター編(V,44,1)）。もっともヒラニヤークシャは養父であって、実父はシヴァといわれる。シヴァが目をつむった際に生まれた暗黒（アンダ）から生まれた者（アンダカ）と呼ばれたという。いずれにせよ、象の魔神を殺す相には、図6・17、6・18のタイプと図6・19、6・20のタイプがある。

図6・21（上）＝摩訶伽羅天（マハーカーラ）。象の生皮を被り、シヴァの持ち物三叉戟を持つ。「大悲胎蔵大曼荼羅」『大正蔵図像部』第一巻八〇四頁。

図6・22（下）＝大黒天神（マハーカーラ）。「マハーカーラ」（偉大なる黒き者、偉大なる時）とは、仏教に取り入れられたシヴァの一つの姿である。「別尊雑記」『大正蔵図像部』第三巻六〇九頁。

ガンジス河を髪で受けるシヴァ

サガラSagara王の息子たちは儀礼用の馬が行方不明になったのでその馬の探索を続け、地下の国パーターラに住むカピラKapila仙人のもとにいるのを見つけた。インドラが馬盗人であったが、かの息子たちはカピラが盗んだと思い仙人を攻撃しようとしたが、結局はカピラ仙の第三の眼の光によって灰になってしまった。サガラの孫アンシューマンはカピラから自分の孫が灰になった戦士たちの魂を救うであろうと予言を受ける。

アンシューマンの孫バギーラタBhagīrataは苦行をして当時天を流れていたガンジス河（ガンガーGaṅgā）を地上に降下させようとした。というのは、浄化されることなく灰になってしまった自分の祖先の霊はガンジス河の水によって浄められると聞いたからである。地上に降りてもよいと考えたガンジス河は、シヴァが頭で河の水を受けとめるのを承知してくれるようにとバギーラタに伝える。バギーラタがシヴァから承諾の返事をもらうと、ガンジス河はシヴァを地下の国パーターラまで流してしまおうとして非常な勢いで降りてきた。シヴァはガンジス河を自分の巻き髪の中に閉じこめてしまった。バギーラタはさらに苦行を重ね、シヴァに依頼してガンジス河の地上への降下を願った。ほどけた巻き髪からガンジス河は七本になって流れたが、その一本はバギーラタの命令に従った。ガンジス河と共にパーターラを訪れたバギーラタは、祖先の遺灰にガンジス河の水をかけて、彼らの魂を救ったのである［13］。

バギーラタの神話は、デリーの北の霊場シリケーシあたりで起きたことを語っているとインドでは信じられている。

図6・23＝ガンジス河を髪で受けとめるシヴァ。写真右下がバギーラタ、左の牛はナンディン、女性は妃パールヴァティー。二〇世紀、ビルワ寺院、デリー。

図6・24＝ガンジス河を髪で受けとめるシヴァ。ガンジス河（ガンガー）の下半身が水として描かれている。エローラ第16窟本堂外壁。

図6・25＝踊る相（ヌリティヤ・ムールティ）のシヴァ。ハインリッヒ・ツィンマーはこの相を次のように解釈する［Zimmer 1955: Vol.1, 122］。上の右手のダマル太鼓の音は宇宙展開の始まりを告げ、上の左手の炎は宇宙の破壊を示す。下の右手は手のひらを見せて「畏るな」の印を示す。　下の左手は「象の鼻の印」（ガジャハスタ・ムドラー）を示して手の先を挙げた左脚を指す。左脚は人間たちの庇護所であり、神との合一を示している。右脚は「無知」を象徴する魔神を踏みつけている。炎輪の中で踊るこの姿は南インドで後期に成立した。チョーラ朝後期、12世紀、デリー国立博物館。

舞踏者たちの王としてのシヴァ

シヴァはナタ・ラージャ **Naṭarāja**、すなわち舞踏者たちの王と呼ばれる。「舞踏の王」という名称が用いられることがあるが、「ナタ」は舞踏ではなく舞う人を指す。舞踏はナーティヤ（**nāṭya**）あるいはヌリッタ（**nṛtta**）といわれる。

古代インドにおいて舞踏は儀礼あるいは儀式において欠くことのできないものであり、これを務め（ダルマ）とするカーストも存在した[14]。舞踏のシステムはすでに四、五世紀の『ナーティヤ・シャーストラ』*Nāṭya-śāstra*において述べられている。シヴァはしばしば舞踏する姿で表現されるが、その姿は『ナーティヤ・シャーストラ』などに述べられた舞踏のシステムに依拠している。

『ナーティヤ・シャーストラ』第四章には一〇八の舞踏のポーズ（カラナ）が説明されており、図像、度量、舞踏に詳しい『ヴィシュヌ・ダルモーッタラ・プラーナ』*Viṣṇu-dharmottara-purāṇa*（約四〇〇―六〇〇年成立[15]）は九〇のカラナを述べている。これらのカラナは今日にも伝えられているインド古典舞踏の基本形であるが、シヴァの造型上のイメージも、『ナーティヤ・シャーストラ』などに定められたカラナに従ったものと考えられる。図6・25におけるシヴァの右第一臂の「旗印」（パターカ）は『ナーティヤ・シャーストラ』（IX.17-25）に、左第一臂の「象の手」（ガジャハスタあるいはカリ・ハスタ）は同書（IX.187）に規定され、「蛇に驚き片足を伸ばしたまま挙げたような足」は「蛇に触れた〔足〕」と同書（IX.101）では呼ばれている。このように図6・25のポーズは、『ナーティヤ・シャーストラ』に定められた個々のカラナの幾つかを組み合わせたものである。少なくとも『ナーティヤ・シャーストラ』に述べられたものと一致する。

ブラフマーやヴィシュヌの場合と比較して、シヴァの造形は確かに踊る姿を描いたものが多い。しかし、舞踏の基本形をふまえて表現されるシヴァの相（ムールティ）はむしろ限られている。シヴァの踊る姿が舞踏者たちの王（ナタ・ラージャ）としての相において表現されるのはいうまでもないが、敵を亡ぼす相（サンハーラ・ムールティ saṃhāra-mūrti）においてシヴァの踊る姿が見られるのが一般的である。われわれはすでに図6・17、6・18において象の魔神を殺す相のシヴァが踊っているのを見た。図6・19、6・20のおける象の魔神を殺す相および図6・17の三都を亡ぼす相もまた舞踏のポーズを採っている。

一方、図6・4、6・5のように人々に恵みを垂れる相の場合や図6・13、6・14に見られるようにリンガから姿を現す場合にはシヴァは踊らない。

図6・26（右頁）＝踊る相のシヴァ。シヴァ像の重心は二足の中間にあり、頭頂と足指との中間は臍である。重心から右脚のすねに進み、ダマル太鼓を持つ手首（三叉戟の中間で交差する）までの線をA線としよう。重心から左脚のふくらはぎに沿って進み、左肘に至る線をB線としよう。ダマル太鼓を持つ手首から真横に右第一臂に沿って進み、左肘に至る線をC線としよう。A、B、Cの作る逆二等辺三角形を基本的構図としてこのシヴァ像は描かれており、軽快ではあるが安定した感じを与えている。エローラ第14窟。（右）

図6・27（上）＝踊る相のシヴァ。このシヴァ像の重心は左足のつま先にある。頭頂から左足に至る線から腰が大きくそれていることがこの像に動きを与えている。バーダーミ第1窟［16］。

図6・28（下）＝踊る相のシヴァ。ヴィーナーやドラムに合わせて踊るシヴァの姿は基本的に図6・26、6・27と同じである。灰色砂岩。一〇世紀、ラージャスタン、インド博物館、ベルリン［17］。

ボストン美術館を拠点として活動したコロンボ生まれのインド人美術史家A・K・クーマラスヴァーミー（一八七七―一九四七）は『シヴァのダンス』の中で「宇宙は彼（シヴァ）の劇場である。（中略）彼自身が役者であるとともに観劇者でもある」[18]と述べ、シヴァのダンスの背後にある根本の観念は「根源的でリズミックなエネルギー」[19]であるという。インド哲学およびアジア美術研究を残したH・ツィンマーは「宇宙的な規模でシヴァは宇宙の踊り手（舞踏者）である。彼の「踊りの相」（nṛtyamūrti）においてシヴァは自分自身の中で具現し、同時に永遠のエネルギーに相を与える。彼の永遠に続く狂おしいまでの旋回において集められ映されたもろもろの勢力は、世界の展開、維持および消滅の力である。自然およびすべての生類は彼の永遠のダンスの結果である」[20]という。

図6・29＝牛ナンディンの上で踊るシヴァ。セーナ朝、一一世紀、東インド、デリー国立博物館。

踊るシヴァの足もとには太鼓をたたく者が描かれている。舞踏はリズムを伴って行われるからだ。またリズムは時間の相のひとつでもあるが、シヴァ自身「偉大なる時間」（マハーカーラ）とも呼ばれる。クーマラスヴァーミーやツィンマーは、シヴァの舞踏が宇宙の活動であるという。さらに両者はシヴァがたえまなく活動する宇宙そのものであるという。

つまり、シヴァは力のみではなく、力を有するもろもろのものでもある。

シヴァは一般に世界の破壊を司るといわれる。しかし、この神の職能は世界を破壊することのみではない。すでに見たように、生命活動、とりわけ生殖活動も彼の重要な職能であった。ヒンドゥー教徒にとってはむしろ「生命活動そのものがシヴァなのだ」ということであろう。シヴァのもっともよく知られたシンボルであるリンガ（男根）はしばしば卵形を採る。卵はすなわち世界、宇宙であった。つまり、シヴァは世界そのものであった。

シヴァにかぎらず、ほとんどすべての神には相反する職能あるいは性格が備わっている。元来、「シヴァ」すなわち「温和な者」は『リグ・ヴェーダ』では「ルドラ」（狂暴な者）と呼ばれていた。温和性と狂暴性とはまさにこの神の両面である。ヴィシュヌにもこの両面が見られる。しかし、ヴィシュヌの場合にはシヴァの場合ほど、この両面の間の距離は大きくはない。ブラフマー神の場合には、その距離はヴィシュヌよりもいっそう小さい。

図6・30＝足を上げて踊るシヴァ。エーカーンベーシュヴァル寺院回廊の浮き彫り。カーンチープラム、南インド。

パールヴァティーとの結婚

ヴェーダの宗教の末期においてルドラつまりシヴァはバラモン正統派を代表する神プラジャーパティ(生類の主)の娘サティー Satīの夫であった。しかし、この娘婿と舅との仲はよくなかった。プラジャーパティが開いた宴会にシヴァは招かれなかった。これに激怒したサティーは火の中に我が身を投じて死んでしまったという(本書二四〇頁参照)。ヒンドゥイズムにおけるシヴァとその妃パールヴァティー Pārvatīとの結婚は、古代のヴェーダの宗教におけるルドラとサティーの結婚とは別個の神話ではあるが、ヒンドゥー教徒たちはパールヴァティーをサティーの生まれ変わりであると考えた。グプタ期に活躍した詩人カーリダーサは『王子の誕生』の中で、「前の妃であったサティーは(中略)〔ヒマーラヤ〕山の妃(メーナー)の胎に入った」(I,21)と述べている(本書二三三頁)。

シヴァは元来、北インドにおいてあまねく崇拝された神であった。したがって、ヒマーラヤ山の娘パールヴァティーを妻とすることは頷けることである。「パールヴァティー」とは、山(パルヴァタ)の娘を意味する。彼女には「ウマー」Umāという別名があるが、ウマーとシヴァとの結びつきは古くヴェーダ時代の最終期にみられる(本書二三一頁)。

パールヴァティーを妻に迎えることを決心してから、シヴァと彼女が結婚式を挙げるまでのいきさつを『王子の誕生』第六—七章は次のように述べている。シヴァが山の王とヒマーラヤの娘との結婚の許可を娘の親から得るために仙人たちを心に思い浮かべるとヴァシシュタ仙たちがシヴァの前に現れた。結婚式には常に招かれるアルンダティー Arundhatī(ヴァシシュタの妻)も一緒だった(VI,4)。シヴァは仙人たちに「わたしはパールヴァティーと結婚したい」と述べ、山の王ヒマーラヤから結婚の許可を得てほしいと依頼する(VI,28)。

仙人たちはヒマーラヤ王の都オーシャディプラスタ Oṣadhiprasthaに到着し、ヒマーラヤ山に結婚の許可を求めた。仙人たちが王に事の次第を話している間にパールヴァティーの仕草をカーリダーサは次のように詠う。

王仙〔アンギラス〕がこのように語る間
父の脇でうつむいて
戯れに手にした蓮の花弁を
パールヴァティーは数えていた(VI,84)

喜んだ王は、姫とシヴァとの結婚を認めて「式は三日後に」(VI,93)と告げた。仙人たちはシヴァのもとに急ぎ、ヒマーラヤ王が娘との結婚を認めた旨をシヴァに告げた。

図6・31（前頁）＝シヴァとパールヴァティーの結婚式。エローラ第21窟本堂向かって左側に大きなパネルがあるが、これはその中央部分である。写真中央に四人の神々が並ぶが、写真向かって右端はホラ貝を持つヴィシュヌ、その左は金剛（ヴァジュラ）を持つインドラ、その左は新郎のシヴァ、その左は壺を持つ月神（チャンドラ）［21］である。月神の左には新婦パールヴァティーがおり、彼女の手をシヴァの右手が握っている。「手を握ること」（パーニ・グラハナ）は結婚を意味した。新郎と新婦の間には「すでに」長男ガネーシャがいる。この浮き彫りの下部にはシヴァのとりまき（ガナ）が見られる。

図6・32（上）＝婚約者パールヴァティーの父と会うシヴァ。このパネルは図6・31の向かって左にある。写真向かって右端のシヴァはその左の四面のブラフマーの背後に隠れるようにしている。ブラフマーがいわゆる仲人となって、その左のヒマーラヤ山つまりパールヴァティーの父と結婚話を進めている。「父」の背後にパールヴァティーが立っている。

図6・33（次頁右）＝シヴァとパールヴァティーの結婚。結婚式の場面なので女神が右に位置している。パーラ朝、一〇世紀、ビハール。デリー国立博物館。

図6・34（次頁左）＝シヴァとパールヴァティーの結婚。図6・33と同様、女神が右に見られる。プラティハーラ朝、九世紀、カマン、バラトプール、デリー国立博物館。

『王子の誕生』第七章では、母親メーナーのもとでパールヴァティーが式の準備をする一方で、新婦としての装いを整える様子が描かれている。パールヴァティーは、髪を生花で飾り、肌に白いアロエの液を塗り、耳に大麦の芽を付け、足には染料で目出たい模様を描いた（VII,14）。

シヴァの普段の姿は不気味なもので結婚式にはそぐわないが、結婚式に備えてシヴァの姿は変わっていった。シヴァは死体を焼いた後の灰を体に塗っていることで知られているが、その灰は自然に白い化粧粉になり、シヴァの背後に広げられている象の生皮は絹のガウンとなった（VII,33）。シヴァの体に巻き付いていた蛇は姿を変えて新郎にふさわしい飾りとなった。そしてシヴァは式場に急いだ。

七母神たち（VII,38、本書二七八頁）および女神カーリー（VII,39、本書二六八頁）は天を駆けるシヴァの後を追った。ガンガー（ガンジス河）とヤムナー（ヤムナー川）も権威の象徴である払子（チャウリー）をかかげ持ちながらシヴァの両脇に侍った（VII,42）。集まってきた創造神ブラフマー、ヴィシュヌ、インドラに対してシヴァはしかるべく礼を述べたのであった（VII,46）。

牛ナンディンに乗ってシヴァが都に到着すると、ヒマーラヤ王は都の門まで急ぎ、シヴァを出迎えた（VII,53）。ヴィシュヌが差し出した腕に支えられたシヴァは牛から降りて、ヒマーラヤ王の館に入った（VII,69）。続いてインドラや仙人た

図6・35（上右）＝パールヴァティーとシヴァ（ウマー・マヘーシュヴァラ）。マイトラカ朝、八世紀、西インド、デリー国立博物館。

図6・36（上左）＝ウマーとマヘーシュヴァラ。パーラ朝、一一世紀、西インド、デリー国立博物館。

図6・37（下右）＝ウマーとスカンダを伴う相（サ・ウマー・スカンダ・ムールティ）のシヴァ。妃ウマーの膝にいる子供がスカンダ、つまりクマーラあるいはカールッティケーヤである。パッラヴァ朝、七世紀、南インド、デリー国立博物館。

図6・38（次頁）＝ウマーとマヘーシュヴァラ。この相にあってはマヘーシュヴァラ（シヴァ）の左腿の上にウマー（パールヴァティー）が乗る。結婚式以外では、男神が右、女神（妃）が左に位置する。シヴァの右足がこぶ牛ナンディンの上に、妃の左足が蓮華台を介して獅子の上に置かれている。一二世紀、大英博物館［22］。

図6・39＝カイラーサ山頂の宮殿で妃と遊ぶシヴァ。このパネルは上下に分かれ、上部には妃ウマー（パールヴァティー）とシヴァが賭け事を楽しむ場面が描かれ、下部にはシヴァが賭けに負けたために、シヴァの牛ナンディンを妃の侍女たちが連れ去ろうとしている場面が描かれている。エローラ第14窟。

図6・40＝妃ウマー（パールヴァティー）と賭け事をして遊ぶシヴァ。これはエローラ第21窟にあるパネルの上部の一部であるが、図6・39と同様に下部には牛ナンディン、侍女たち、ガナ（とりまき）が描かれている。

ちが館に入ると式が始まった。シヴァはパールヴァティーの「手を取った」（VII,76）つまり彼女を妻としたのである。この後『王子の誕生』第八章は、カイラーサ山頂におけるハネムーンの様子を描き、息子クマーラ（スカンダ、カールッティケーヤ）の誕生が期待されるところで終わっている。この息子が当時の世界を苦しめていた魔神ターラカを打ち負かすのである。

中国、インド、ネパールの国境が接するあたり、ヒマーラヤ山脈のほぼ西端にカイラーサ Kailāsa山がある。水晶の結晶の四面体のような姿のこの巨大な岩山（六七一四メートル）は古来聖なる山と見なされており、登る人もなかった。この山頂にシヴァの宮殿があり、そこにシヴァとパールヴァティーが住んでいると信じられてきた。この山はインド神話における世界の中心あるいは「世界軸」（アクシス・ムンディ）としてのメール Meru山のモデルである。因みに、中国、日本においてメール山（あるいはスメール Sumeru）は須弥山《しゅみせん》と呼ばれてきた。

図6・35―6・40はカイラーサ山頂の宮殿においてくつろぐシヴァと妃を描いている。図6・39、6・40に見られるように、二人はしばしばサイコロ遊びつまり賭け事をして楽しむが、この遊びをインド人たちは世界の展開を左右するものと解釈してきた。すなわち、シヴァが妃に負けると、シヴァ

図6・41＝大自在と烏摩（うま）妃。マヘーシュヴァラ（シヴァ）とウマー（パールヴァティー）。シヴァは髪に三日月を付け、左手に彼の武器である三叉戟を持ち、牛に乗る。妃パールヴァティーは一般に獅子に乗るのであるが、ここでは「夫」と同じ乗り物である牛に乗る。また後世シヴァの妃となったドゥルガーは三叉戟を持つことがあるが、ウマーは三叉戟を一般には持たない。「大悲胎蔵大曼荼羅」『大正大蔵経図像部』第一巻七八〇頁。

の持ち物である牛は妃のものとなってしまうが、それは世界の活動の止息を意味するという。図6・39において、パールヴァティーの侍女たちが牛ナンディンを連れ去ろうとするのを、シヴァのとりまき（ガナ、本書三二五頁参照）がそれを止めようとしている。牛がいなくなると、シヴァの行動に支障が起き、ひいては世界の活動の停止に至るからである。

古代インド人が、そしてヒンドゥーの神々が賭け事好きであるのはよく知られている。われわれは第5章において四つの宇宙周期がインド式のサイコロの目に因んで命名されているのを見たが（本書一三四頁）、このこともインド人の生活の中で賭け事が盛んであったことを示している。またサイコロの目は未知のものであるがゆえに、賭け事は未来における人生の不確定さをも意味している。カイラーサ山頂におけるシヴァと妃の戯れが人間たちの運命を握っているとヒンドゥー教徒たちは考えたのであろう。

それにしてもシヴァは賭け事に弱い。図6・40のパールヴァティーの右手の仕草は「驚きの仕草」（ヴィスマヤ・ムドラー）と呼ばれるもので、シヴァの賭け事の弱さに妃が「驚いた」という意味で、半ば開いた手をわずかにひねって見せている。この仕草は今日のインド人にも見られる。

シヴァは元来、特に北インドにおいて尊崇された神であった。彼の宮殿はヒマーラヤ地方にあるカイラーサ山頂にあり、ヒマーラヤ山の娘を妻としたのであった。しかし、時代とともにシヴァは地方の土着的女神たちと次々と結婚していった。北インドを領土としていたグプタ王朝（四―六世紀）が崩壊すると、かの王朝の貴族たちは南インドの各地方に「都落ち」をして、それぞれの地方で「村の神」（グラーマ・デーヴァター）と出会った。「村の神」はほとんどの場合、女神であり、その女神はパールヴァティーあるいはウマーの化身と考えられた。このようにしてシヴァには途方もない数の妃がいることになったのである。しかし、ヴェーダ以来の女神であるラクシュミー（吉祥天）やサラスヴァティー（弁財天）を妃とすることはなかった。彼女らはヴィシュヌの妻となった。

半身の女神と半身のシヴァの合体像

シヴァのシンボルであるリンガと女性性器のシンボルであるヨーニとが合体した像（リンガ・ヨーニ）がヒンドゥーの寺院や社にしばしば見られる（図6・7、6・8）。このヨーニはシヴァの妃を指しているが、シヴァ自身の中の女性的要素を指しているとも考えられる。つまり、シヴァとその妃とは元来、一体なのである。そのようなシヴァのイメージの典型が「半身が女神のシヴァ《アルダナーリーシュヴァラ》」Ardhanārīśvaraである。

この合体像では、絵画でも彫像であっても、インドの伝統に従って右半身がシヴァ、左半身が妃である。この配置はカイラーサ山頂で戯れる場合と同様である。図6・42ではシヴァの巻き髪にはガンジス河が流れ落ち、肩の後ろには蛇が見られる。右手には、ダマル太鼓に結びつけられた三叉戟が握られている。左の妃は冠を被り、脇から乳房をのぞかせており、手には数珠を持つ。左右半身ずつの合体像は、シヴァとヴィシュヌなどの場合にも見られる（本書二一三頁）。

図6・42＝男神シヴァと妃ウマーとの合体像（arahanārīśvara）。右半身がシヴァ、左半身がウマーである。大英博物館 [Blurton 1992: 96] より。

魔神ラーヴァナに恵みを垂れるシヴァ

ランカー島（スリランカ）の王ラーヴァナRāvaṇaがシヴァの住むカイラーサ山の近くまで来ると、彼の馬車が動かなくなった。ちょうどそこに居合わせたシヴァの従者ナンディケーシュヴァラNandikeśvaraにそのわけを尋ねると、シヴァとその妃が遊びを楽しんでいるので山を越えることができないという。怒った王は猿の顔をしたかの従者をあざ笑い、カイラーサ山を持ち上げて揺らしたという。猿顔の従者は、じつはシヴァだった。結局、ラーヴァナは山の下に閉じこめれてしまう。千年の間、泣きながらシヴァへの讃歌を詠ったので、シヴァは彼を許し、島に帰したという。

図6・43、6・44はカイラーサ山を揺らしている魔神ラーヴァナ、シヴァおよび不安そうにシヴァに寄り添うパールヴァティーを描いている。この構図はしばしば浮き彫りに表現された。エローラ第16窟本堂側面にもこの構図で描かれた巨大な浮き彫りがある。

このエピソードは、元来北インドにおいて勢力を有していたシヴァ崇拝が南方のスリランカの魔王をも僕にしたという神話を創ることによってその勢力を誇示しようとした結果と考えられる。この神話は『シヴァ・プラーナ』には述べられておらず、いつ頃の成立かは不明である。

ラーヴァナは叙事詩『ラーマーヤナ』の中でラーマ王子の妻シーターをスリランカにさらってしまう魔神として知られている。この叙事詩の中でラーヴァナはラーマに殺されてしまう。もっとも後世の挿入と考えられる『ラーマーヤナ』第七巻では、この魔神は再登場する。しかし、『ラーマーヤナ』および先に述べたシヴァから恵みを垂れる伝説とは無関係の数多くのラーヴァナ伝説が残っているのである。シヴァの従者としてのラーヴァナと『ラーマーヤナ』の中の彼との接点は不明である。

図６・43（前頁）＝魔神ラーヴァナに恵みを垂れるシヴァ。シヴァと妃パールヴァティーが住むカイラーサ山を揺らした後、シヴァに帰依するようになったラーヴァナにシヴァは恵みを垂れる。エローラ第14窟。
図６・44＝魔神ラーヴァナに恵みを垂れるシヴァ。図６・39（エローラ第14窟）の場合と同様に、シヴァのとりまき（ガナ）たちが描かれている。この場合には、牛ナンディンを連れ去ろうとする侍女たちに対してではなく、シヴァの宮殿のあるカイラーサ山を揺るがす魔神に対して、ガナたちは悪ふざけをしている。
　魔神の写真向かって左下には、小さなガナが尻を魔神に見せている。魔神の写真向かって右上には、一人のガナが自分のペニスの先を魔神に向けており、魔神の向かって右横のガナは舌を長く出している。エローラ第29窟。
　この相では、魔神の仕業に怯える妃をシヴァが抱く、といわれている。図６・42はそのようにとれないわけではないが、図６・43では妃が怯えているとは考えられない。妃の左手は自分の耳もとに置かれ、シヴァの左手が妃の脇からのぞいている。

図6・45（右）＝シヴァの畏怖相バイラヴァ。エーカーンベーシュヴァラ寺院本堂、カーンチープラム。
図6・46（左）＝四面十臂のバイラヴァ。エーカーンベーシュヴァラ寺院本堂、カーンチープラム。

シヴァの畏怖相バイラヴァ

ヒンドゥイズムのみならず仏教においてほとんどすべての尊格は柔和相と畏怖相を有する。シヴァの畏怖相をバイラヴァBhairavaと呼ぶ。この名称は文字通り「恐ろしき者」を意味する。シヴァの畏怖相は特にインド思想史第四期以降に顕著となる。バイラヴァがシヴァの畏怖相としてヒンドゥー神話および図像において重要な位置を占めるようになるのは、ヒンドゥー・タントリズムが勢力を得て以降、すなわち九、一〇世紀以後のことであろう。

バイラヴァがシヴァのように優雅な姿で踊ることはまずない。彼は多くの場合、両足をそろえて立ち、犬を連れている（図6・45）。古代インドにおいて犬は、死肉を喰らうことなどから、不吉、不浄な存在とみなされていた。またバイラヴァはしばしば自身の男根を起立させている（図6・47）。図6・48、図6・54に見るような髪を逆立たせた姿は、シヴァの畏怖相であるバイラヴァの特徴であり、柔和相を採るシヴァには見られない。

カトマンドゥ盆地ではシヴァの家族、つまり夫としてのシヴァ、妻としてのパールヴァティーあるいはドゥルガー、およびガネーシャとクマーラという二人の息子が、寺院入口の

図6・47（右）＝リンガを起立させたバイラヴァ。大英博物館。
図6・48（左）＝犬を連れた四臂のバイラヴァ。ヴィジャヤナガル朝、一六世紀、南インド、デリー国立博物館。

半円形装飾（トーラナ）に描かれることが多い。その場合のシヴァは「恐ろしき者」（バイラヴァ）としての姿を採るのが一般的である。

東インドおよびネパールでは、後世、八種あるいは六四種のバイラヴァが活躍する。彼らは八母神 **Aṣṭamātṛkā** のそれぞれの夫と考えられた。八母神とは、後に述べるように古代インドの地母神のグループである七母神 **Saptamātṛkā** に一女神を加えたものである。七母神それぞれにはおそらくグプタ朝下において当時有名であったヒンドゥーの男神それぞれの妃の名前が与えられた。後世、一女神が加えられて八母神となった。

八バイラヴァのそれぞれは八母神のいずれかを配偶者とすると考えられている。しかし、今日のカトマンドゥ盆地に見られる層塔形式の屋根を支える方丈に刻まれた浮き彫りなどから判断するかぎり、八バイラヴァの各神と八母神のそれぞれの組み合わせが一定しているとは考えられない。また八バイラヴァそれぞれの乗り物や持ち物が一定しているわけでもない[23]。八バイラヴァは一般にアシターンガ **Asitāṅga**、クローダ **Krodha**、プラチャンダ **Pracaṇḍa**、ウルマンタ **Ulmanta**、ルル［カ］**Ruru**［-ka］、サンハーラ **Saṃhāra**、カパーラ **Kapāla**、ビーシャナ **Bhīṣaṇa** である。この八人のバイラヴァのそれぞれにさらに八人ずつの変化が考えられ、六四のバイ

図6・49＝バイラヴァ。南インド、大英博物館。

図6・50（右）＝ブラフマーの首を持つバイラヴァ。南インド、大英博物館。
図6・51（左）＝ブラフマーの首を持つバイラヴァ。ホイサラ朝、一二〇〇年頃、デッカン、大英博物館。

ラヴァも考えられている［24］。

ヴェーダ後期のバラモン正統派を代表する神は、プラジャーパティ（生類の主）である。この創造神は、若い娘つまり彼による被造物とともに羚羊（アンティロープ）に姿を変えて愛しあっていたところ、シヴァの矢に射られてしまい、山羊座となったという［25］。シヴァは、図6・21、6・22、6・45に見るように羚羊と思われる動物を手に持つことがあるが、これはかの神話を踏まえていると思われる。シヴァはヴェーダ後期のバラモン正統派に対する批判的勢力を代表する神であったが、この神話はそのようなシヴァの有する革新的要素を示している。

プラジャーパティの職能とブラフマーのそれとは重なることが多い。両者はしばしば同一視される。ブラフマーに対しても新興の神シヴァは挑戦的である。シヴァはブラフマーの第五の首を切ったと伝えられる。ブラフマーの第五の首は、ブラフマーの自分の娘への恋心を表すとも考えられている［26］。また、この神話はかつてブラフマーが有していた職能をシヴァが自分のものへと取り込んでいった過程の一コマを伝えていると考えられる。おそらくそれは生・住・滅をくり返す世界の時間とそれを超えた時間とに関係する。そもそも時間カーラkālaはシヴァの別名である［27］。カーラは時間を超えた存在、死神である。そして、シヴァはその時間カーラ

図6・52（右）＝パチャリ・バイラブPacali Bhairab。神像手前の丸い穴の中にバイラブ（バイラヴァ）尊のシンボルとしての自然石が祀られている。パチャリ地区、カトマンドゥ。
図6・53（左）＝方丈に刻まれたバイラブ（バイラヴァ）。ネパール国立博物館、チャウニー地区。

を焼く火（カーラ・アグニ）でもある。世界の破壊を司るシヴァは、ブラフマーの首を切り取るように世界の「首」を切り取るのである。

切り取られたブラフマーの首を犬がなめる（図6・50、6・51）。インドで不浄なものである犬になめさせている意味は不明であるが、ここでブラフマーの首が良き聖なるものでないことは明白である。

カトマンドゥではバイラブ（バイラヴァ）に動物の血が捧げられることがしばしばである。例えば、カトマンドゥ市西部にあるパチャリ・バイラブPacali Bhairab寺では水牛が犠牲にされ、その血がバイラブに捧げられる。この寺の本尊は自然石であり、その上に祭壇が設けられ、直径三〇センチほどの穴からその自然石を見ることができる（図6・52の下部参照）。この寺は川岸にあり、その岸には火葬場がある。かつてはこの地区は森林であり、パチャリ・バイラブ尊は人目を避けて住む魔神に近い存在であったという。今日にあってもこの寺のバイラブ尊には、妃パールヴァティーおよび息子たちに囲まれた夫シヴァのイメージはない。パチャリ・バイラブはおそらく、カトマンドゥの土着の恐ろしき神が、時代が下るとともにシヴァの畏怖相としてのバイラヴァとなったのであろう。

図6・54＝四臂バイラヴァ。プリンス・オブ・ウェールズ博物館、ムンバイ。

宇宙的姿を採るシヴァ

ヒンドゥーの神々のみならず、仏教の仏たちも時代が下るにつれて宇宙的姿つまりヴィシュヴァ・ルーパで表現されることが多くなる。宇宙的姿という考え方はすでに仏教誕生以前にあり、またヴィシュヌのこの姿の作例がインドに数多く残っているのを見た（本書一一四頁）。しかし、宇宙的姿を採ったシヴァの作例は、むしろ少ないと思われる。シヴァのイメージあるいはシンボルのもっともよく知られているものは、リンガである。これはある意味では世界を表しており、ヴィシュヌのような宇宙的姿を表現する必要がなかったのかもしれない。

しかし、カトマンドゥ盆地では、シヴァの宇宙的姿を描いている作例は数多く残っている。例えば、図6・55は盆地内のバクタプール市にあるダッタ寺院の本堂正面扉の上のトーラナ（toraṇa）に見られる宇宙的姿を採ったシヴァである。ダッタ Dattaとは、アトリ Atri仙人の息子といわれる。マハーラーシュトラ州においてよく知られた神である（本書三三三頁）。

カトマンドゥは一五世紀中葉から一八世紀後半までマッラ朝の下で栄えたのであるが、マッラ朝の祖先たちはマハーラーシュトラ州の南端、カルナータカ州との境の近くにあるトゥルジャープル Tuljāpurに住んでいた人々である（本書三五〇頁）。彼らがカトマンドゥの地に移住した時、故郷にあったダッタ神崇拝をも持ち込んだと思われる。ダッタはベンガル、オリッサなどではほとんど知られていない。

カトマンドゥ盆地のバクタプールにおけるダッタは、しかし、シヴァと同一視されている。元来、ダッタはシヴァ、ヴィシュヌおよびブラフマーが一体となった神と考えられており、シヴァと同一視されても不思議ではない。人々はシヴァに参拝する日と定められた月曜日に供物を盆に載せて集まってくるのである［28］。

図6・55—6・57に見られるように、カトマンドゥにおけるシヴァのヴィシュヴァ・ルーパは、数多くの面がピラミッド状に積みあがり、無数の臂は孔雀の羽のように広げられ、足は開いている、という姿を採っている。このようなイメージはシヴァのみではなく、カトマンドゥにおける女神カーリーのヴィシュヴァ・ルーパ（図7・38）にも見られる。

「ヴィシュヴァ」が宇宙という意味と「あらゆる」という意味との両方を有することはすでに述べたが、神はあらゆる姿を採るものだという考え方がヒンドゥイズムの根底にある。そして、あらゆる姿の集積がこの世界に他ならない。このような意味で神々は宇宙的姿を採るのである。

図6・55＝宇宙的姿（ヴィシュヴァ・ルーパ）を採るシヴァ。これはカトマンドゥ盆地にあるバクタプール市のダッタ神の寺院本堂正面のトーラナの中央部分である。

シヴァとは柔和、寂浄、吉祥なるものを意味する。一方、シヴァ神の別名ルドラは、狂暴なるものを意味する。このような相反する側面がシヴァ神には存する。こうした両面性は程度の差こそあれ、すべての神に見られるのであるが、シヴァの場合はその程度の差がすこぶる大きいのである。ヴィシュヌが犠にされるものを指し、シヴァはものを犠とする力を指す傾向があると思われるが、シヴァのこの力の大きさの故にかの程度の差の大きさが存するのであろう。

図6・56（上）＝宇宙的姿を採るシヴァ。ネパール国立博物館、バクタプール地区。
図6・57（右）＝宇宙的姿を採るシヴァ。木彫。一七、一八世紀、ネパール国立博物館、チャウニー地区。

図6・58＝四臂ガネーシャ。右第二臂に数珠と大根を、左第二臂に菓子の入った器と釣を持つ。デリー国立博物館。

図6・59＝聖天（しょうてん、ガネーシャ）。右手に釣を、左手に大根（図6・58参照）を持つ。「大悲胎蔵大曼荼羅」『大正大蔵経図像部』第1巻804頁。

シヴァの息子ガネーシャ

ガネーシャ Gaṇeśaとは、「ガナ」（gaṇa、とりまき、眷属）の、「イーシャ」（īśa、長、主）つまり、シヴァをとりまく眷属たちの長を意味する。象面神としてよく知られている。南アジアおよび東南アジアにおいてこの神ほど人々に親しまれている神はいないであろう。元来はヒンドゥイズムにおいて生まれた神ではあったが、仏教にも取り入れられて、中国を経て日本にも伝えられている。ベトナム、カンボジアなどの東南アジア諸国においてこの神の彫像はすこぶる多く、ネパールやバリなどにおいてはこの神への崇拝（カルト）は盛んに行われている。

インドにおいてはこの神が人気者であることはいうまでもない。この神はまず商売の神であり、インドの町の商店ではこの神のポスターあるいは彫像を祀っていることが多い。この神はまた学問の神でもあり、サンスクリットで書かれるヒンドゥイズムの本はこの神に捧げられた帰敬偈で始まることがしばしばである。

ガネーシャがシヴァの息子としての地位を確立するのはそれほど古いことではない。ガネーシャという神格そのものがむしろ新しいのである。紀元前二、三世紀頃、インドを訪れ

図6・60＝妃を伴うガネーシャ。ガハダヴァラGahadavala朝、13世紀、ラジャスタン、デリー国立博物館。

た、あるいは侵攻した西アジアの人々は象を見てその不思議な形に驚き、象面の神を創り出したと考えられる。その神が人気を得た後、南・東南アジアにその崇拝が広がった。ガネーシャあるいはガナパティがシヴァのとりまき（ガナ）の長を意味することはすでに述べた。ガナは一般に図６・39、６・43、６・44に見られるように太った小人で表される。しかし、ガネーシャは、例えば、シヴァの牛ナンディンを連れ去ろうとするパールヴァティーの侍女たちを邪魔するガナたちの中にはいない。

カーリダーサの『王子の誕生』はシヴァとパールヴァティーとの結婚をテーマとして扱っているが、この場合の王子とはクマーラのことである。今日のヒンドゥー教徒の一般的理解ではガネーシャがシヴァの長男であり、クマーラが次男と考えられている。町で売られているポスターにはガネーシャとクマーラの二人がシヴァと妃に抱きかかえられて描かれていることが多い。カトマンドゥでも寺院入口などにはガネーシャとクマーラの像が母親パールヴァティーあるいはドゥルガーの両脇にしばしば見られる。

しかし、カーリダーサの真作と考えられる『王子の誕生』一―八章では、ガネーシャはシヴァの長男として登場しないばかりではなく、シヴァとパールヴァティーの結婚式に集まった神々の中にもその姿を見せない。このことは、少なくともカーリダーサの頃には、ガネーシャがヒンドゥー・パンテオンの中でその地位を確立していなかったことを物語るものであろう。

ガネーシャ（ガナパティ）は、仏教の中に取り入れられ、中国を経て、日本仏教のパンテオンの一員となり、今日でも生駒の宝山寺、京都の等持寺など多くの寺院で尊崇されている。日本ではこの神は、一般に「聖天」と呼ばれ、密教的要素を濃厚に有している。

日本においてこの尊格の白描は数多く残されている。図６・62もその中の一点であるが、この図においてガネーシャは一面六臂である。右第一臂に金剛、左第一臂に宝を持つ。

図6・61＝妃を伴うガネーシャ。大英博物館。

日本においても大根（蘿蔔根）や菓子（歓喜団）をしばしば持っている［29］。

ガネーシャはヴィナーヤカ Vināyaka（障害を除く者）または「障害となる者」とも呼ばれる。しかるべく崇められた時、この神は「障害を取り除いてくれる神」ともなる。このような二面性はほとんどの神格に存する。例えば、天然痘の神シータラー（本書二五一頁）は天然痘を引き起こす一方で、この病を治すのである。

二尊の抱き合った姿のガネーシャは「歓喜天」と呼ばれ、日本では秘仏として密教系の寺院で尊崇されている［30］。しかし、この形がどこで成立したものかは不明である。ガネーシャはたしかに愛欲、性欲と深く関係する。「男女」二神が抱き合い、「歓喜天」と呼ばれることもそのことを示している。象の頭部を人間の男根の亀頭に見立てた像が日本の寺社に見られることがある。チベット仏教において密教的要素を多分に有するサキャ派にあっては、ガネーシャは代表的な煩悩である愛欲のシンボルである。カトマンドゥ盆地に住んでネパールの文化・芸術を支えてきたネワール人たちが作るガネーシャ坐像は、多くの場合、左肩を高くして身体を曲げている。これは女神の姿勢である。しかし、ガネーシャはあくまで男神である。このようなところにもこの神と愛欲、性欲との関係が潜んでいるのかもしれない。

図6・62（右）＝聖天（ガネーシャ）。この神に特徴的な持ち物である大根や菓子は持たないが、右の臂の一つに金剛を持つ。「別尊雑記」『大正大蔵経図像部』第三巻五三九頁。

図6・63（左）＝合体した聖天。このような聖天の男女が抱き合う姿はインド、ネパール、チベットでは見られず、日本では秘仏扱いを受けている。「別尊雑記」『大正大蔵経図像部』第三巻五四〇頁。

シヴァの息子クマーラ

シヴァと妃パールヴァティーの息子にクマーラ**Kumāra**がいる。「クマーラ」とは童子を意味する。カーリダーサの『王子の誕生』の「王子」がクマーラのことであることはすでに述べたが（本書七八頁）、シヴァのこの息子は成人してから魔神を退治したのではなく、童子のまま魔神と戦う軍の大将となったのである。子供に潜む無限に近い可能性の神格化と考えられる。

童子クマーラは「女性嫌い」で知られている。この神の社はしばしば女人禁制である。もっとも後世は七母神（本書二七八頁）の一人クマーリーの「夫」と考えられたり、ブラフマーの娘セーナー（軍隊）と結婚したともいわれる［31］。いずれにせよ、シヴァやヴィシュヌのように妃を伴ったクマーラの図像はほとんど存在しない。

図6・64＝鳩摩羅天（くまらてん、クマーラ）。六面で三叉戟を持ち、孔雀に乗る。インド、ネパールにおいてはクマーラは一般に短槍（シャクティ）を持つ。「覚禅鈔」『大正大蔵経図像部』第5巻531頁。

クマーラはスカンダ**Skanda**ともカールッティケーヤ**Karttikeya**とも呼ばれる。これら二つの名称は一続きの神話を踏まえている。「スカンダ」とは何ものかが放出されることを意味するが、この場合はシヴァの精液の放出を指している。かつてシヴァは火神アグニの口に精液を落としてしまった。その後、アグニはそれを保つことができなくなり、女神ガンガー（ガンジス河）にシヴァの精液を持っていてほしいと依頼した。ガンガーはそれを承知したのだが、やがてかの精液は一人の赤児となった。ガンガーはその子を藺草《いぐさ》の繁みに隠したが、六人のクリッティカー**Kṛttikā**（すばる）がその子を見つけ、乳母（クリッティカー）となって育てたという。「カールッティケーヤ」はクリッティカーによって育てられた者を意味する。クマーラの六面は、六人のクリッティカーから乳を飲んだという伝承に基づいている［32］。

図6・64に見るように日本にもこの鳩摩羅《くまら》天のイメージは伝えられている。羅什（三三四―四一三）訳『大智度論』（『大正蔵』第二五巻七三頁a）に「赤幡を提って孔雀に乗る」とある［33］。赤幡は火神アグニからの贈り物であり、火のごとく

図6・65＝一二臂のクマーラ（スカンダ、カールッティケーヤ)。チョーラ朝後期、12世紀、南インド、デリー国立博物館。

赤い［34］。

クマーラの乗り物はパラヴァーニ Paravāṇi（年）と名づけられた孔雀である［35］。この神はまた惑星（グラハ）の主とも呼ばれるが、惑星は人々の運命を司るといわれる。すばる星に育てられたこの神は「年」という名の孔雀に乗って人に病を引き起こしたりしながら天空を駆けるのである。

彼は弓、矢、斧などを持つが、彼の特徴的な持ち物は短槍（シャクティ）であり、これは投げられた後、クマーラの手に戻るといわれている。臂の数は、二、四、一二とさまざまである。

図6・66＝孔雀を伴うクマーラ。10世紀、中央インド、デリー国立博物館。

クマーラは五世紀頃に北インドではよく知られていたといわれる［36］。たしかにこの神は紀元前では重要な神格であったとは考えられない。しかし、仏教誕生以前の『マイトラーヤニー・サンヒター』*Maitrāyaṇi-saṃhitā*などにも「スカンダ」の名称は現れる［37］。クマーラは天空に存する太陽エネルギーの神格化であり、一年のサイクルを人間たちに与える力があると信じられているが［38］、このことはすでに『シャタパタ・ブラーフマナ』に述べられている［39］。このようにクマーラはそれほど有名ではなくとも、一部の人々の間では古くから尊崇されていたと思われる。

『王子の誕生』に登場する魔神ターラカは彗星と考えられており、クマーラが有する力は地上の戦闘におけるよりも天体の運行の正常化に発揮されるべきものであった。

南インドでは、クマーラはムルガン Murugan の名で知られている。これは土着の神がクマーラと同一視された結果であるが、今日ではムルガンのイメージは北インドのクマーラのそれとほとんど同じである。これは、全インド的な「大いなる伝統」が地方の「小さな伝統」を覆ったことを意味している。クマーラはスブラフマニヤ Subrahmaṇya すなわち「ブラフマー神に愛された者」の名でも呼ばれるが、この名称はとりわけ南インドで有名である［40］。

図6・67（上）＝孔雀に乗るクマーラ。エーカーンベーシュヴァラ寺院のゴープラム、カーンチープラム。
図6・68（左）＝四臂のクマーラ。ヴァルダナVardhana朝、七世紀、北インド、デリー国立博物館。

シヴァとヴィシュヌの合体像

ブラフマー、ヴィシュヌおよびシヴァの三神が元来は一体であるという考え方がヒンドゥイズムの根幹にあることはすでに述べた。シヴァとヴィシュヌの合体像の作例は珍しくない。図6・69、6・70のいずれにおいても右がシヴァ、左がヴィシュヌである。これら三つの像では、右半身がシヴァの持ち物である三叉戟を、左半身がヴィシュヌの持ち物であるホラ貝（図6・69）および円輪（図6・70、6・71）を有する。これらはシヴァ教徒によって作られたのであろう。

ブラフマーとシヴァあるいはブラフマーとヴィシュヌの合体像は、まず存在しないであろう。もしあったとしても極めて稀である。シヴァとヴィシュヌがヒンドゥイズムを二分するほどの勢力を有するのであって、ブラフマーの勢力は微々たるものにすぎない。

もっともかの三主要神を自分の三面とする神も存在する。マハーラーシュトラ州でよく知られているダッタDattaは三

図6・69＝ハリ・ハラ。右半身が三叉戟を持つシヴァ（ハラ）、左半身がホラ貝を持つハリ（ヴィシュヌ）であり、両神は合体している。初期チャールキャChalukya朝、八世紀、バーダーミ石窟、カルターナカ。

図6・70＝ハリ・ハラ。図6・69の場合と同様、右半身がシヴァ、左半身がヴィシュヌである。髪型も左右で区別がつけられている。ヴァルダナ朝、七世紀、マディヤ・プラデーシュ、デリー国立博物館。

図6・71＝ハリ・ハラ。右半身（ハラ、シヴァ）の第一臂は親指の先と人差し指の先とを合わせて小さな円を作り、第二臂は三叉戟を持つ。左半身（ハリ、ヴィシュヌ）の第一臂はホラ貝を、第二臂は円輪を持つ。中央インド、デリー国立博物館。

面を有し、その三面は例の三主要神のそれといわれる。もっとも三面の内、いずれがどの神かは定まっていない（三三四頁）。

シヴァとその妃の合体像についてはすでに述べた。リンガ・ヨーニのイメージに見られるように、シヴァという男性原理とその妃という女性原理とは元来一体のものと考えられてきた。後世、ヒンドゥイズムにおいて女神崇拝が台頭するにつれて、次の第7章において考察するように、それぞれの男神の力（シャクティ）が女神と考えられるようになった。

図6・72＝太陽神スーリヤとシヴァとの合体像。頭部横の蓮華はこの神がスーリヤであることを示し、右手の三叉戟はこの神がシヴァであることを表している。ハリ・ハラの像のようには左右で区別されてはいない。コナーラク Konark、オリッサ、インド博物館、コルカタ。

「シャクティ」とは女神あるいは妃を意味する。

ヴィシュヌの力も当然「妃」（シャクティ）によって表されるのではあるが、ヴィシュヌとその妃が一体となった像は見あたらない。ブラフマーが右半身、妃が左半身というような像も作られなかったであろう。

もっともいわゆる合体像が常にシヴァと他の神との組み合わせに限られているわけではない。例えば図6・72に見るように蓮華を持つスーリヤと金剛（ヴァジュラ）を持つインドラとの合体像も見られる。そうではあるが、二神が一体となって表現されるのは、シヴァがその半身である場合が多い。

われわれは第4章においてブラフマー、第5章でヴィシュヌ、本章でシヴァを扱ってきた。この三章によってヒンドゥイズムの主要な三人の男神の神話および図像を考察したのである。次章第7章においてはヒンドゥーの女神たちを扱いたいと思う。

注

［1］Majumdar, B.C., 1909, Vol.1, p.162.

［2］Banerjea, J.N., 1968, p.45; Stuley M. & J., 1977, p.280.

［3］Gaston, A., 1982, p.110ではこの果実はレモンと比定されている。しかし、形状から見れば、シーターファラに近い。

［4］以下の一二リンガ霊場に関しては、Tourist Publication, Delhi, pp.1-6によった。一二霊場のそれぞれのリンガのイメージに関しては、口絵・11参照。

[5] シャーラグラーマに関しては、Sudhi,P.,1988, pp.150-176, Staal, F., 1983, Vol.1, pp.163-166参照。

[6] *Śatapathabrāhmaṇa* (ed. Cinnasvamiśāstri), p.489, Eggeling, J., 1984, p.146 (Sacred Books of the East, Vol.41)

[7] 立川、二〇〇七年、九八頁参照。

[8] 立川、二〇〇二年、一四頁参照。

[9] ツィンマー、一九八八年、図三九。

[10] *Kūrmapurāṇa,* ed. by Gupta, A.S. 1971, p.270.

[11] *The Śiva-purāṇa, PartII, Ancient Indian Tradition & Mythology Series,* Vol.2, 1970, p.1058.

[12] 立川、一九八七年、五八頁参照。

[13] この神話を語る諸文献についてはMani, V., 1975, pp.277-278参照。

[14] Gaston, A., 1982, p.14.

[15] Shah, P., 1999, pp.xxii-xxiii.

[16] 主要な左臂は「ものをつまむ仕草」(saṃdaṃśa)、主要な右臂は「象の鼻の相」(gajahasta)、最も上の左右二臂は蛇を捕らえている。左足は「つま先立ち」(agratalasañcara) である。これらの仕草、相などはインド古典舞踊においては典型的なものである。Gaston, A., 1982, p.68参照。

[17] Härtel, H., 1976, p.35.

[18] Coomaraswamy, A., 1982 (second ed), p.83.

[19] Ibid., (second ed), p.83.

[20] Zimmer, H., 1972, p.152. ツィンマー、一九八八年、二〇二頁参照。

[21] Berkson, C., 2004, p.152.

[22] Zimmer, H., 1955, Vol.2, p.385.

[23] 立川、一九九〇年、一九四頁。

[24] Macdonald, A.W. & Stahl, A.V., 1979, p.86; Tachikawa, M., 2004, pp.17-18.

[25] Kramrisch, S., 1981, p.250. cf. *Śatapathabrāhmaṇa*, I.7.4.1-3.

[26] Kramrisch, S., 1981, p.255.

[27] Kramrisch, S., 1981, p.274. cf. Śatapatha-brāhmaṇa, VII.1.7.6; Mahābhārata, xiii.17.138.

[28] 立川、二〇〇二年、二七一三四頁参照。

[29] 錦織、一九八三年、二二一頁。

[30] 歓喜天の図像学的考察については、Sanford, J.H., 1992, pp.288-290参照。

[31] Daniélou, A., 1985, p.298.

[32] この神話は『マハーバーラタ』IX,44,6-13に見られる。『スカンダ・プラーナ』ではこの神話が変形されている。『スカンダ・プラーナ』におけるスカンダの誕生については、The Skanda-purāṇa, Part I, *Ancient Indian Tradition & Mythology*, Vol.49, p.235参照。cf. Mani, V., 1975, p.747.

[33] 佐和、一九六二年、一五三頁。

[34] Daniélou, A., 1985, p.298.

[35] Ibid., p.298.

[36] Stutley, M. & J., 1977, p.281.

[37] Daniélou, A., 1985, p.299.

[38] カトマンドゥ市北部にハディガオン・バガヴァティー寺がる。この寺は「バガヴァティー」つまり「女神ドゥルガーの寺」とは呼ばれているが、中尊はクマーラである。この本堂の前には小さな丸い石が九つ井桁状に並べられている。これは惑星（九曜）のシンボルであり、人々はこの九曜のシンボルに花などの供物を捧げながら、九曜を率いるクマーラに対して祈るという。立川、一九九〇年、一七〇一一七一頁参照。

[39] Daniélou, A., 1985, p.300.

[40] スブラフマニヤの図像に関しては、L'Hernault, F., 1984, pp.258-261参照。

第7章　ヒンドゥーの女神たち

女神崇拝の台頭

インダス文明において女神崇拝が盛んであったことはまず疑いのないことであろう［1］。しかし、次のヴェーダの宗教においては、女神の勢力は不思議なほど小さい［2］。ヴェーダを生んだ時代の人々は、「父の宗教」を有する印欧民族だったのである。だが、第3章において述べたごとく、ヴェーダの祭式主義を中心とするバラモンたちの勢力が衰えはじめた前五〇〇年頃から「父の宗教」は変質を始めた。その変質の一つの要素が、女神崇拝の台頭であった。

女神崇拝が顕著なかたちを取って現われるのは、第四期に入ってから、すなわち紀元後六〇〇年以降のことであるが、ヒンドゥイズムの台頭は第四期に入ってはじめて見られたのではなく、紀元後二〇〇年頃にはかなり表だった思想運動となっていた。たとえば、ヒンドゥイズムの根本聖典の一つ『バガヴァッド・ギーター』は、およそ一五〇年頃に現在の形を取ったと考えられているが、女神崇拝もまたすでに紀元前から、とりわけ非正統派の思想、文化の中で徐々に力を得てきたのだった［3］。女神崇拝がインドにおいて大きな勢力を得た大きな理由の一つに、「村の神」（グラーマ・デーヴァター）と呼ばれる土着信仰との結びつきが考えられる。ヒンドゥイズムが地方文化を吸収しながら全インドに広まった時期に、それは、「村の神」——ほとんどの場合女神である［4］——との融和という形で行なわれた（図7・1）。その過程で女神誕生の物語が多く作られ、その女神の多くは実はシヴァ神の妃と同じ女神であったのだ、という神話が作られていった。

このような融和の過程においては、女神崇拝はシヴァ神やヴィシュヌ神崇拝の「傘」の中で行なわれていたが、一〇世紀になると女神たちは、彼女たちの霊場（ピータ、pītha）の数を増していき［5］、男神たちから独立した勢力を得るようになった。この傾向はその後ますます強まり一四、五世紀においては、特にベンガル地方などでは、女神はシヴァなどの力を凌ぐに至ったのである［6］。

シヴァの妃パールヴァティー

男神がどの女神を娶り、その女神がどのような子供を生んだのか、というような神々の系譜は、『リグ・ヴェーダ』においてはそれほど問題とはならなかったが、ヒンドゥイズムの文献、特にプラーナ文献においては重要なものとなった［7］。もっともインド神話の場合には多くの異なった伝統が平行して存在したために、すべての伝承が一致するような神々の系譜は今日に至るまで作られてはいない。インドにおいては

図7・1＝シヴァと女神ミーナークシーの結婚。中央の女神ミーナークシーの向かって右に新郎シヴァがおり、左にはヴィシュヌが立ち会い人としている。南インドのマドゥライの「村の神」ミーナークシー（魚の眼をした女神）のかつての夫は女神がシヴァとの結びつきを深めた結果、女神の兄といわれるようになった。さらにその兄は、シヴァとミーナークシーの結婚に立ち会う立場も奪い取られ、この図に見られるようにヴィシュヌが立ち会い人として迎えられている。「大いなる伝統」を代表するシヴァとヴィシュヌとの結びつきを深めることによって、南インドの女神ミーナークシーは自らの「小さな伝統」を確立していった。もっとも今日ではヴァーラーナシー、カトマンドゥなどでもミーナークシー女神のポスターは売られており、この女神はその勢力範囲を広げつつある。

図7・2＝パールヴァティー。筒型に結った髪形はシヴァのそれに似ている。直立不動の姿勢で、左手に睡蓮を持つ。14-15世紀、ヴィジャヤ・ナガル出土、デリー国立博物館。

神々の系譜の整合性を求める声は大きくなかったのである。

そのような様々な神話の伝承も、シヴァ神の妃としては一致してウマー Umāあるいはパールヴァティーを挙げる（図7・2―7・5）。シヴァの妃を意味する名前は、後世になると数百を越すのであるが［8］、その中でもっとも有名なものが、このウマーあるいはパールヴァティーである。元来「母」を意味する「ウマー」という語は、固有名詞としては後期ヴェーダ文献に現われる［9］。『ケーナ・ウパニシャッド』*Kena-upaniṣad* (III,25)では「雪山 Himavat の娘 Haimavatī であるウマー」にブラフマンの秘儀が明らかにされる。だがこれが後世、シヴァの妃として有名になったウマーと同一であるか否かは明白ではない。ウマーがシヴァの妃となったのは、ヴェーダ時代の最終期であると推定されている［10］。

ウマーを『ケーナ・ウパニシャッド』に従って「雪山の娘」とするならば、この名とパールヴァティーとは交替可能である。なぜなら、「パールヴァティー」(pārvatī) とは「パールヴァタ」(pārvata、山に属するもの）の女性形、つまり山に属する女性を意味するからである。さらに、『マハーバーラタ』

図7・4＝ガネーシャ（右下）とカールッティケーヤ（左下）を伴うパールヴァティー。左手にリンガを、右手に水瓶を持つ。パーラ朝、11世紀、ベンガル、デリー国立博物館。

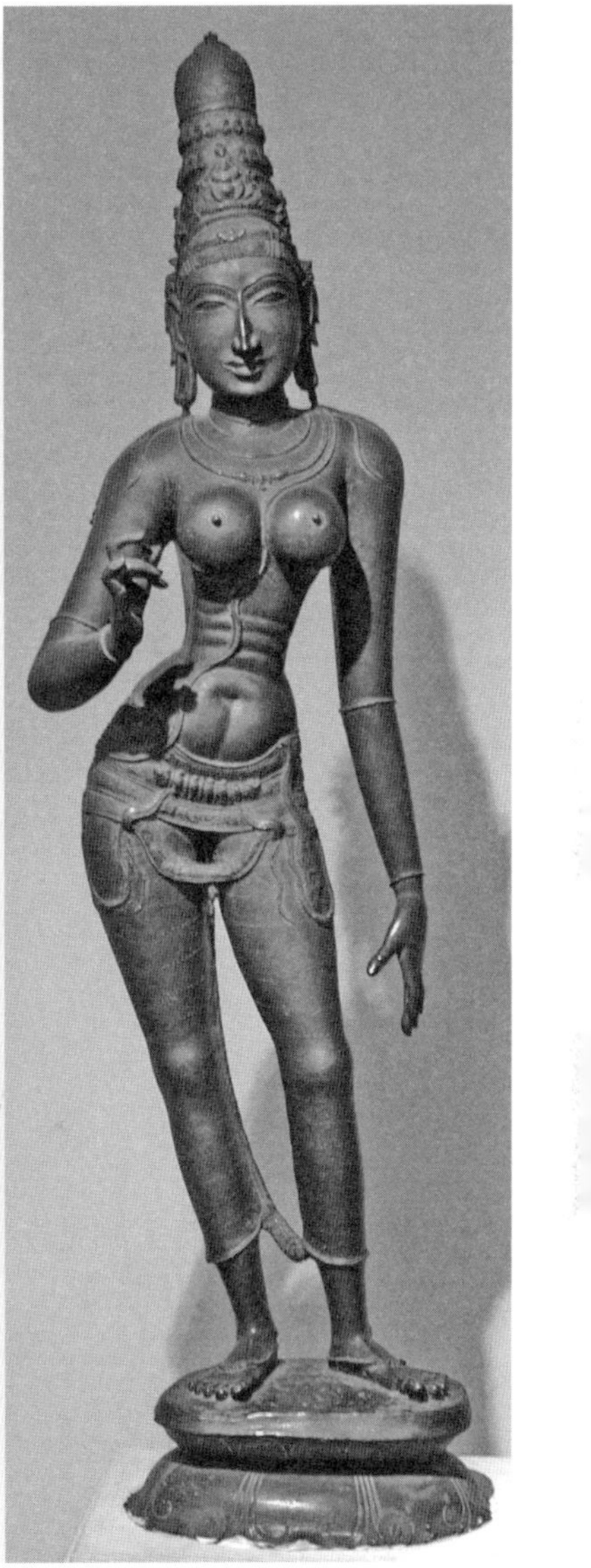

図7・3＝髪形は図7・2に似る頭、胴、脚をわずかに三つに折り曲げているが、この表現法を「三屈法」という。[デヘージャ2000: 220] 参照。この姿のパールヴァティーはシヴァカーミŚivakāmī（シヴァの好きな姿）といわれる［Rao 1982: 223]。デリー国立博物館。

図7・5＝ガネーシャとカールッティケーヤを伴うパールヴァティー。左手に鏡を、右手には化粧用の棒を持ち、二人の息子を伴う姿のパールヴァティーはラリターLalitā（あでやかな女性）とも呼ばれる。ラリターはかつてはベンガル地方で知られた女神であったといわれる［肥塚 1994：163］参照。パーラ朝、11世紀、東インド、大英博物館。化粧用の棒については［佐藤 1970：図版105］参照。

(III,231,49; VII,80,40; IX,45,53; X,7,46)、『ラーマーヤナ』(I,37,46)、『王子の誕生』(クマーラ・サンバヴァ *Kumārasambhava* (I,26)) などではその「山に属する女性」(パールヴァティー) はヒマーラヤ (雪のあるところ) 山の娘と解釈されており、またこれが今日のインドにおける一般的理解である。もっとも「パールヴァティー」は「山に住む女神」というほどの意味で、元来ヒマーラヤ山岳地方の土着的な女神の名前だったかもしれない。『マハーバーラタ』(III,38-40) にはパールヴァティーはきこりの女として登場している。

いずれにせよ、シヴァの妃ウマーあるいはパールヴァティーは、ともに叙事詩、美文体詩 (カーヴヤ)、プラーナ等において重要な女神としてしばしば登場する [11]。

カーリダーサ (四〇〇年頃) は、シヴァとパールヴァティーとの結婚までのいきさつを語る『王子の誕生』の第一章において、ヒマーラヤ山の娘パールヴァティーの美しさを次のように描写している [12]。

ダクシャ (生類の主プラジャーパティ) の娘でありバヴァ (シヴァ) の
前の妃であったサティーは
父に侮蔑されてやむなく
ヨーガの道により体を捨て出生のために
〔ヒマーラヤ〕山の妃 (メーナー) の胎に入った (二一)

この女の子〔パールヴァティー〕の生まれた日には
四方は澄みわたり風にほこりなく
法螺貝の音に続いて花が降り
動くものも動かざるものも
身体を持つすべてのものが喜んだのだった (二三)

一日一日とその子は育ち
その肢体はすばらしく麗しくなっていった
新月の後の三日月が
隠された部分を次々と
輝きで覆っていくように (二五)

親族に愛されたこの女の子を
親族の者たちは
山の娘 (パールヴァティー) と
氏族に由来する名で呼んだ (二六)

他にも子供たちがあったが
王〔ヒマーラヤ〕の目は
この子を見つめて倦まなかった

春には花が限りなくあるが
蜜蜂の列は特にマンゴーの花に寄るものだ　（二七）

子供の頃の彼女は
友だちに囲まれて
ガンガーの岸の砂の上の小さな祭壇で
また　手まりで　そして人形でよく遊んだ
彼女は遊びの真髄に入ったようだった　（二九）

秋にはガンガーに野鴨（ハンサ）の列が
夜には薬草にそれ自身の光が
もどるように
ものを習う頃になると彼女に
前世の記憶がもどった　（三〇）

そして年頃になると　彼女の身体は
絵筆によって描かれたように
日の光に開いた睡蓮のように
若さのために均整が取れて
美しくなった　（三一・三二）

乳房の重みで　前かがみになった彼女が
あでやかに歩くとき　その姿は
野鴨たちに教えられたと思われた
野鴨たちはその代りに
足飾りの快い響きを教えてほしそうだった　（三四）

均整が取れ　長すぎもせず　美しい
彼女のすねを造ってから
身体の他の部分を造るとき
創造主は　美をさらに増すために
努力したようだった　（三五）

象王の鼻は　皮膚がかたく
バナナの木の幹は　とても冷たいので
その二つは
巾広く丸いかたちをしてはいるが
彼女の腿を譬えることはできなかった　（三六）

彼女の非のうちどころのない腰帯のところが
どれほど美しいかは　後になっても
シヴァ神が自分の膝の上に乗せたことでもわかる
そのシヴァの腰は他の女たちが
楽しむことはなかった　（三七）

腰帯の結び目を越えて
臍のくぼみに入った
細く新しい毛の筋が
腰帯の中程にある宝石のように
輝いていた　（三八）

祭壇のように腰が細くくびれた
この若い女の腹には横に三筋の線ができた
その筋は愛の神カーマが登るために
みずみずしい若さによって創られた
階段のようであった　（三九）

眼は蓮のような彼女の
白い乳房は
よく張って　互いにおしあい
黒い乳首のあるその二つの間には
蓮の糸根も入らないほどだった　（四〇）

彼女の二本の腕は
シリーシャの花よりも柔らかだと思う
愛の女神カーマは　彼女の二本の腕を
シヴァの首を巻く縄として用いたのだから
カーマはシヴァに焼かれてしまったが　（四一）

乳房のためにふっくらした彼女の首と
まるい真珠の首飾りとは
互いに美しさを放って
どちらも飾るものであり
飾られるものでもあった　（四二）

心移りやすい美の女神ラクシュミーは
月に戻るときには〔昼咲く〕蓮華のすばらしさを得ず
蓮華によるときは月の美しさを得ることはできなかった
ウマーの顔に至って
この女神はその二つに住む喜びを得たのだった（四三）

もしも　白い花が若い葉に置かれたら
あるいは　真珠がしみのないサンゴに置かれたら
それは彼女の赤い口唇に落された
輝きのほほえみを
まねることになろう　（四四）

優しい声の彼女が

甘露を流すような声で話すとき
カッコウの声さえも　聞く人には
調子のはずれたヴィーナーが弾かれているようで
聞きづらかった　（四五）

強い風に吹かれた青蓮華かと思わせる
揺れるまなざしを
切れ長の眼の彼女は
牝鹿から得たのだろうか
それとも牝鹿たちが彼女から得たのだろうか　（四六）

黒い墨ではいたような　長く
弧を描いてなまめかしくあでやかな
彼女の眉の美しさを見て
愛の神カーマは
彼の弓の美しさに対する誇りを捨てた　（四七）

もし動物の心に恥の感情があるとしたら
疑いなく　牝のチャマリー鹿は
山の娘パールヴァティーの
豊かな髪の束を見れば　もはや自分の
毛を好きにはならないであろう　（四八）

この世界におけるすべての美を一つの個体に集中させたいという望みを実現するために創造主がパールヴァティーを生んだ、とカーリダーサはつけ加える。ここでのパールヴァティーは、身体下部から上部へと描写され、人間として描かれており、後世の大母神の相貌を備えてはいない。シヴァの妃となるときにも、彼女は苦行によってその美しさを増しこそすれ、超自然的な力に頼るわけでもなく、人間を越えた姿を採るわけでもない。カーリダーサの伝えるパールヴァティーのイメージは、彼とそれほど時代を距てていないかあるいは同時代のダンディンが『十王子物語』の中で描く王女たちのイメージに似ている［13］。

カーリダーサは、すでに、本書の第4章で述べたようにパールヴァティーの運命を次のように記している。

あるとき神々はインドラを先頭に、創造神ブラフマーの許に来て、窮状を訴えた。ターラカという魔神が三界を苦しめているからだった。この魔神は神々の園を荒し、神々の妻たちをさらい、メールの峯をひきぬいて自分のすみかにすえ、天を流れるガンジス河であるマンダーキニー河からはすべての睡蓮を運び去ってしまった。神々に訴えられた創造神ブラフマーは、「毒の木でも育てておいてから自分で切ってしまうのはよくない」と、自ら手を下すことはためらったが、シヴァとパールヴァティーの間に生まれた子が神々の将軍としてターラカを亡ぼすであろうと告げた（第二章）。

いつも瞑想にふけっている気むずかしやのシヴァの心をまずパールヴァティーに向けること、これが、神々の頭インドラのまず成しとげねばならぬことであった。そこでインドラは愛の神カーマに会い、愛の矢をシヴァの胸に射るよう命じた。困難な仕事を引き受けた忠実なカーマは、親友のヴァサンタ（春）が咲かせた花を矢として弓につがえて機会をねらった。

パールヴァティーが苦行に入っているシヴァに蓮華の種の数珠を捧げようとしたとき、カーマはシヴァにねらいを定める。シヴァは、堅固な心をすこしばかり動揺させてパールヴァティーの顔を見たが、我にかえってあたりを見まわし、自分の心の動揺の原因を知ろうとした。矢をつがえたカーマを見つけたシヴァは直ちに、額の眼から火を出しカーマの身体を焼いてしまうのである（第三章）。

愛の神（キューピッド）であるカーマのミッションが失敗におわった後、パールヴァティーは森に入って苦行をする決心をする。かつてシヴァ（ルドラ）の妻サティーは、火の中に身を投じたが、サティーが生まれかわった女神パールヴァティーは、元来火あるいは熱を意味するタパス（苦行）の中に身を投げたのである（図7・6）。苦行をするパールヴァティーのもとにシヴァが行者の姿を採って現われ、パールヴァティーのシヴァに対する愛の深さを確かめる（図7・7）。彼女の忠実さを知ったシヴァはその姿を現わし、パールヴァティーを妻とすることにした。やがて生まれた息子スカンダ（カールッティケーヤ、韋駄天）が当時世界を苦しめていた魔神ターラカを退治したのである（図7・8）。

シヴァとの結婚が成立し、ふたりはカイラーサ山頂において新婚の家ごもりをする場面は、すでに本書第6章において見たが、『王子の誕生』の中でこの部分、すなわち第8章までがカーリダーサの真作と伝えられている。それ以降の部分は、後世の人が、冒頭のブラフマーの予言を実現させてこの作品を完成させるため、そしてまた当時伝えられていた伝承に作品を一致させるため、つけ加えたものと考えられている。

カーリダーサが描いた美しい乙女としてのパールヴァティーのイメージは、彼女が時代とともに女神としての位置を確立し、さらに他のシヴァの妃と一体となって大母神へと育ってゆく過程において、次第に恐ろしさ、無気味さを含んだものに変っていく。しかし大母神となった後も、パールヴァティーは一貫して大母神の「やさしき母性」の化身であり続けたといえよう。シヴァの他の妃が、女神優位の時代に次々と恐ろしき女神となり、ともすると夫を迫害したのに比べ、ウマーあるいはパールヴァティーは今日に至るまでシヴァの従順な妻であり続けている［14］（図7・9）。

図7・6（上）＝苦行をするパールヴァティー。カトマンドゥ盆地チャウニー地区にあるネパール国立博物館には、『王子の誕生』（クマーラ・サンバヴァ）の中のエピソードを描いた浮き彫りが五点所蔵されている。同博物館では5-6世紀のものと推定されているが、年代はそれより下る可能性もあろう。いずれにせよかなり古い作品である。図7・6-7・8はその内の三点であるが、図7・6はパールヴァティーが森の中で侍女と共に苦行する場面を描いている。ナガル・トーレ地区、カトマンドゥ盆地。
図7・7（下）＝苦行中のパールヴァティーに近づくシヴァ。森の中、シヴァは行者の姿を採ってパールヴァティーに近づき、彼女のシヴァに対する信愛を試す。ナガル・トーレ地区、カトマンドゥ盆地。ネパール国立博物館（チャウニー地区）。

図7・8（上）＝パールヴァティーとシヴァとの息子スカンダ（カールッティケーヤ）の誕生。この息子が世界を苦しめていた魔神ターラカを退治するのであるが、カーリダーサの真作『王子の誕生』第一―八章は、パールヴァティーとシヴァの結婚までを古代の神話に基づいて描いており、王子の誕生は暗示されているにすぎない。軍神スカンダの活躍は後世の詩人の手になる『王子の誕生』第九―一七章の中で述べられている。ナガル・トーレ地区、カトマンドゥ盆地。ネパール国立博物館（チャウニー地区）。

図7・9（左）＝リンガに花環を捧げるパールヴァティー。シヴァ神のシンボルであるリンガに花環を捧げている女性は、その筒状の冠からパールヴァティーと推定される（図7・3参照）。エーカームバレーシュヴァル寺本堂の柱。カーンチー。

蘇る女神サティー

すでに述べたように、シヴァの妃はサティー Satīとも呼ばれていた。この女神は、元来はウマーとは同一ではなかったであろうが、古い時代からインド人たちはウマーとサティーとを同一視していたようである。『王子の誕生』の第一章はこの伝説をふまえている。「サティー」とは貞淑な女を意味し、後世、インドにおいて夫の火葬の薪の上に生きながら身を投じて夫の跡を追った女がサティーと呼ばれた。女神サティーは、後に見るように、自分の身を火の中に投じて死ぬからである。サティーが火の中で死ぬという話が何時頃生まれたかは明らかではないが、この話は後に女神誕生の物語へと作り変えられていく。

いくつかのブラーフマナ文献によれば、「生類の主」プラジャーパティは自分の娘ウシャス Uṣasと不倫の関係を結ぶという罪を犯した。これを知った神々は、ルドラ（シヴァの原型）に彼らの父を殺すように頼む。ルドラがプラジャーパティに矢を放ったところ、プラジャーパティの精液（レータス）が地面に落ちた。神々がそれを祭場の南に坐るバガ Bhagaに持っていったところ、それを見たバガの目は焼かれてしまった。次にそれを栄養の神プーシャン（本書四六頁参照）のところにもっていったところ、彼の歯は欠けてしまった［15］。

元来はプラジャーパティの偉力を示すこの神話は、後世（四世紀におけるグプタ王朝の興隆の少し前）、ダクシャ・プラジャーパティの犠牲祭をシヴァが破壊したという神話に変化させられた。シヴァがダクシャの催した犠牲祭を破壊するという話のおそらく最も古いものは、『マハーバーラタ』(VII,282-83)に見られるし、同じ物語の少し変形されたものは、多くのプラーナ、さらには『王子の誕生』(I.21)にも見られる［16］。この変化させられた話に登場する大女神がシヴァの妻であり、ダクシャ・プラジャーパティの娘の一人サティーである。父ダクシャは大きな犠牲祭を催したが、そこにはサティーも婿のシヴァも招かなかった。それでもサティーはその犠牲祭にでかけていったが、父は彼女を完全に無視した。サティーは屈辱に耐えることができなくて、燃えさかる祭火の中に身を投じたとも、ヨーガの力によって自らの身体の中に火を生じて死んだとも伝えられている。サティーの死を知ってシヴァは怒り、多くの家来たちとともにそこにかけつけ、ダクシャの祭場を完全に破壊してしまったのだった。

ある伝承は、シヴァはダクシャの首を切り落してしまうが、後にダクシャを蘇生させ、神々に自分の方が優れていることを知らしめたと伝えている。また別の伝承は、シヴァは魔神ヴィーラバドラを創り出してダクシャの祭場を壊させた、と述べている[17]。ヴェーダの規定する祭式の神ダクシャと、元来非アーリアンの起源を有するシヴァとは決して仲が良くはなかったこと、そしてシヴァがバラモン正統派の神を圧してしまったことをこの神話は物語っている。

プラジャーパティの娘にしてシヴァの妻たるサティーは、クシャーン朝の終りころから生まれた数多くの女神誕生の物語の核となった。シヴァは狂乱の中でサティーの死体をかついで国中を暴れまわった。悲しみと怒りのあまり荒れ狂うシヴァの足に世界は踏みつけられ、踏みにじられる。世界の悲惨を見かねたヴィシュヌが自分の武器である円盤を投げてサティーの身体を切り刻んだ、と言われる。またある伝承は、ブラフマーとヴィシュヌがヨーガの力によって彼女の身体に入りこみ、徐々に解体していった[18]、と伝える。いずれにしろ、そのようにして彼女の身体がいくつかの部分にわかれ、その破片が落ちたところから幾多の女神が誕生したというわけである[19]。それぞれの破片の落ちた場所は女神の霊場(ピータ)として、今日に至っている[20]。もっとも、女神霊場の起源を説明しようとするこの神話は、後世、霊場を全国的な規模で統一したものにしたいと考えた者たちの創作したものであって、個々の女神霊場の実際の起源やその後の歴史的発展を説明するものではないことは明白である。それでもなお、今日、数百以上の女神霊場が、それぞれ女神サティーの身体のどの部分が落ちたものであるかという伝承を伝えているということは、人々に広く溶けこんだサティーのイメージの強い喚起力を示している。また、鮮やかで苛烈な死を遂げたサティーが、幾多の部分に分かれた後複数の女神となって蘇ったというこの神話は、それらの多くの女神が後に一体化して大母神デーヴィーとなるという過程への伏線ともなっている。

水牛の魔神を殺すドゥルガー——大母神の誕生

ウマー(パールヴァティー)と並んで、シヴァの妃として有名な女神は、ドゥルガー Durgā である。この女神の起源に関してわれわれはほとんど何も知らない。ヴェーダ期の後期に編纂された『タイッティリーヤ・アーラニヤカ』*Taittirīya-āraṇyaka* (X.1)は、ドゥルガーと同じ意味を持つドゥルギー Durgī という名の女神に触れている。また同書(X.18)では、アンビカー Ambikā——プラーナにおいてドゥルガーと同一視される——がルドラ(シヴァの原型)の妻とされている[21]。ドゥルガーという語の語源ははっきりしない。dul- という接頭辞は「困難さ」を表現し、-ga は「行く」という意味の動詞 gam からの派生語であると考えることもできる。この場合には「ドゥルガー(dur-gā)」は、「[そこに]行くことの困難なもの」、「近づき難きもの」を意味すると考えることができよう。デッカン地方南部のマイソールなどにおいては丘に造られた砦の名前にドゥルガーに関連すると思われるもの、たとえばChitel Droog, Rai Droog, Doori Droog等がある［22］。山に築かれた砦は「近づき難きもの」である。しかし、この考え方も現在ではまだ一つの仮説にすぎない。

後に述べるように、ドゥルガーに関する最も重要なエピソードは、「水牛の姿をした魔神を殺す話」であるが、この水牛の魔神を殺すドゥルガーの像はすでにクシャーン朝（紀元四五―三〇〇）に現われたと考えられている。オックスフォード大学附属アシュモレアン美術館には、クシャーン期のドゥルガー像がある（図7・10）。またマトゥラー地方のパレーケーラPalēkhēraの井戸から発見された二〇センチに満たない赤い砂岩の像は明らかに水牛を殺す女神の姿を示している。左手で水牛の首をかかえ、右手に持ったおそらく三叉戟と思われる武器で水牛の腹を刺し貫いている。R・C・アグ

図7・10＝水牛の魔神を殺す女神（マヒシャースラマルディニー）すなわちドゥルガー。左手を水牛の首にまわし、右手に持った武器で水牛の背中をさし貫いている。このポーズは、この女神像の古い典型であり、ウダヤギリ石窟などにも見られる［『ヒンドゥーの神々』Nos.134-5］。1-2世紀、アシュモレアン博物館、オックスフォード。

ラワラによれば、この像はクシャーン期に属すのである〔23〕。同型の像がマトゥラーから八つ発見されている。また同地出土の同型の像はコルカタ博物館にも保管されている。したがって、「水牛の魔神を殺す女神」のモティーフはすでにその当時よく知られていたと言えよう。

グプタ朝になるとドゥルガー像ははっきりした姿をもってシールや彫像に残されるようになった。グプタ朝に属すると推定される、ビタ Bhitaやバサルフ Basarh出土の数多くのシールには、ドゥルガーの乗物であるライオンと向きあったドゥルガーと思われる女神の姿が見られる〔24〕。またN・N・バッタチャリヤは、日光で乾燥させた円型の土のシールにはグプタ文字で durggaḥすなわちドゥルガーと刻まれていると述べている〔25〕。

東インドにおけるマウカリ国の王アナンタヴァルマン Anantavarman（五世紀）は、ドゥルガー女神が住むと言われていたヴィンドヤ Vindhyaの山中にこの女神に捧げた碑文を残している。王はこの女神を讃美し、その恩寵を願っているが、その中で女神は「デーヴィー」Devī（大女神）、「水牛の姿をした魔神マヒシャを殺したもの」Mahiṣāsuramardinī、あるいはまた「カートヤーヤニー」Kātyāyanī、「バヴァーニー」Bhavānīと呼ばれている〔26〕。「カートヤーヤニー」とはカートヤーヤナ Kātyāyana仙より出た光輝と怒りから生まれ出た女神を指しており、「バヴァーニー」とは、シヴァの妃の柔和な側面を具現する女神を指している〔27〕。この碑文は、これらの名前がすべて同一の女神（ドゥルガー）を意味しており、それぞれ女神の異なった側面を表わしていることを示している。このように五世紀にはすでに、様々な女神が一つの大女神に統合されはじめていた。

紀元前二、三世紀にはすでに編纂がはじまっており、紀元後四世紀には現在の形ができたと考えられる、インド最大の叙事詩『マハーバーラタ』にも、ドゥルガーは「水牛の姿を採る魔神マヒシャを殺すもの」として現われている。その部分は二つあって、IV,6とVI,23である。しかし、これらの個所は二つとも後世の挿入であるとされている。前者は、五王子の長兄ユディシュティラ Yudhiṣṭhiraがヴィラータ Virāṭaの町に入るときに、彼がドゥルガーを讃えるくだりである。この「ドゥルガー女神の讃歌」*Durgāstotra*には、それぞれかなり異なる数冊の写本が伝えられているが、どの写本にもドゥルガーが「シヴァの妻」と述べられてはいない〔28〕。

第二の箇所では、五王子の軍隊と百王子の軍隊がまさに戦いを始めようとするとき、五王子の軍のリーダーであるアルジュナがドゥルガー女神を讃える。並んだ敵軍を前にして心沈むアルジュナ王子に王子の戦車の御者クリシュナ、実はヴィシュヌが秘儀を明かす箇所が、有名な『バガヴァッド・ギーター』なのであるが、この第二の「ドゥルガー讃歌」は『バガヴァッド・ギーター』の直前にある。この讃歌も第一のものと同様多くの写本には欠けているが、第一の讃歌のように大きく異なる諸写本が伝えられているわけではない。

いずれにせよ、『マハーバーラタ』においてはドゥルガー女神が現われるとしても、それは後世——いつ頃かを決めることは非常に困難である——の挿入部分においてであり、その後世に挿入された部分ですらドゥルガーはシヴァの妃と明記されていないのである。『マハーバーラタ』において、ウマーがシヴァの妃〔29〕とされていることはすでに述べた。このように、『マハーバーラタ』が編纂されつつある叙事詩の時代には、ドゥルガーによる大母神への統合の動きにもかかわらずウマーとドゥルガーとは別の女神であったと考えるべきであろう。

叙事詩に次いで、世界の創造、神々の系譜などを主題とするプラーナ文献が数多く編纂されたが、その中で、五、六世紀頃に編纂されたと考えられる『デーヴィー・マーハートミヤ』*Devīmāhātmya*（女神の偉大さ）が女神崇拝の歴史にとって、とりわけ大母神誕生の過程をあきらかに示すものとして重要である。これは大部な『マールカンデーヤ・プラーナ』*Mārkaṇḍeya-purāṇa*の一部（八一章—九三章）であるが、独立した内容を有するものであって、大女神の名前の一つに因んで「チャンディー」Caṇḍīとも呼ばれる。この書において大女神ドゥルガーはヒンドゥイズムの「大いなる伝統」の中に公然とその姿を現わす。そしてこの書は、今日に至るまで女神崇拝の根本聖典の一つである。

『デーヴィー・マーハートミヤ』では三つのエピソードが語られるが、いずれの揚合も、女神が誕生し、生まれた女神が神々の、あるいは人々の敵を打ち負かすという筋書きである。注目すべきは後の二つの話では女神は敵が一見して魅惑されてしまうほどに美しい姿をしていながら、凄惨な殺戮を行なうことである。つまりこの女神ドゥルガーは、「血を好む美女」なのであり、シヴァの膝でしなだれている妃ウマーとは少しばかり性格を異にする。第一の話（八一章）では、女神はヴィシュヌの「ヨーガの睡り」Yoganidrāをさます存在としての「大いなる幻」（マハーマーヤー）であって血なまぐさい戦いは行わない。しかし、女神はここで絶対的な威力を発揮して二人の魔神を殺す行為をヴィシュヌに行わせる〔30〕。

神あるいは英雄が魔神を打ち負かして人々を守る、またはその魔神が持っていた宝ものを持ってくる、というモティーフは世界の英雄神話に共通である。『リグ・ヴェーダ』においては英雄神インドラが敵ヴリトラを殺して水を解放した。インドラ、ヴィシュヌ、シヴァといった強い神々さえも手の下しようのなかった魔神ターラカを打ち負かすために、軍神スカンダがシヴァとウマーの子供として生まれてきた（『王子の誕生』）。

インドラやスカンダといった男神と同じ行為を、『デーヴィー・マーハートミヤ』においては女神が行なうのである。女性あるいは女神はかつて美しく、柔和な存在であった。戦場において兵士は女性を女性であるというだけの理由によって殺してはならなかった。しかし、『デーヴィー・マーハートミヤ』あるいはその後のプラーナやタントラ文献においては、これからわれわれが見るように、女神たちは男神の行なうよりもはるかにすさまじく、また残酷に敵を「血祭り」にあげる。しかも女神たちはその美しさを失わない。優しく美しい存在としての女性が、凄惨な殺戮によって世界を守るというパターンが女神崇拝の流行とともに強まってきたのである。

『デーヴィー・マーハートミヤ』の三つのエピソード〔31〕の内、第一のものは、二人の魔神マドゥ Madhuとカイタバ Kaiṭabhaをヴィシュヌが殺す話——女神は睡れるヴィシュヌを目覚ます役をする——（第一章、『マールカンデーヤ・プラーナ』では第八一章にあたる）、第二は、女神ドゥルガーが「水牛の姿をした魔神」マヒシャースラを殺す話（第二章—四章）、第三は、女神ドゥルガーが女神カーリー Kālīの助けを得てシュムバ Śumbhaとニシュムバ Niśumbhaという兄弟の魔神を殺す話である（第五章—一三章）。これらの三つのエピソードは、バラモン僧メーダス Medhasが王スラタ Surathaと商人サマーディ Samādhiに語るという形を取っている〔32〕。

ある時、戦いに敗れたスラタ王は国を追われ、独りで森をさ迷ううちに、聖者メーダスに会った。このバラモン僧の庵に留って悲嘆にくれていると、今度は商人に会った。商人は王に言う。「わたしは裕福な家に生まれましたが、妻と子供たちは財産に目がくらんでわたしを追い出したのです。無一文のわたしはここに来ましたが、子供や妻のことが心配でなりません。子供たちは無事でいるでしょうか」。王が驚いて「おまえを追い払った者たちのことを何故心配するのか」と尋ねると、商人が答える。「わたしもそのように思います。しかし、わたしの心は彼らを憎んでいないのです。わたしの心がどうして価値もない彼らを愛してしまうのかわたしにもわからないのです」。

王と商人は僧メーダスのもとに行き尋ねる。「わたしは王国を失ってもまだかの国をわたしのものだと思っています。わたしにはわかっているのですが、わたしは無知の者のように行動しています。これは一体どうしたことでしょうか。また、ここに居る商人は、自分の家族のものに捨てられたにもかかわらず、家族のものに愛着を感じています。このように、

図7・11＝女神マハーマーヤーの白描。この女神は左右の第一臂によって胸元で印相を結んでいるが、ダッカ博物館所蔵の像とは印相が異なっている［Bhattasali 1929：pl.LXIV］。カトマンドゥ盆地にて収集。

彼もわたしもとても不幸です。これは過ちであるとはわかっているのですが、利己心に心を苦しめられております。自分にはわかっておりながら迷妄の中に沈むとは一体どうして起きるのでしょうか」。

僧メーダスは答える。「鳥をごらんなさい。自分たちが空腹であっても、迷いの故に彼らは自分の雛の口端に穀物を入れるではありませんか。人間も良い報いが子供からもどってくることを望んで子供たちに執着しているのです。人は利己心に覆われた迷いの穴の中にマハーマーヤー Mahāmayā（大いなる幻）の力によって投げ入れられているのです（図7・11）。マハーマーヤーとは元来ヴィシュヌ神の「ヨーガの睡り」そのものであり、この力によって全世界が「迷わされて」います。女神マハーマーヤー［33］は力ずくで知ある者さえも引きよせ、彼らを迷いへと連れていき、またその迷いからめざめさせます。この世界はかの女神によって創造されました。女神が喜ばれると、人々に願い事を許されるのです。かの女神は解脱の原因であり、勝れた永遠の知であります。また女神はすべての神々の神であり、生類が輪廻に縛られる原因でもあります」。

ここで王が「マハーマーヤーと言われるその女神はどなたなのですか。どのようにして女神はお生まれになったのでしょうか。女神は何をなさったのでしょうか、女神はどのような御姿なのでしょうか」と尋ねる。この質問を受けて僧メーダスがエピソードを語りはじめるのである。

(1) マハーマーヤー(大幻)としての女神

「女神は永遠であり、この宇宙を御自身の姿とされておられます、この世界全体が女神の顕われなのです。そうではあっても、女神は様々な仕方で御自身の姿を現わされます。女神は永遠なのですが、聖なる目的を達成させるために姿を現わされるとき、世界にお生まれになると言われます。世界が乳海となってしまいヴィシュヌ神が「ヨーガの睡り」に入って蛇シェーシャの上で睡っていた時、かの有名で恐ろしい二人の魔神マドゥとカイタバがヴィシュヌの耳垢から現われて、ブラフマー神を殺そうとしました。生類の創造主ブラフマーはヴィシュヌの臍から生えている蓮華に坐っていたのですが、かの狂暴な魔神たちを見ると同時にヴィシュヌ神が睡っているのを見ました」。そこで、ブラフマーはヴィシュヌ神を目覚ますためにヴィシュヌ神の眼に居る女神に心を集中して女神を次のように讃美したのです、と語りは続く。

「この世界はあなたによって支えられている。あなたによってこの世界は創造され、守られている。女神よ、世界の終りの時にはあなたはこの世界を食べてしまう。創造の時には創造の姿をとり、世界の維持の時には持続の姿をとり、世界の終りの時には破壊の姿となる。あなたは原物質(プラクリティ、世界の原初的質料)であり、純質、激質、暗質という、三つの世界構成要素(guṇa)をつき動かす[34]。世界の創造者、維持者、破壊者を睡らせる。ヴィシュヌ、わたし、さらにシヴァをこの世に顕現させたのはあなたなのだ。それ故に、誰があなたを正しく讃美することができよう。女神よ、ヴィシュヌ神を睡りから起こし、これらの二人の魔神を殺そうと決心させてほしい」。

ブラフマー神にこのように讃えられて、「暗の女」(ターマシー)とも呼ばれるこの女神は、ヴィシュヌを目覚ますために、ヴィシュヌ神の眼、口、鼻、腕、心臓、胸から出て、ブラフマーの眼前に現われた。女神が去ったとき、ヴィシュヌは蛇の上に立ち上がり、二人の魔神を見た。ヴィシュヌは五千時間の戦いの後、かれらの首を円輪で切り落したのである。

『デーヴィー・マハートミヤ』の最初の主人公であるこのマハーマーヤーは、チャンディー Caṇḍīという別名で呼ばれていることもあるが、同じテキストですでにドゥルガーとも呼ばれており、後世になるに従ってドゥルガーの別形としての見方が定着した[35]。

(2) 水牛の魔神を殺す女神——マヒシャースラマルディニー

『デーヴィー・マーハートミヤ』第二のエピソードは、女神ドゥルガーが水牛の姿をした魔神を殺す物語であり、これがドゥルガー神話の最も重要な部分である[36]。

昔、神々(デーヴァ)と魔神(アスラ)とが戦ったことがあったが、マヒシャMahiṣaの卒いる魔神の軍隊が神々を破った。インドラ、アグニ、ヤマ等のヴェーダの神々は天界を追われ、シヴァとヴィシュヌのもとに助けを求めてきた[37]。神々から報告を聞いたヴィシュヌとシヴァは怒った。ヴィシュヌの口から、さらにはシヴァとブラフマーの口から激しい光輝(tejas)が出た。インドラや他の神々の身体からも光輝が放たれた。これらの光輝は、神々が見守る中で、燃える山のようになり、やがて一人の女神となった。シヴァの光輝から彼女の顔が生まれ、ヤマの光輝から彼女の髪が現われた。同様に、腕はヴィシュヌの光輝から、乳房は月のそれから、腰はインドラから、脚と腿はヴァルナから、尻は大地から、足はブラフマーという具合に神々の光輝から女神の身体のそれぞれの部分が生まれた[38]。

自分たちの怒りの熱から生まれた女神を見て神々は喜んだ。シヴァは自分の武器である三叉戟から別の三叉戟を引きぬいて女神に与えた。クリシュナは自分の円輪から別の円輪をひきぬいて与え、ヴァルナはホラ貝を、アグニは槍を、マールタは弓と矢の入った矢箭を、インドラは雷と鈴をそれぞれ与えた。ヴァルナはまた縄を、ブラフマーは水瓶を与えた。海は色あせることのない蓮華の花の環を送り、雪山（ヒマヴァット）は乗り物としてライオンと宝石を、クベーラは酒に満たされたカップを、蛇シェーシャは宝石のついた蛇の首飾りを与えたのである。

神々から讃えられ、武器や飾りを与えられて女神は吼えるような声をあげた。女神から発する光は世界をおおい、魔神たちとの戦いが始った。手下どもをすべて殺されてしまった魔神たちの王マヒシャと女神との戦いになると、山はくだけ、海の水は陸にあふれ、雲はちぎれ、天上の山々は地上に落下した。すなわち、水牛の姿をした魔神は、次々と姿を変えて戦った。水牛からライオン、そして人間、象、そして再び水牛の姿を採った。さらに水牛の口から人間の姿を半分出したとき、魔神は完全に殺されるのである。この後、神々が女神を讃えて第二のエピソードは終っている。

（3）二人の魔神シュムバとニシュムバを殺す女神

シュムバとニシュムバの兄弟に率いられた魔神たちの軍は、神々に打ち勝ち、彼らを天界から追い払った。神々は山の王である雪山（ヒマヴァット）のもとに行き、ヴィシュヌの幻力（マーヤー）である女神を讃えた。神々がガウリー、ダートリーDhātrī（支える者、創造者）、月光Indurūpiṇī、ナイルリティNairṛtī、ラクシュミー、ドゥルガーなどの名称で女神を讃えたところ、パールヴァティーがガンジス河の水の中に現われて、神々に尋ねた。「あなた方は誰を讃えているのか」すると、女神シヴァー・カウシキーŚiva-kauśikīがパールヴァティーの身体から現われて「神々はわたしを讃えているのです」と答えた。
シュムバとニシュムバの家来がこの女神を見て、シュムバに彼女の美しさを誉めた。シュムバは女神を自分の妻として招くべく使者を送った。女神は、自分を戦さで打ち負かさない限り妻とはならない、と使者に答える。

この、パールヴァティーの身体から現われた女神シヴァー・カウシキーはドゥルガーの別名であり、また彼女はチャンディカー、アムビカーとも呼ばれる。このドゥルガーは特にこの第三のエピソードにおいて様々な姿に身を変えたり、別の女神を生んだりして、シュムバ、ニシュムバ兄弟と戦うのである。恐ろしい女神カーリーもドゥルガーの顔面から生まれ、ドゥルガーを助けて戦う。この戦いについては後にカーリー女神の項で触れることにしよう。

これらの三つのエピソードを聞き終った王スラタと商人サマーディの二人は苦行をなし、河岸に女神像を造り、それを花、香、燈そして水で崇めた。この結果、王は亡びることのない王国を、商人は彼が望んだ知(jñāna)を与えられたのである。『デーヴィー・マーハートミヤ』最後の第一三章は「王スラタと商人サマーディに願い事を許す章」と名づけられている。

『デーヴィー・マーハートミヤ』は以上のように、男神たちも及ばないような力をふるう強い女神たちの活躍を語っている。とりわけ主要な男神たちからその力と武器とを与えられて誕生するドゥルガーの姿が印象的である。彼女はその力によって幾多の女神たちをわが身にひきつけ、大母神という複合体の中核となった。

ドゥルガーは、ウマーの揚合と同様、しばしば彫像に表わされた。ウマーが概して動きの乏しい像に表現されるのに較べて、ドゥルガーは、実に変化に富む動的な姿で像に表わされている。特に「水牛の魔神を殺す女神」(マヒシャースラマルディニー)としてのドゥルガーは、彫刻家たちの好んで選んだテーマであった。「水牛の魔神を殺す女神」像の中で最も古くからあり一般的な構図は、女神が牛の尾をつかみ、一方の足で牛の背を踏みつけ、シヴァから与えられた三叉戟でその牛をさし貫いているというものである。このような姿の女神像の中、最も古いのはウダヤギリ石窟の壁に見られるもので五世紀初頭と推測されている。ここに見られる二つの女神像は多臂であり、かなり複雑な構図を有しているが、一方、エローラに見られるドゥルガー像は同じ構図を有してはいるが、より簡素である。エローラには数体のドゥルガー像が存在するが片足で水牛を踏みつけ、右手に持った三叉戟で牛をさし貫くという構図を持つものが多い(第14窟、図7・12)、(第17窟、図7・13)[39]。第14窟は七世紀前期、第17窟は六世紀中、後期に造営されたと考えられている[40]。

図7・13に顕著であるが、女神の左手は水牛の鼻を押さ

図7・12＝水牛の魔神を殺す女神（マヒシャースラマルディニー）。右手に持った武器三叉戟で水牛の背を刺していたと思われるが、三叉戟の下部は欠損している。女神の乗り物であるライオンが水牛の尻にかみついている。エローラ第14窟。

図7・13＝水牛の魔神を殺す女神（マヒシャースラマルディニー）。図7・12と同様の構図である。エローラ第17窟。［Berkson 2004: 244］

え、その獣を窒息させようとしていると思われる。おそらくこれは正統バラモンが血を嫌ったので血を流すことなく殺す方法を示しているのであろう。古代バラモン教の犠牲祭では動物を窒息させて殺していたという。

アイホーレAiholeのシャイヴァ窟（ラーヴァナパディ窟）のドゥルガー像も同種の構図を有している。しかし、図7・13に見られるようには、鼻を押さえてはいない。これらのドゥルガー像はシヴァ神に捧げられた窟に彫られていることはあっても、シヴァ神とともに、たとえば妃ウマーがシヴァの膝に乗っているというように、造られることはない。後世ドゥルガー女神もシヴァの妻であると考えられるに至るが、少なくとも図像の上ではドゥルガー像、特に「水牛の魔神を殺す女神」は、今日も、たとえばカレンダーの口絵にというようにして、その独自の構図を守りつづけている。また、エローラなどに見られるこれらのドゥルガー像が円輪を左手に持っていることも重要である。女神は神々から様々な武器を受け取るのであるが、特にヴィシュヌの持物である円輪やホラ貝がドゥルガー像に通常みられる。これはドゥルガーがヴィシュヌとも深い関係にあったことを示していると思われる。特に、六〇〇年頃から九世紀初頭まで勢力のあったパッラヴァ朝のドゥルガー像にはヴィシュヌとの結びつきが顕著である［41］。

アイホーレのドゥルガ寺のドゥルガー像（図7・14）は左脚の部分が欠けているにもかかわらず、その動的な美しさを失っていない［42］。複雑な髪形をし、円輪、鈴、ホラ貝を持ち三叉戟で水牛の首を刺すこの像は、六世紀中葉から八世紀中葉にかけて統治した、前期西チャールキヤ朝の王たちによって造られたと言う［43］。バーダーミBādāmi窟院のドゥルガー像もまたチャールキヤ朝の彫刻を代表するものである（図7・15）［44］。

七世紀の終り（たとえばママッラプラムMamallapuram）から八世紀（たとえばパッタダカルPattādakal［45］、ムカリンガムMukhalingam）においては、かの魔神はしばしば牛頭人身という姿で表わされる［46］。牛頭人身の魔神を殺す構図は、ブヴァネーシュヴァルBhuvaneśvarのヴァイタール・デウルVaitāl Deul（八世紀後半の作品、図7・16）［47］およびコルカタのインド博物館（図7・17、7・18）に見られる。また、八世紀に入るとアラムプールAlampūr博物館のドゥルガー像に見られるように［48］、人間の姿をした魔神が頭を切り落された牛の首から出てきて、その魔神の片方の脚はまだ牛の首の中に入っているという構図に出会うのである。この構図は後世オリッサ、ビハール、ベンガル地方で人気があった［49］。

コルカタのインド博物館にもこの構図のおおきな浮き彫りがほぼ完璧なかたちで残されている（図7・19―7・22）。

図7・14＝水牛の魔神を殺す女神（マヒシャースラマルディニー）。女神は右の第二臂に円輪、左の第二臂にホラ貝を持つが、この二つのシンボルは元来ヴィシュヌのものであり、この女神とヴィシュヌとの関係を語っている。ドゥルガ寺、アイホーレ石窟、アイホーレ。

図7・15＝水牛の魔神を殺す女神（マヒシャースラマルディニー)。左手で尾をつかんで水牛をつるしながら右手の三叉戟で水牛を刺すという構図は後世よく知られるようになった。バーダーミ石窟。左手で水牛の尾をつかむポーズは、カトマンドゥ盆地で特に有名である。[立川 1990：Nos.149,303]。

図7・16＝水牛の魔神を殺す女神（マヒシャースラマルディニー）。ヴァイタール・デーウルVaitāl deul寺、ブバネーシュヴァル、オリッサ。

図7・17＝水牛の魔神を殺す女神（マヒシャースラマルディニー）上部。エローラ、アイホーレ、ウダヤギリ石窟などに残るこの女神の姿は、均整がとれた力強い女性の身体のモデルをインドの芸術家たちが求めた結果である。この図版に見られる女神像もそうした造形活動の一つの頂点であるといえよう。鋭くくびれた胴や堅くのびた腕は、図7・4、7・5の「あでやかな母」には見られないものである。右手に持つ三叉戟、まっすぐな剣、円輪は縦に並び、左手の弓、わずかに曲がった刀なども水牛の頭を押さえる左腕に平行しているが、このような武器の持ち方は魔神を殺す女神の動きに力強さを与えている。インド博物館、コルカタ。

図7・18＝水牛の魔神を殺す女神（マヒシャースラマルディニー）下部。女神がふりおろす三叉戟は魔神の身体の中央を貫き、女神の右脚の「線」は魔神の左脚の指先へと流れている。魔神の左腕は女神が左手に持つわずかに曲がった刀が並ぶ線と平行する。このようにこの作品は女神の力強さを強調するために縦の線が効果的に用いられている。一方、女神の丸い胸と横に突き出した右腿がそれらの縦の線を破って作品全体にほどよい調和をもたらしている。インド博物館、コルカタ。

図7・19（左）＝水牛の魔神を殺す女神（マヒシャースラマルディニー）。図7・18と同様、コルカタのインド博物館を代表する作品である。四角い枠の中に一〇臂の女神が、水牛の首から現れた魔神を殺す様を収めている。広く厚い胸、大きく開かれた太い腿、武器をふりかざす腕などは、この女神の女性らしさというよりは勇猛さを表している。この作品は全体としては浮き彫りであるが、奥行きがあり、女神の右脚、ライオンなどは彫りおこされている。一〇世紀頃、インド博物館、コルカタ。

ヒンドゥー正統派の者たちにとって、水牛は良くないイメージをもっており、魔神の姿として捉えられることが多い。因みに、水牛と牛とは異なった種に属している。古代・中世の日本では水牛と牛との区別が時として曖昧になるが、インドでは混同されることはない。

図7・20（次頁上）＝水牛の魔神を殺す女神（マヒシャースラマルディニー）。図7・19の上部。頭部背後の両側ではね上がる髪飾りは、インド大陸中央部、北部の女神像ではほとんど見られない。南部の女神にはいわゆるレゲエ・タイプの髪束が上方に伸びてから降りてくることが多い。この女神の左右の後頭部からは編んだ一条の髪が伸びており、南部の女神の髪形と共通する要素が見られる。また頬骨が張った顔や編んだ髪が顔面の左右に流れるのは、アンコール遺跡の像を思わせる［Albanese 2002: 116］参照。

図7・21（次頁下）＝水牛の魔神を殺す女神（マヒシャースラマルディニー）。図7・19の下部。女神の左の下から二番目の手は魔神の髪をつかんでいる（図7・22参照）。

図7・22＝水牛の魔神を殺す女神（マヒシャースラマルディニー）。女神は魔神の髪をつかみながら闘うイメージは現代においても人々の間に見られる。図版は1974年に出版された『サプタシャティー』（『デーヴィー・マーハートミヤ』）の挿絵である [Caudhari 1974：pl.3]。

ドゥルガー女神の三叉戟にさし貫かれるのが牛頭人身の魔神ではなく、頭も人間の姿をしている場合もある。この者は第三のエピソードに登場する魔神ニシュムバであり、彼を殺す女神は「ニシュムバスーダニー」Niśumbhasūdanī（ニシュムバを殺す女神）と呼ばれる。南インドではパッラヴァ朝（六世紀後半から九世紀末）およびチョーラ朝（九世紀以降一二世紀後半まで隆盛）、この構図のものが多く造られた［50］。タミルナドのタンジョール地方のヴィラカリアッマンVirakaliamman寺にはチョーラ朝のヴィジャヤーラヤVijayālaya王（850-870）が聖化したニシュムバスーダニー像が残っている［51］。デリー国立博物館やデリーのクラフト・ミュージアムなどにもニシュムバスーダニーと思われる彫像がある［52］（図7・23、7・24）。

パッラヴァ朝およびチョーラ朝期の南インドにおいては、さらに別の姿のドゥルガー女神像も人気があった。それは、切り取られた水牛の頭の上に「勝利の喜びに酔って」立つものである（図7・25、7・26）。この構図の像は初期チョーラ朝（八六六—一〇一四）に多く見られる［53］。

南インドの「水牛の魔神を殺すドゥルガー」の像について語るとき、マハーバリプラム Mahābalipuram のマヒシャースラマルディニー・マンダパ Mahiṣāsuramardinī-maṇḍapa の右壁に見られる浮き彫り（図7・27、七世紀）を無視することはで

図7・23＝魔神ニシュムバを殺す女神。『デーヴィー・マーハートミヤ』第三エピソードに基づいた作品である。魔神のシュムバとニシュムバ兄弟は女神ドゥルガーの美しさに魅せられて「自分の妻になれ」と要求したほどであるから、この女神は『デーヴィー・マーハートミヤ』では美女として描かれている。この図版の作品では牙もあり、いわゆる美女ではない。しかしこの女神の座り方、三叉戟の武器などから判断してドゥルガーと思われる。水牛は見られないので、ニシュムバを殺す女神像と思われる。上の左手の印は驚きあるいは秘密を表す仕草（vismaya-hasta）であろう。女神がどのような意図でこの仕草をするのかは不明である。デリー国立博物館。

図7・24（前頁）＝魔神ニシュムバを殺す女神。逆立った髪はこの女神が激しい力を発揮していることを表している。図7・22の場合と同様、魔神ニシュムバは横に倒された姿で表現される。水牛の魔神が殺される姿はニシュムバのように横に倒されることはない。マハーバリプラム。

図7・25（上）＝水牛の魔神を殺す女神（マヒシャースラマルディニー）。切り取られた水牛の首の上で誇らしげに踊る女神の姿は特に南インドにおいて有名である。この図版の浮き彫りは南インドのチェンナイ（マドラス）のホテルのロビーに掛けられている。

図7・26（下）＝水牛の魔神を殺す女神（マヒシャースラマルディニー）。切り取られた水牛の首の上に立つこの像は、マハーバリプラムの五つのラタ（車）を象った建造物の一つ、ドラウパディー・ラタ（ドゥルガー祠堂）の背後に見られる。

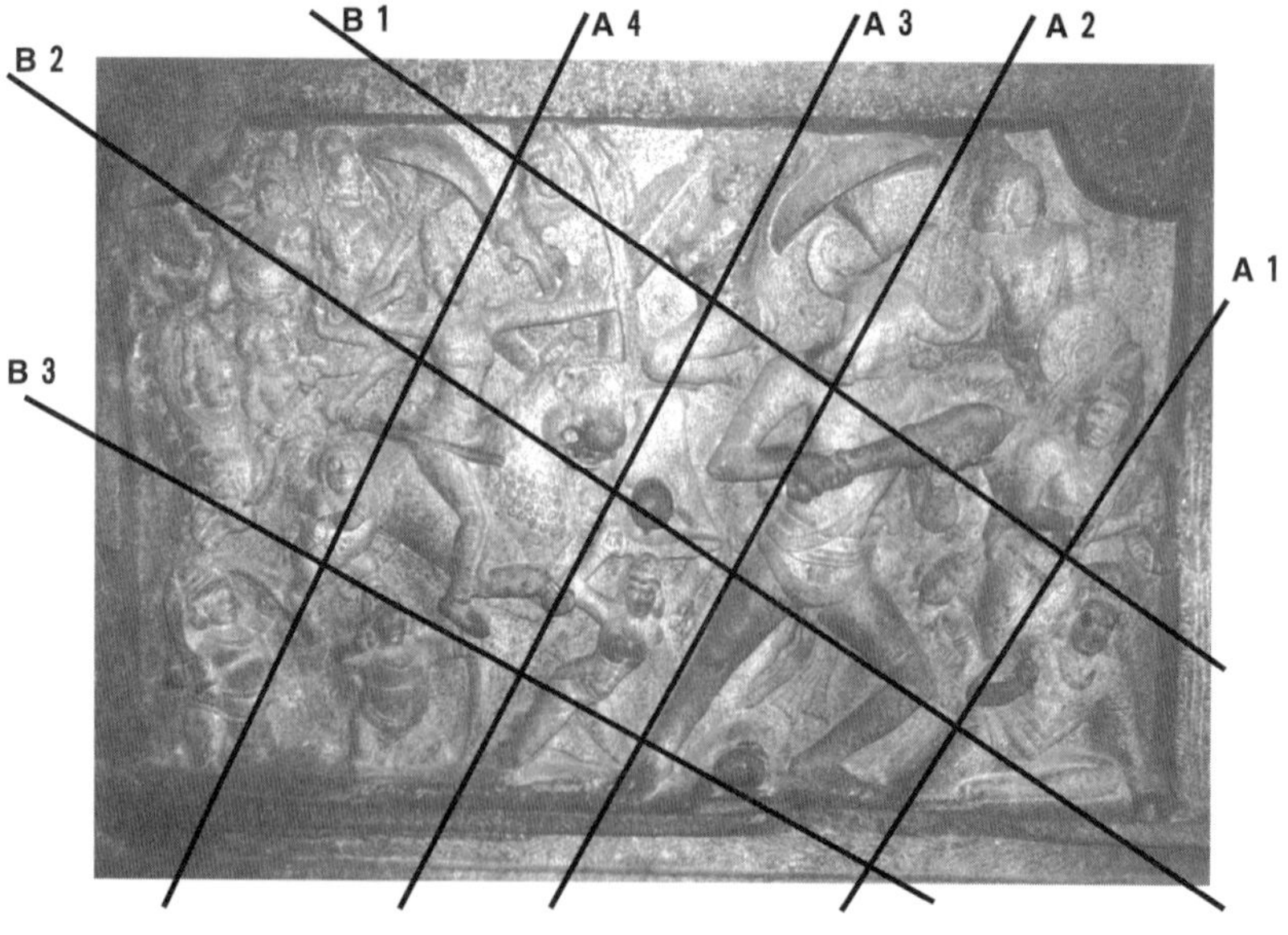

図7・27a（上）＝水牛の魔神を殺す女神。マハーバリプラム。この四角いパネルの構図は、上方の右から下方の左へと引かれた導線（A）と、向かって左の上方から右の下方へと引かれた導線（B）によって成り立っている。図7・27b（下）に見られるように幾本かの平行するA線（A1—A4）とB線（B1—B3）を引いてみると、このパネルの構図がより鮮明になる。魔神たちが追いつめられていく様子と女神たちが攻勢に出る様子がはっきりとする。全体の構図が右下へと流れているが、ひとり女神だけは身体を垂直に保っている。このことが女神の力強さを際立たせている。

きない［54］。ライオンに乗って弓をつがえる女神から逃げようとするのか、牛頭人身の魔神は自分の武器である棍棒を両手でささえ、女神に背を見せて、ふり返っている。逃げようとしている魔神やその手下ども、攻勢に出る女神やその家来、この二つのグループの動きが実に見事にひとつの長方形の中に収まっている。

　水牛の魔神を三叉戟で貫くわけでもなく、ライオンに乗るわけでもないドゥルガー像も存在する。そのような場合には、手に三叉戟を持った単身像であるか（図7・28、7・29）、あるいはまた供養者に囲まれていたりする。後者の例はマハーバリプラムのヴァラーハ・マンダパ Varāha-maṇḍapa の後壁右に見られるドゥルガー女神像である［55］。ここでは、一人の供養者が自分の首を斧で切り落とさんとしている。これはドゥルガー女神に対する人身御供の場面を描いていると考えられる。ドゥルガーに対して人身御供が実際に行なわれたことは多くの資料が証明するところである。南インド、ネーッローレー Nellore地方のマッラム Mallamで見つかった石には、切り落とした自分の首を捧げ持つ人の姿が彫られている［56］。

図7・28＝ドゥルガー。髪は逆立ち、三叉戟を持ち、二匹のライオンの上に坐す。単身のドゥルガー像の一典型である。六世紀、ジャドール、ラジャスタン、デリー国立博物館。

　またドゥルガーの九体の化身が一つのグループを作ることがあり、ナヴァ・ドゥルガー（九体のドゥルガー）と呼ばれる。口絵・10は、中央にドゥルガー、上段に向かって左からシャイラパトラー Śailapatrā　スカンダマーター Skandamātā、カートヤーヤニー Kātyāyanī　マハーガウリー Mahāgaurī、下段に向かって左からカシュマンダー Kaśmaṇḍā、ラートリー Rātrī　カーララートリ Kālarātriおよびチャンドラガンター Candraghaṇṭāが並ぶ。中央のドゥルガーは虎に乗るが、虎に乗るドゥルガーは一般にアムビカー Ambikāと呼ばれる。中央のドゥルガーの周囲八方に他のドゥルガーがマンダラ形式に配されてナヴァ・ドゥルガーのグループがイメージされることが多い。もっとも九体のドゥルガーは地域や伝統によって一致していない［57］。

図7・29＝ドゥルガー。図7・28と同様、髪を逆立てており、恐ろしい女神であることを表現している。デリー国立博物館。

図7・30＝ドゥルガー。カトマンドゥ盆地ではドゥルガーはマッラ朝の守護神タレジュと同一視されており、ネパールのヒンドゥー教ではシヴァやヴィシュヌと並んで有力な存在である。水牛の魔神を殺す女神の像は盆地には極めて多い（[立川 1990 : 135,177,256,257] 参照）。図版のドゥルガー像は、ブラウスとスカートを身に着け、柔和な姿で表現されており、魔神を殺す女神とは異なる性格を示している。19世紀、カトマンドゥ、ネパール国立博物館、チャウニー地区。

血を好むカーリー女神

ふり上げた一つの右手に血のりの着いた剣を、他の右手には三叉戟を、また別の左手は切り取られた生首を持ち、その生首から流れ落ちる血を受ける頭蓋骨をすぐ下の左手が持っている。首からは切り取られた人頭をつないで作った環がかけられ、同じく切り取られた手が並べられてスカートとなって腰を覆っている。宝冠に飾られた黒い髪は背を覆い、くるぶしまで流れている。青い肌には腕輪、足輪、真珠のネックレスが光っている。宝冠には元来シヴァ神がつけている三日月の飾りがついており、口からは長く赤い舌を出している。右足は睡っている夫シヴァの胸の上に置かれている。

女神カーリーのこのような絵は、今日、インドのいたるところに売られており（図7・31）、また一般の家の壁に貼られて崇拝の対象となっているが、こうしたカーリーのイメージは、この女神が、インドで、千数百年以上もの時の中で、その性格、職能、図像学的特徴を様々に変化発展させてたどりついた結果を示している。カーリーは、ベンガル地方で特に崇拝されてきた女神であるが、今日では一地方の女神という性格を越えて、全インドによく知られている。コルカタ（カルカッタ）のカーリーガート寺院の本尊は、村の神であったカーリーの姿を留めている（図7・32）。

元来アーリア人の宗教では血のしたたる生首、頭蓋骨といったものが重要な役割を果たすということはなかった。非アーリア人の宗教の要素がバラモンを中心としたアーリア人の宗教の中に吸収されるに従って、つまり、ヒンドゥイズムにおいてタントリズムが定着するに従って血、骨というものが重要な役割を担うことになったのである。カーリー女神の場合がまさにそれで、この女神はヴェーダ文献の中では全くと言ってよいほど現われない。この女神に関して一定の神話が繰り返し語られるのは、叙事詩およびプラーナの時代になってからである。もっともわれわれはこの女神がプラーナの時代以前にも知られていたことの証拠を、わずかではあるがヴェーダ文献に見ることはできる。『ムンダカ・ウパニシャッド』*Mundaka-upanisad* (1.2,4) には、彼女は火神アグニの七つの舌の名前の一つとして現われている。D・R・キンズレーが指摘するように、カーリーは後世、破壊や火葬場と結びつくから、この古い文献にみられるこのようなかたちが後に充分発達するカーリー女神の原型と考えられるかもしれない[58]。しかし、アグニの七つの舌の一つとしての女神がどのように発展して主要な女神となったかを跡づける資料は残されてはいない[59]。

ヴェーダの宗教がカーリーに似た女神を知らなかったわけ

ではない。ヴェーダの宗教におけるニルリティ Nirṛti 女神は、死、破壊、悲しみの人格化であった。彼女は黒い着ものをきて、青黒い肌の色をしている(*Taittirīya-brāhmaṇa*, I.6.1.4)。このようにニルリティはカーリーと類似しているが、両者には重要な差異もある。カーリー女神は軍神として働き、血の犠牲を受けるが、ニルリティにはそのようなことはない。カーリーは通常裸であり、舌を出し、牙のような歯をみせるが、ニルリティは衣を纏っている。カーリーは黒い髪を流しているが、ニルリティは『アタルヴァ・ヴェーダ』(V.7.9)によれば「金色の捲き毛」を有している。このように重要な違いがあるので、ニ

図7・31＝カーリー。夫シヴァの胸の上に右足を乗せているが、これはこの女神の勢力がシヴァのそれを凌いだことを、また舌を出しているのは、犠牲の生血を要求していることを表している。コルカタで入手した葉書の絵。口絵・7参照。

図7・32＝カーリーガート寺院のカーリー。三眼で長い舌を有する。高さ数十センチの像であるが、この前には常に多数の信徒たちが参拝している。

ルリティがカーリーの原型と考えることには疑問がある〔60〕。

『マハーバーラタ』の中では、カーリーは二、三の箇所に現われるのみである。第二巻(11,29)では、彼女はブラフマーの天に住むものたちの一人として登場する。第九巻(45,11:13)において、バドラカーリー Bhadrakālī とカーリカー Kālikā とが、軍神カールッティケーヤが魔神ターラカを打ち負かすために出陣する際に同伴した「母たち」の中の二人として現われる。この「母たち」は美しく、また恐ろしく、樹木、洞窟、山、火葬場などに住むと言われている〔61〕。

『マハーバーラタ』におけるカーリーに関する最も重要な叙述は、第一〇巻(8,65-68)に見られる。睡っていたパーンダヴァの軍勢がカウラヴァの戦士たちに亡ぼされてしまった後に、女神カーリーが現われる。彼女の肌は黒く、口は血に染まり、髪は乱れ、手には亡んだ軍隊を運んで行くための縄を持っている〔62〕。このように『マハーバーラタ』では、カーリーはすでに死、破壊との結びつきを得ており、血の儀礼を好むものとして現われるが、ここではまだ後世におけるようにシヴァの妃とみなされているわけではなく、ヒンドゥーのパンテオンの中で重要な位置をまだ確立していなかった。

『デーヴィー・マーハートミヤ』において、カーリー女神はヒンドゥイズムの「大いなる伝統」の中に公然と姿を現わす。『デーヴィー・マーハートミヤ』は、すでに見たように三つのエピソードからなっている。われわれは初めの二つのエピソードにおいて大女神ドゥルガーが魔神カイタバとマドゥ、さらには水牛の姿をした魔神マヒシャースラを殺すのを見た。第三のエピソードでは、ドゥルガーは魔神シュムバとニシュムバの兄弟を打ち負かすが、カーリーが現われるのはこの最後のエピソードにおいてである。

この魔神の兄弟は神々を圧し、今や世界を支配しようとしている。神々はこぞって、困ったときには助けようと以前約束してくれた大女神に嘆願に行く。大女神はシヴァ神の優美な妻パールヴァティーの姿を採って現われ、神々の嘆きを鎮め、魔神兄弟との戦いに赴く。女神がまず相手にした敵は、かの兄弟の手下であるチャンダCaṇḍaとムンダMuṇḍaであった。「ライオンの背に微笑みながら乗っていた」(DM, VII,2)ドゥルガーは敵が近づくのを見ると、怒りの声をあげ、怒りのために彼女の顔はインキのように黒くなった。彼女の顔から恐ろしい顔をしたカーリーが突如として現われた。カーリーは剣と縄を武器とし、頭蓋骨を先端につけた色とりどりの棒を持ち、頭蓋骨の環を肩から掛け、虎の皮を身に纏い、骨ばかりになった身体の故に見る人をぞっとさせる。口を大きく裂き、舌を恐ろしく垂れ下げ、目を血ばしらせ、天空を叫び声で満たした(VII,4-8)。この女神は口にくわえ、顎でかみ砕いて敵の軍隊を亡ぼしていった。「女神はチャンダに突進し、髪をつかみ、首を剣で切り落した。ムンダはチャンダが地に倒れたのを見ると、女神めがけて進んでくるが、彼もまた怒った彼女の新月刀に打たれて大地に倒れた」(VII,19-20)。カーリーはチャンダとムンダの首をドゥルガーに高笑いしながら差し出したのだった(VII,22-23)。

チャンダとムンダが殺されると、魔神ラクタビージャRaktabījaが大女神と戦うためにつかわされてきた。この魔神が傷つき、血を流し始めると、その血からたちまち彼と等しい力を持った魔神たちが現われるのだった。ドゥルガーが魔神たちを矢で倒し、刀で切るごとに事態はますます悪くなった。大女神から応援を求められたカーリーは、巨大な口を開け、血から生まれた怪物たちを飲みこみ、さらにラクタビージャの傷口から血を飲んだ。カーリーは魔神から最後の血を吸い取って殺してしまうのである。

このようにしてカーリーはヒンドゥー・パンテオンの重要な一員となった。彼女は怒りから生まれ、恐ろしい形相をしており、好戦的で、血を好み、破壊、殺戮に喜びを見出す「死を愛するもの」(ネクロフィラス)である。キンズレーは『デーヴィー・マーハートミヤ』におけるカーリーの性格を次のように規定している。「彼女は大女神ドウルガーに仕えるものであり、特別な困難に際して大女神を助けたり救ったりするために呼び出される。カーリーは大女神から生まれ出て、最後には大女神の中へと帰っていくものである[63]」。

今日、インド特にベンガル地方に見られるカーリー女神のイメージは『デーヴィー・マーハートミヤ』におけるそれからほとんど変化していない。しかしながら、今日ではカーリーは、この地方のみならず全インド、ネパールにおいて、ドゥルガーに仕えるものではなく、ドゥルガーから独立した勢力を得た。血を好むカーリーが、後にタントリズム、特にシヤークタ派（性力崇拝者）において重要な役を果たしたことは、この女神がヒンドゥー・パンテオンにおける最も力のある神の一人となったことに大いに寄与したと思われる。

その一方でカーリーは後世シヴァの妃となり、ドゥルガーもまたシヴァの妃となったので、カーリーもドゥルガーとともに大女神（デーヴィー）の二つのあらわれであると考えられるようにもなった。

カーリーの像は、ドゥルガー像ほどではないが、多く残されており、今日も盛んに作られている。犠牲の生血を要求するカーリーは一般には恐ろしい姿で表現される。例えば、髪を逆立たせたり、牙をみせたり、あるいは蛇を握ったイメージで表現されることが多い（図7・33―7・36）。しかし、特にベンガル地方で今日見られるような、あお向けに寝るシヴァ神の上で刀を振りあげ舌を出したカーリー女神の石像、あるいはブロンズ像は、一三世紀までには見られないか、あるいはきわめて少ない［64］。また、図7・37に見られるように不気味なイメージではなく、パールヴァティーのような優美な女神として表現されることもある。

図7・33（上）＝カーリー。逆立った髪、二本の左手に持つ索と頭蓋骨杯、ひきしまった腰、突き出たような膝から、この女神が恐ろしい性格を有していることがわかる。デリー国立博物館。
図7・34（次頁）＝カーリー。右の上の手は棍棒（？）と下の手は三叉戟を持つ。左の上の手は索を、下の手は持物を欠いているが、おそらくは頭蓋骨杯を持っていたのであろう。髪は逆立ち、牙を見せている。12世紀、南インド、デリー国立博物館。

図7・35（上）＝カーリー。右手にはダマル太鼓と剣、右手には三叉戟と頭蓋骨を持つ。蛇が頭部の上部と胸の上の身体にまきつき、飾りとなっている。髪は逆立っていないが、牙はつき出ている。9世紀、南インド、デリー国立博物館。
図7・36（次頁）＝カーリー。横に並んだ小さな頭蓋骨が女神の髪を飾り、右手には蛇、三叉戟、切りとられた人間の首、左手には棍棒、水瓶、切りとられた人間の首を持つ。異常に大きな口もこの女神の恐ろしさを際立たせている。7-8世紀、マドゥヤプラデーシュ、デリー国立博物館。

5

カーリー女神は時代が下るにつれて全インドさらにはネパールなどでも尊崇されるようになった。ネパールのカトマンドゥ盆地では、カーリーはドゥルガーと同一視されるほどの勢力を保っている。

図7・38は、カトマンドゥ盆地で描かれた「あらゆるものの姿を採った」（ヴィシュヴァ・ルーパ）カーリーである。「あらゆるもの」とは、ここでは神が採りうるあらゆる姿、形、したがって宇宙（世界）を意味している。カーリーやドゥルガーの像は日本にはまったく伝わっていないわけではないが、きわめて稀である。

図7・37（上）＝カーリー（中央）。ここではカーリー女神は優美な姿の女神として表現されているが、このようなことは珍しい。写真の向かって左は男神カーラ神、つまり死神である。「カーラ」とは時間、終りの時間、死を意味する。エローラ第16窟。

図7・38（次頁）＝あらゆるものの姿を採ったカーリー（ヴィシュヴァ・ルーパ・カーリー）。女神は多くの臂（手）にさまざまな持物を持っており、この女神が採るあらゆる姿を指し示している。ヴィシュヴァ・ルーパ（本書一一六参照）は、ヴィシュヌ神が採ることが多いが、ここではカーリーがヴィシュヴァ・ルーパの姿で描かれている。これはカーリーがベンガル地方の「小さな伝統」を越え、「大いなる伝統」の中に受け入れられ、さらには「大いなる伝統」を代表する神格となったことを表している。ネパール国立博物館、チャウニー地区。

七母神（サプタ・マートリカー）

「七人の母神」Sapta-mātṛkāに対する崇拝は、紀元後早い時期に現われた［65］。七母神とは、元来は名もない地母神のグループであったが、当時有名であった男神それぞれの妃とみなされた母神のグループである（図7・39）。ブラフマーニーBrahmāṇī（図7・40）は、ブラフマーの妻であり、四面で――ブラフマーは四面である――白鳥に乗り、身体は黄色である。マーヘーシュヴァーリーMāheśvārī（シヴァの妻）は、しばしば五面十臂を有し、マヘーシュヴァラつまりシヴァと同様牛に乗り頭に三日月を戴く。処女神カウマーリーKaumārī（クマーラKumāraのパートナー）は、孔雀に乗る［66］。ヴァイシュナヴィーVaiṣṇavī（ヴィシュヌの妻、図7・40）は、身体は青く、ガルダ鳥に乗る。ヴァーラーヒーVārāhī（ヴァラーハの妻、図7・41、7・42）は、野猪の顔をし、腹を突き出し、身体の色は黒く、水牛に乗る。マーヘーンドリーMāhendrīあるいはインドラーニーIndrāṇī（インドラの妻）は、金色の身体を有し、象に乗り、手には雷（あるいは金剛）、縄、瓶、蓮華などを持つ。最後のチャームンダーCāmuṇḍā（ヤマの妻）は歯をむき、舌は長く出し、髪を逆立て、身体は痩せて骨ばかりであり、バニヤン樹(vata)の下に住み、死体の上に坐り、フクロウを乗り物としている（図7・43、7・44）。頭蓋骨の環や蛇を飾りとすることが多い。このチャームンダーは、ドゥルガーと同一視されることもある［67］。その場合には、シヴァの武器である三叉戟を持ち、ライオンを連れていることが多い［68］。このように七母神はそれぞれの夫あるいはパートナーの身体の色、持ち物、乗り物などを同じくしている。女神たちそれぞれの臂の数は、シヴァやヴィシュヌなどの臂の数が一定していないのと同様、様々である（口絵・9）。

『デーヴィー・マーハートミヤ』においては、彼女らは女神チャンディー（ドゥルガー）を助けて活躍する。ブラフマーニーは、自分の瓶から水をふりまいて魔神たちを力なきものとし、マーヘーシュヴァリーとヴァイシュナヴィーはそれぞれ三叉戟と円輪を用いて彼らを亡ぼす。カウマーリーはシャクティ（力）と呼ばれる槍で彼らを殺す。雷を使ってアインドリーは多くの魔神を殺し、ヴァーラーヒーは鋭い牙で魔神たちの腹を裂く。魔神たちは、母神たちを従えたチャンディー（ドゥルガー）の身の毛もよだつ笑い声に恐怖を覚える［69］。

七母神の中には「ヴィシュヌの妻」（ヴァイシュナヴィー）と呼ばれる女神などが含まれているが、グプタ朝崩壊後女神崇拝が定着した時期には、七母神全員がシヴァの妻あるいは彼の一族(gaṇa)に属するものとなったのである。

七母神については先に述べたチャンディーを助けて戦う場

図7・39（上）＝七母神とシヴァ。右端つまり向かって左端にシヴァ、その左に順にブラフマーの妃（ブラフマーニー）、シヴァの妃（マーヘーシュヴァリー）、シヴァの息子の女性パートナー（カウマーリー）、ヴィシュヌの妃（ヴァイシュナヴィー）、ヴィシュヌの化身ヴァラーハの妃（ヴァーラーヒー）、インドラの妃（インドラーニー）、ヤマの妃（チャームンダー）が並ぶ。七母神のそれぞれが命名された時代には、第一にブラフマー、第二にシヴァ、第三にヴィシュヌ、続いてインドラ、ヤマというようなヒンドゥー・パンテオンの中のランキングが定められていたと思われる。右に位置するということは、左のものより高い位階にいることを意味する。シヴァが七母神の右にいることは、後世、七母神崇拝がシヴァ崇拝の中に収められたことを示している。10世紀、北インド、デリー国立博物館。
図7・40（下）＝カウマーリー（右）、ヴァイシュナヴィー（中央）、ヴァーラーヒー（左）。カウマーリーはクマーラの持ち物である短槍（シャクティ）を持ち、孔雀に乗る。ヴァイシュナヴィーは棍棒と円輪を持ち、ガルダ鳥に乗っている。ヴァーラーヒーは右手にローヒタ魚を持ち、水牛を乗り物としている。10世紀頃、マトゥラー博物館。

面が有名であるが、彫像としては多くの場合、乳児を抱いた柔和な母として並んでいる。七母神崇拝の源流が古代の母神崇拝であろうことが窺われる。エローラの第14窟では七母神はすべて優美な女性として表わされ、他の多くの七母神像と同様、七母神を囲んで左にシヴァ、右にシヴァの息子ガネーシャが居る［70］。後世、ネパールなどでは七母神にマハーラクシュミー Mahālakṣmī（あるいは、ヴィヤンギニー Vyangini シンヒニー Siṃhinī）が加えられて八母神（アシュタ・マートリカー Aṣṭa-mātrikā）となった［71］。建造物の四方の壁あるいは屋根を支えるほおづえに浮き彫りとして表現されることが多い。七母神は寺院の建物が意味する世界あるいはカトマンドゥやカトマンドゥの東十数キロの地点にあるバクタプールといった町の守護神と考えられた。

図7・41＝ヴァーラーヒー。ドクロの付いた棍棒を持ち、左の手で子供を抱く。インド博物館、コルカタ。

図7・42（上右）＝ヴァーラーヒー。この作品の構図は水牛の魔神を殺す女神のそれである（図7・19参照）。野猪の顔をした女神（亥母）は、彼女の乗物である水牛に乗り、魔神と闘っている。バクタプール旧王宮広場、カトマンドゥ。

図7・43（上左）＝チャームンダー。骨と皮ばかりの身体、こけた頬、腹部に彫られたサソリ。これらはチャームンダー像の一般的な特徴である。この女神はバニヤン樹の下に住むといわれているが、女神の背後にあるバニヤン樹の枝には人の首があたかも実であるかのようにぶらさがっている［立川 1990:268］参照。一一―一二世紀、デリー国立博物館。

図7・44（下右）＝チャームンダー。この女神は、図7・43に見られるように骨と皮ばかりの身体で表現されるのが一般的であるが、この図版のチャームンダーは、豊満な肉体を有している。左の手のひらをこちらに見せる仕草は、「畏れるな」という意味の印（施無畏印）である。パッラヴァ朝、九世紀、南インド、デリー国立博物館。

バクタプールの旧王宮広場にあるクリシュナ・マンディル本堂の四方の壁には八母神の像が彫られている（図7・45）。本堂の正面である東面の向かって右端から右回りにブラフマーニー（図7・46）、東面向かって左端にマーヘーシュヴァリー（図7・47）、南面向かって右端にカウマーリー（図7・48）、左端にヴァイシュナヴィー（図7・49）、西面向かって右端にヴァーラーヒー（図7・50）、左端にインドラーニー（図7・51）、北面向かって右端にチャームンダー（図7・52）、左端に第八の母神であるマハーラクシュミー（図7・53）の浮き彫りが見られる。女神たちはそれぞれ神話上の海獣マカラの大きく開かれた口から生れている。マカラには創造力があり、マカラから神々や花などが生れる図はインド、ネパール、カンボジア、バリでよく見られる。

図7・45（上）＝八母神の浮き彫りのあるクリシュナ・マンディル本堂。本堂一階の四面それぞれの両端に母神の浮き彫りがはめこまれている。図版は本堂北面を示している。バクタプールの旧王宮広場。

図7・46（次頁右上）＝海獣マカラから生まれるブラフマーニー。この女神は右手に数珠、左手にホラ貝を持つ。この二つは、元来ブラフマーの持ち物である。東面向かって右端。クリシュナ・マンディル、バクタプールの王宮広場。

図7・47（次頁左上）＝マーヘーシュヴァリー。元来はシヴァの武器である三叉戟を持つ。東面向かって左端。

図7・48（次頁右下）＝カウマーリー。クマーラの武器である短槍（シャクティ）を持。南面向かって右端。

図7・49（次頁左下）＝ヴァイシュナヴィー。ヴィシュヌの武器である棍棒と円輪を持つ。南面向かって左端。

図7・50（右上）＝ヴァーラーヒー。この女神の一般的持ち物である剣、盾および鉤がこの作例でも見られる。西面向かって右端。
図7・51（左上）＝インドラーニー。インドラの武器である金剛を右の第一臂に持つ。西面向かって右端。
図7・52（右下）＝チャームンダー。骨と皮ばかりの身体で表され、索、肉切り包丁（カルトリ）を持つ。北面向かって右端（図7・45参照）。
図7・53（次頁）＝マハーラクシュミー。この女神に特徴的な持物は定まっていないが、この図版にも見られるように、この女神は剣と盾をしばしば持つ。北面向かって左端（図7・45参照）。この寺院本堂の四方の壁に置かれた八母神は、本堂の内部から見る場合、図7・39に見られるように、ブラフマーニーが右端に位置し、以下マーヘーシュヴァリー等が続くことになる。したがって、これらの八母神は、本堂の外壁に置かれているが、八母神は本堂内部の本尊クリシュナをとりまいているという想定のもとに置かれているのである。八母神像の配置については［立川 1990: 171,197］［Tachikawa 2004: 16-30］参照。

日本には八母神崇拝は伝えられなかったが、七母神への崇拝は行なわれたようである。もっともその実際は今日不明であるが、七母神の図像は胎蔵マンダラのもっとも外側の院に見ることができる（図7・54―7・56）。

図7・54（上右）＝ブラフマーニー（向かって右）とインドラーニー。この白描は「大悲胎蔵大曼陀羅」（外金剛部院）に収められたブラフマーニー（梵天女）とインドラーニー（帝釈女）。この図像ではブラフマーニーやインドラーニーに特有のシンボルは見られないが、この白描の脇に名前が書き込まれている。『大正蔵図像部』第一巻七八〇頁。

図7・55（上左）＝ヴァイシュナヴィー（毘紐天妃）。インドのヴァイシュナヴィーに特有の持ち物は見られない。「大悲胎蔵大曼陀羅」（外金剛部院）『大正蔵図像部』第一巻七八八頁。

図7・56（右）＝カウマーリー（鳩摩利）（向かって右端）とヴァーラーヒー（中央）。「大悲胎蔵大曼陀羅」（外金剛部院）『大正蔵図像部』第一巻七八一頁には、中央の女神が遮文荼つまりチャームンダーと書かれているが、明らかにヴァーラーヒー（亥母）の誤りである。向かって左端は摩奴赦女（マーヌシー）であり、七母神のメンバーではない。

ヴィシュヌの妃ラクシュミー

シヴァ崇拝と結びついた女神が大多数であるが、ヴィシュヌあるいはブラフマー崇拝と関連した女神たちも多い。シヴァと結びついた女神たちがしばしば恐ろしい姿や狂暴な力を持ち、時には「不浄」でさえあるのに較べて、ヴィシュヌやブラフマーと結びついた女神たちは、殆どの場合美しく優しい［72］。

シヴァ神の場合ほどではないが、ヴィシュヌ神にもまた多数の妃がいる。その中で最もよく知られているのが、ラクシュミーである（図7・57―7・59）。「ラクシュミー」とは、幸福、繁栄、特に王家のそれを意味し、一般には幸福の女神として今日も人々の尊崇を受けている。『リグ・ヴェーダ』(X.71.2)においては、この言葉は幸福の意味で現われているが、幸福の女神としての性格を得るには至っていない。『アタルヴァ・ヴェーダ』では、複数のラクシュミーが現われ、あるものは幸運の女神であり、あるものは不幸の女神である［73］。

この女神は古くからシュリーŚrī（繁栄、栄誉）と密接な関係にあった。『ヤジュル・ヴェーダ』に属する『ヴァージ

図7・57＝ラクシュミー。ラクシュミーの作例としてはもっとも古いもののひとつである。左手で自分の乳房を持ちあげるようにしている。これはラクシュミーすなわちシュリーの意味する繁栄、富などを表しているのであろう。クシャーン朝、2世紀、マトゥラー出土、デリー国立博物館。

図7・58＝ラクシュミー。右手は「願をかなえる行為」を意味する与願印、右手には水瓶を持つ。インドの女神は豊かな乳房を有するのであるが、ラクシュミーの場合、この図版に見られるように、乳房の豊かさが強調されることが多い。九世紀、中インド、デリー国立博物館。

ヤサネーイ・サンヒター』*Vājasaneyi-saṃhitā* (XXXI,22) におけるラクシュミーとシュリーは、註釈者によれば太陽アーディトヤの二人の妻である。しかし、この二人の女神は後世同一の女神であると考えられるに至った。

この女神がヴィシュヌの妻となったのは、叙事詩においてであり、またグプタ期においてはすでにヴィシュヌとの密接な関係が確立されていたことがわかっている。スカンダグプタ Skandagupta（五世紀）のジュナガドゥ Junagadh 碑文は、ヴィシュヌをラクシュミー女神が常に住む所と述べている［74］。ヴィシュヌが様々な姿を採るとき、この女神もまた姿を変えて彼に従う。ヴィシュヌが倭人（ヴァーマナ）となれば、女神は水から生まれて、睡蓮の花の上に浮かんだ。それ故に彼女はパドマー Padmā（睡蓮）とも呼ばれる。ヴィシュヌがブリグ家のパラシュラーマ Paraśurāma となれば、彼女はその妻ダーラニー Dhāraṇī（大地）となり、彼がラグ家のラーマ王子となれば、鍬の跡より生まれた美しいシーター Sītā となった［75］。ヴィシュヌが牧童クリシュナとなるときには、牧童女ラーダー Rādhā となって彼と戯れるのである［76］。南インドでは、ヴィシュヌの化身ヴィッタル Vittal の妃ルクミニー Rukmiṇī が有名である［77］。もっともルクミニーは常にラクシュミーの別の姿であると理解されているわけではなく、ラクシュミーとは別の女神と考えられていることもある。

ヴィシュヌは後世、一〇の化身を有することになるが、妃もまたそれにふさわしい数々の姿に身を変える。このことは、シヴァとその妃の場合と興味ある対照をなしている。つまり、シヴァは、乙女パールヴァティーの眼前で男に変身して彼女の心をためすことはあっても、ヴィシュヌの場合のように、亀とか野猪に身を変えることはない。せいぜい「場面」(mūrti相)——例えばパールヴァティーとゲームを楽しむ場面、象の魔神を殺す場面というように——を有するに留っている。シヴァの妃たちが「村の神」出身である場合が多く、それぞれの土地との結びつきを保っているのに対し、ヴィシュヌの妃たちは多くの場合、地方の伝統よりもヴィシュヌあるいはその化身の神話における妻あるいは恋人としての性格をより濃く有している。そのことが二神とそのパートナーのイメージおよび図像に影響を与えているのであろう。

立像のラクシュミーはしばしば、赤い睡蓮の花の上に立つ美しい四臂の女性として表わされる。上の左右の二臂はそれ

図7・59＝ラクシュミー。右の二手は蓮華と「畏れるな」という意味の施無畏印、左の二手は蓮華と与願印を有する。蓮華を両手に持つのはラクシュミーの図像学的特徴である。17世紀、南インド、デリー国立博物館。

図7・60＝ガジャ・ラクシュミー（象による灌水を受けるラクシュミー）。この女神はしばしば蓮華を持つが、蓮華はパンジャブ地方に侵入したインド・アーリア人の間では重要な意味を有していなかった。蓮華を手にするヒンドゥーの神々の像が作られるのは紀元後のことである。ラクシュミーはヴェーダに登場する神ではあるが、この図版や図7・59のように蓮華を有するラクシュミーのイメージはヴェーダ時代には知られていなかったと思われる。デリー国立博物館。象による灌水を受けるラクシュミー像については［Singh 1983］参照。口絵・1参照。

ぞれ睡蓮を持ち、残る二臂は「願い事を授ける手の相」と「敵から守る手の相」をするか、あるいは瓶と果実を持っている姿でわれわれの前に現れる。ヴィシュヌに伴って現われるときには、ラクシュミーは二臂であることが多い。

ラクシュミーには「八つの姿」があるとされるが、その中で最も有名なのがガジャ・ラクシュミーGaja-lakṣmīと呼ばれる坐像である（口絵・1、図7・60）。この姿を採るラクシュミーは蓮華の上に坐り、四つの手にそれぞれ蓮華、甘露の瓶、ビルワの実、ホラ貝を持つことが多い。二臂の場合もある。いずれの場合も、二頭のガジャすなわち象が坐っている女神の頭上に左右から水を注いでいる。

ラクシュミーと水との結びつきは古くからあり、すでに『リグ・ヴェーダ』（II.35.3）にも見られるのであるが［78］、この象が注ぐ水の意味ははっきりしていない。フランスの仏教学者フーシェがこの構図をシャカ誕生の図像と関連づけて考えたことはよく知られている。

ラクシュミーあるいはシュリーは、日本仏教においては吉祥天（きちじょうてん、きっしょうてん）として知られている。この女神の造像は日本では奈良時代に始められており、東大寺三月堂の塑像がその一作例である。図像的には図7・61—7・63に見るようにインド的特徴は明確には保たれていない。

図7・61（上右）＝ラクシュミー（吉祥天）。中国風の衣を着て、豊饒多産のシンボルである桃の実を持つ。「天部形像」『大正蔵図像部』第七巻五九六頁。

図7・62（上左）＝ラクシュミー（吉祥天）。左手に持つのは蓮華と思われる。「天部形像」『大正蔵図像部』第七巻六〇〇頁。

図7・63（右）＝ラクシュミー（吉祥天）（中央）。左手に珠を持つ。『十巻抄』（石山寺版）第九巻。

叡智の女神サラスヴァティー

『リグ・ヴェーダ』(VI,61,2) において、サラスヴァティー Sarasvatī (saras＝水、sarasvatī 水を持つもの、優美なもの) は、河の名前にすぎなかったと思われる［79］。ヤースカ Yāskaの語源解説書『ニルクタ』*Nirukta* (多分紀元前五世紀)［80］は、サラスヴァティーが河であると同時に神でもあると述べている［81］。水が浄化の作用を有する聖なるものとしての性格を獲得するとともに、河あるいは「水を有するもの」であるサラスヴァティーは、川岸で行なわれる祭式の保護者としての女神となった。そしてその祭式の正当な執行と成功に欠くことのできないものとしてこの女神の指示と祝福とが祈願されたのである［82］。

サラスヴァティーは時代とともにその性格、職能を大きく変化させていった。ヴェーダ期以後の神話においては学問、叡知、音楽の女神となり、さらにブラフマー神の妻となり［83］、ブラーフマナ文献においては、この女神は言葉（ヴァーチュ）Vāc［84］と同一視された。河あるいは河の神格化としてのサラスヴァティーがどのようにして、言葉や学問の女神となったのかについては明白ではない。サラスヴァティーは『リグ・ヴェーダ』の中ではしばしば他の女神とともに祭式に現われるよう呼び出されるのであるが、『ヴァージャサネーイ・サンヒター』においては、神々が病気治癒のための祭式を行なったとき、サラスヴァティーは言葉（ヴァーチュ）によってインドラ神に精気をもたらしたと述べられている (XIX,12)。つまり、この祭式においてサラスヴァティーは「呼び出されて」言葉を用いて病気を治した、と考えられる。何故彼女が言葉（ヴァーチュ）を用いることができたかは謎のままであるが、叡智の女神として、また学問や音楽の神として、サラスヴァティーは今日も学生や作家、音楽家などにとりわけ崇められている。

ウパニシャッドにおける中性原理ブラフマンが世界の創造神ブラフマーとなって活躍するのは、叙事詩の時代以降である。男神ブラフマーは、自家生殖によって世界を創造したのだが、その後、叙事詩時代の後期に、自分の造り出した女性サラスヴァティーを妻とした。ブラフマーが無垢な原質から作り出した美しい妻は、サラスヴァティーの他、チャータルーパー Cātarūpā、サーヴィトリー Sāvitrī、あるいはガーヤトリー Gāyatrī などの名でも呼ばれている。

サラスヴァティーは二臂あるいは多臂で表わされる（図7・64―7・67）。前者の場合には、左手に本を、右手に数珠をもち、後者の場合には、その二つに加えて縄、ヴィーナー（琵琶）、水瓶などを持つのが一般的である［85］。四臂の場合には、一本の右手が一茎の花を差し出し、もう一方の右手は本をもち、二本の左手がそれぞれ数珠と小太鼓をもつことが多い［86］。しばしば彼女には二本の腕があるだけで、蓮華の花に坐り、ヴィーナーを奏でている。今日のインドの一般家庭の額に入れられ祀られているサラスヴァティーには、このヴィーナーを弾く姿のものが多い。日本においてはサラスヴァティーは弁財天あるいは弁天として知られており、学問や芸能を司る女神として広く尊崇されている。元来は天を流れる河であったことの名残りであろうか、水と関係し、池の岸の社で祠られることが多い。図像も数多く残されており、ヴィーナー（琵琶）を持つ姿（図7・68）あるいは蓮華を持つ姿（図7・69）などで表現されている。

図7・64＝サラスヴァティー。乗り物である白鳥をしたがえ、ヴィーナー（琵琶）を持つ。この図版はニューデリーにあるヒンドゥー教寺院ビルワ・マンディルの壁に描かれたものである。現代ヒンドゥイズムにおけるサラスヴァティーのイメージを伝えている。

図7・65＝サラスヴァティー。四臂を有するが、一本の右手に本（経函）、左手に数珠を持ち、残りの一組の手でヴィーナーを持つ。これらはこの女神の一般的な持ち物である。デリー国立博物館。

図7・66＝サラスヴァティー。右の二臂は蓮華と与願印を、左の二臂は書（経函）と水瓶を持つ。左右の脇侍がそれぞれヴィーナーを持っている。腰帯の中央にはキールティムカが見られる。一二世紀、ラジャスタン、デリー国立博物館。

図7・67＝サラスヴァティー。右手に数珠と施無畏印を、左の二臂のうち、一臂は肘から欠損しているが、もう一臂は蓮華を有している。一四―一五世紀、タミルナド、デリー国立博物館。

図7・68（右）＝弁財天（サラスヴァティー）。この女神の典型的な持物である琵琶（ヴィーナー）を有する。「大悲胎蔵大曼陀羅」（外金剛部院）『大正蔵図像部』第一巻七八八頁。

図7・69（左）＝弁財天（サラスヴァティー）。右手に蓮華を、左手に宝玉を持つ。宝玉を持つサラスヴァティー像はインドでは少なくとも一般的ではない。「天部形像」『大正蔵図像部』第七巻六一〇頁。

大女神（デーヴィー）への統合

「デーヴィー」とは、神を意味するデーヴァ(deva)の女性形であり、女神を意味するが、女神崇拝が盛んになると、シヴァの妃ウマーであり、魔神アスラを殺すドゥルガーでもあるかの「大女神」を意味するようになった。

ヒンドゥイズムの時代を通じて、デーヴィーの名のもとに、元来異なった起源をもち、それぞれの歴史を有する女神が、「大女神」という神格へと統一されていった（図7・70）。しかしながら元来異なった女神を同一視したので、神話の中でいくつかの矛盾が生ずる。たとえば、シヴァの妃であり、シヴァ神に抱かれたこの女神が、一方では「処女神（カウマーリー）」と呼ばれている。しかし、このような矛盾はインド人たちの女神崇拝のさまたげにはならない。数百以上の女神を内に含む「大女神」の多様性の中に、このような種類のいくつかの矛盾は沈んでしまうからである。

大女神の神格の中心となっているのが、シヴァの妃であるサティー、ウマー（パールヴァティー）、ドゥルガーらであることから明らかなように、大女神はシヴァ系の女神の群れの統合から生まれたのであるが、ヒンドゥイズムの中心、大女神として確立してからは、他の系列の女神たちをも含む概念に成長した。

図7・70＝大女神シュリーデーヴィー。この図版では右腕を下に垂らし、左手には蓮華を有する。シュリーデーヴィーの持ち物は蓮華であることが多いが、パールヴァティーやラクシュミーの像と明確に異なっているわけではない。もともとパールヴァティーやラクシュミーなどの有力な女神が他の女神の職能を吸い上げた女神がシュリーデーヴィーであり、根本的にはパールヴァティーであり、ラクシュミーなのである。一五世紀、南インド、デリー国立博物館。

そして、すでに述べたように、ヒンドゥイズムにおけるタントリズムの興隆以降、大女神は、その神格の一部として、恐ろしく、力強い側面を獲得し、タントリズム的要素の定着とともに、幾人かの恐ろしげな女神たちが、ヒンドゥイズムに定住することになって、現在にいたっている。さまざまな名称で呼ばれる大女神は、時代や場所によって、男神以上の勢力をもった。たとえば、女神カーリーは現在、ベンガル地方において圧倒的な主神の地位を得ている。

インドの女神たちが力あるいは力の源泉であると考えられたことは、男神たちが、行為者あるいは「業の主」と考えられたことと対照的である[87]。創造主ブラフマーは、学問あるいは言葉の女神サラスヴァティーを自分の口に有している。彼女は、創造の際の原初的エネルギーである言葉に住むのである。同様にして、世界を維持する神であるヴィシュヌの妃シュリーすなわちラクシュミーは、世界の展開を維持するエネルギーとして富と幸福とを司る。世界の破壊者シヴァの妃は、カーリーという姿を採った場合に特に顕著なのであるが、世界を破壊するエネルギーである。エネルギーたる女神は、しばしば端的に「力」(śakti)と呼ばれるのである。

行為する男神たちを、その行為を生み出す力となって助けつつ、インドの女神たちは、ともにパンテオンを守り、世界を創造し、破壊し、維持し続けている。

注

[1] Marshall, J., 1931, p. 49; Wheeler, M., 1966, p. 45.

[2] もっともヴェーダの宗教における女神の数はかなりにのぼる。Lal, S.K., 1976には以下のようなヴェーダの女神名が挙げられている。(1) Aditi, (2) Asunīti, (3) Ākūti, (4) Iḍā, (5) Kṛtyā, (6) Gāyatrī, Sāvitrī, (7) Gnāḥ, (8) Jyeṣṭhā, Alakṣmī, (9) Dhiṣaṇā (10) Nadī, (11) Nirṛti, (12) Rātṛ, Kālarātri, Yoganidrā, (13) Vāc, Sarasvatī, (14) Śraddhā, (15) Sinīvālī, Anumati, Raka, (16) Sūryā.

[3] 紀元前の西洋人が垣間見た女神崇拝の記録が『エリュトゥラー海案内記』(*Periplus Maris Erythraei* 村川堅太郎訳、生活社、一九四六年、一二〇—一二一頁)にある。「コマレイ(Komarei)と呼ばれる別の場処があり、其処には番所と港とがあり、一生涯清浄な生活をしようと望む人々は此処にやってきて沐浴を行ひ、独身者として此の地に留るのである。女達も同じことを行ふ。と言ふのは女神が嘗て其処に留って沐浴をしたと伝へられて居るから」。このコマレイとはインド南端のコモリン岬のことであり、サンスクリットで「処女」を意味するkumārīのタミール語形である(同書、二三五頁)。

アーリア・インドの精神史において偉大な女神がはじめて支配的な地位を得ることの意味に関しては、エリアーデ『ヨーガ』(第二巻、立川訳、一〇頁参照)。

[4] ルヌー、渡辺、美田訳、一九六〇年、四八頁。cf. Glasenapp, H., 1922, p. 136; Monier-Williams, M., 1891, p. 225.

[5] 『マハーバーラタ』(III,82,84ff)には女神ビーマー Bhīmāの霊場(sthāna)がパンジャブ地方の北方にあり、そのそばにはヨーニ池があって、この池では信者たちがこの女神を崇める前に沐浴する、と述べている。この叙事詩はこれに関連してこの女神の性殖器と二つの乳房の上に建てられた三つの女神霊場を挙げている(Banerjea, J.N., 1974, p.495)。これは叙事詩時代に女神信仰が台頭しつつあったことを物語る一つの例である。

[6] 本書で扱う一二〇〇年以降の女神崇拝については、Bhattacharyya, N.N., 1977; Lalye, P.G., 1973; Mitra, S., 1900; Wilkins, W.J., 1887参照。
[7] Desai, N.Y., 1968には神々の系譜図が多く載せられている。
[8] cf. Prabhudesai, P.K., 1972, Vol. 4.
[9] Bhattacharji, S., 1970 p. 159.
[10] Ibid., p. 159.
[11] 叙事詩においてウマーの現われる箇所についてはHopkins, E.W., 1968を、プラーナにおける箇所についてはDikshitar, V.R.R., 1951-1955参照。
[12] 以下の訳のためのテキストは、Kale, M.R., 1967を用いた。カーリダーサの『王子の誕生』と叙事詩およびプラーナにおける類似の物語との関係については、Karmarkar, R.D., 1951 p. XVIIff参照。
[13] ダンディン、田中、指田訳、一九六五年、五〇、一〇三頁、その他。
[14] 町田、一九六八年、図版九三参照。この他のパールヴァティー像の図版に関しては以下のものを参照。Barrett, D., 1965, PL. 35（スカンダとともにいるもの）;Chandra, P., 1970, PL. CXL VII, No.439（アッラーハーバード地方出土で九世紀頃のもの）; Kramrisch, S., 1965, PL. 10（苦行をするパールヴァティー）; Krishna Sastri, H., 1974, PL. 120（手に縄を持つ単身立像）; Lippe, A., 1970, PL. 25-28（単身立像、手には何も持たない）; Rao, G., I-II, 1968, PL. CVIII（四臂の単身立像）; Singh, S.B., 1977, Fig. 59（ゴーペーシュワールGopeshwar出土、一二世紀、苦行をする場面）; Sivaramamurti, C., 1963, PL. 32b（単身立像）。
[15] Sircar, D.C., 1973, p. 5.
[16] Ibid., p. 5 ; cf. Chandra, R., 1969, p. 68
[17] Ibid., p. 6.
[18] Ibid., p. 6.
[19] 再生のためには一度死ななくてはならない。また、単に死ぬだけでは再生にとって充分ではない、死体が幾つかの部分に分かれるという過程が再生にとって必要だったのである。創造主プラジャーパティが一度こま切れにされた、すなわち「解体された」後、再び集めつなぎ合わされ、つまり「再生させられた」といういわゆる巨人解体神話はこのパールヴァティー再生神話と同様の構造を有している。
[20] 女神霊場（śākta-pīṭha）については、Sircar, D.C., 1973参照。『デーヴィー・バーガヴァタ』*Devībhāgavata*には古来有名な一〇八の霊場のリストがある。cf. Mani, V., 1975, p.219.
[21] Banerjea, J.N., 1966, pp. 114-115.
[22] Moor, E., 1968, p. 88.
[23] Viennot, O., 1956, p. 371; cf. Agrawala, R.C., 1955-6; 立川・石黒・菱田・島、一九八〇年、図版一三三参照。
[24] Bhattacharyya, N.N., 1971, p. 81.
[25] Ibid., p. 82.
[26] Fleet, J.F., Vol. IIT., 1963, p. 227.
[27] cf. Moor, E., 1968, p.87.
[28] cf. Bhandarkar, R.G., 1982, p. 203; Majumdar, B.G., 1909, p. 356.
[29] Sörensen, S., 1963, p. 89.
[30] 『デーヴィー・マーハートミヤ』に現われる大女神チャンディーはドゥルガーとも呼ばれ後世はシヴァの妻と考えられるのであるが、少なくとも初期の或る時期にはチャンディーはヴィシュヌとの深い結びつきを得ていたと思われる。この第一のエピソードにおいては女神とシヴァとの結びつきは全く語られていない。
[31] テキストにはAgrawala, V.S., *The Glorification of the Great Goddess*, All-India Kashiraj Trust, Varanasi, 1963を用いた。この書は英訳を含むが、Pargiter, F.E., *The Mārkaṇḍeya Purāṇa, Bib-*

liotheca Indica, Calcutta, 1904にも英訳がある。

[32] 王スラタは第二の階級、商人サマーディは第三の階級を代表している。これは女神崇拝が第二、第三の階級にも行なわれていたことを示唆している。ヴエーダ文献では商人が秘儀の聴き手になることはない。

[33] マハーマーヤーの像に関してはBhattasali, N. K., 1929, PL.LXIV参照。

[34] 古典サーンキヤ学説では、この三つの要素の均衡によってこの世界が成立しているとされる。世界の質料である原物質は女性であり、世界の転変を見守るのは男性原理プルシャである。

[35] Desai, N.Y., 1968, p. 200 ff.

[36] 水牛の姿をした魔神を殺す物語は後のプラーナの中で語りつがれていった。*Skanda-*, *Pūrva* XI ;*Uttara* XIX ; *Setu-*,VI-VII; Nagara-, CXX-CXXI *Vāmana*, XVII-XX ; *Varāha-*, XCII-XCV ; cf. Quackenbos, G.P., 1965.

[37] これはヒンドゥイズム期における神々の世代の交代を反映している。

[38] カートヤーヤナ仙人一人の身体から出た光輝が女神カートヤーヤニーの姿を採ったという伝承もある。Wilkins, W.J., 1974, p.199参照。

[39] エローラにおけるドゥルガー像については、佐藤、一九七七年、参照。

[40] 佐藤、一九七七年、二一七頁。

[41] Coomaraswamy, A.K, 1965, p. 103.

[42] cf. Lippe, A., 1972, Fg.36.

[43] Bhattacharyya, N.N., 1971, p.84.

[44] cf. Lippe, A., 1972, Fg. 34.

[45] cf. Ibid., Fg. 38.

[46] Lippe. A., 1970, p. 24.

[47] cf. Mitra, D., 1958, PL. V-A.

[48] 立川・石黒・菱田・島、一九八〇年、図版一四二参照。

[49] Lippe, A., 1970, p. 25.

[50] Mahalingam, T.V., 1976, p. 25.

[51] Ibid., p. 25; PL. 1.

[52] 立川・石黒・菱田・島、一九八〇年、図版一四五参照。

[53] Barrett, D., 1974にはチョーラ朝のこの姿のドゥルガー像の写真が八点載せられている。

[54] cf. Coomaraswamy, A.K., 1965, Fg. 208; Zimmer, H., 1955, PL. 284, 285.

[55] cf. Rao, C., 1914, I -2, PL. C.

[56] cf. Sircar, D.C., 1967, P.L III

[57] Das, H. C., 1997, Vol.2, pp.292-4.口絵・10参照。

[58] Kinsley, D.R., 1975, 87.

[59] 「カーリーは元来はドラヴィダ人あるいはコーラリKolari人の地母神であったが、アーリア人のバラモンたちによって秘儀的教義を解釈するためのシンボルとして使われたと考えられている」(Havell, E.B., 1908, p.69)

[60] Kinsley, D.R., 1975, pp. 87-88.

[61] Ibid., pp. 88-89.

[62] Ibid., p. 89.

[63] Ibid., pp. 92-93.

[64] Zimmer, H., 1972, PL. 67, 69にシヴァの上に立つカーリー像がある。カーリーの図像に関しては、Rao, G., I-2, 1914, PL. CVI-CVII参照。

[65] Nandi, RN., 1973, p. 127. Agrawala, R.C., 1967, p. 79.によれば、七母神の彫像はすでにクシャーン朝にあらわれている。

[66] クマーラは「童子」を意味するが、ここでは軍神カールッティケーヤKarttikeyaを指す。この神は女性を嫌い、今日でもその社は女人禁止となるほどである。しかし、七母神の一柱としてのカウマーリーはクマーラをパートナーとして持つに至ったの

である。

[67] チャームンダーに関しては、Banerjea, J.N., 1966, p. 129 ff ; Krishna Sastri, H., 1974, p. 194; Nandi, R. N. 1973, pp. 131-36; Rao, G., I -2, 1914, pp. 380-381参照。

[68] cf. Krishna Sastri, H., 1974, p. 194. 立川・石黒・菱田・島、一九八〇年、図版一六〇参照。

[69] DM.V11I. 33-39.

[70] Fergusson, J. &. Burgess J., 1969, PL. LXX II に素描がある。 cf. Rao, G., 1914, j -2, PL. CX WI.

[71] 立川、一九九〇年、六〇頁参照。

[72] Lal, S.K., 1967, p. 505.

[73] Muir, J., 1967, Vol. 5, p. 348.

[74] Bhattacharyya, N.N., 1971, p. 133.

[75] Sivaramamurti, C., 1963, PL. 406にブロンズ像の写真がある。

[76] lons, V., 1967, p. 74.

[77] Coomaraswamy, A.K., 1965, PL. 226に像の写真がある。

[78] Joshi, J.R., 1977, p. 103.

[79] Macdonell, A.A., 1897, p. 86 ff.

[80] Basham, A.L., 1959, p. 233.

[81] Muir, J., 1967, Vol. 5., p. 337.

[82] Ibid., pp. 338-339.

[83] Sat. Br., III. 9. 1. 7 ; Ait. Br., III 1. 10.

[84] Bhattacharyya, N.N., 1977, p. 99.

[85] Krishna Sastri, H., 1974, p. 185.サラスヴァティーの他の図像に関してはRao, G., 1914, I-2, PL. CXIV-CXVI参照。

[86] Wilkins, W.J., 1974, p. 107.

[87] Krishna Sastri, H., 1974, p. 184.

第8章　カーマ・ガルダ・惑星

愛の神カーマと妃ラティ

コスモスの秩序を乱し、わがままな振る舞いを続ける魔神ターラカを退治するのは、「年」という名の孔雀に乗って天空を駆け、惑星たちを指揮する軍神スカンダの他にはいなかった。スカンダは元来、シヴァの精液のほとばしり（スカンダ）から生まれた者であったが、あらためてヒマーラヤ山の娘パールヴァティーとシヴァの子として生まれることになった。シヴァの心をパールヴァティーへと向けるために、愛の神カーマKāmaは花の矢をシヴァめがけて射る機会を待つ。

蓮の実で作った数珠をパールヴァティー（ガウリー）は行者シヴァに捧げようとする。シヴァはそれを受け取ろうとするが、傍らにいるカーマに気づき、眉間から火を出してカーマを焼いてしまう（『王子の誕生』第三章）。

カーマは一般に「愛の神」といわれるが、能動的な欲望、欲動を表す。彼の妻をラティRatiと呼ぶ。彼女は能動的な欲望によってもたらされた受動的な愛欲つまり快楽を表している。カーマは身体をシヴァに焼かれてしまったので、「身体なき者」（アナンガAnaṅga）ともいわれる。もっとも愛の神は自分自身の身体を持たず、誰の心あるいは身にも入り込む者ではある。夫を焼かれた妻ラティは「耐えられない悲しみの定めを知らしめようとする運命によって失神から目覚めさせられた」（四・一）。

「いとしい人　生きているの」といいながら
起きあがったラティは眼前に
シヴァの怒りのせいで生まれた
人の形の灰のみを見た（四・三）

そして　彼女はうちひしがれ
乳房を砂まみれにして大地を抱き

図8・1＝愛の神カーマ（欲動）とその妻ラティ（快楽）。カーマは弓矢を右手に持つ。友人ヴァサンタ（春）が咲かす花を矢にして恋心を起こさせようとする人を射るという。ラティはサトウキビを持つ。エローラ第16窟ゴープラム側面。

髪をふり乱して　嘆き悲しんだ
大地を共になげく者とするかのように（四・四）

「あなたはわたしに嫌なことはなさらなかった
わたしもあなたに悪いことをしたわけではない
なぜわけもなく　嘆いているラティに
姿を見せてくださらないの」（四・七）

「お前の心にわたしは住むと
わたしにやさしいことをいったのは嘘だとわかった
あれがもしも喜ばせるためだけの言葉でないならば
どうしてあなたの身体がなくなり
わたしが無事なのでしょう」（四・九）

ラティは、カーマの友人ヴァサンタ Vasanta（春）もまた焼かれてしまったのではないかと心配するが、友人「春」は彼女を慰めるために現れる。死を決心したラティは、夫の友人「春」に火葬のための薪を用意してほしいと頼む。その時、「シヴァとパールヴァティーが結婚すれば、カーマの身体も戻るであろう」という声が天空から聞こえたのである。この後、シヴァとパールヴァティーが結婚したとき、カーマはよみがえることができた。

ヴィシュヌの乗り物ガルダ鳥

ヴィシュヌの乗り物がガルダ Garuḍa 鳥であることはすでに述べたが、「ガルダ」とは動詞√gṛ（話す）から派生した名詞で「言葉の羽」を意味する。ヴェーダ文献ではガルトマン Garutman であり、この名称は『マハーバーラタ』（I.33,24; V.112.1）にも現れる［1］。正統派バラモンたち、特に祭式学を専門とするミーマーンサー学派の人々にとってヴェーダは永遠なる言葉であった。ガルダ鳥は秘儀的なヴェーダの言葉を

図8・2＝ヴィシュヌに侍るガルダ鳥。チャング・ナラヤン寺、カトマンドゥ盆地。この寺院はヴィシュヌを祀った寺院である。

伝達する者であり、呪力ある言葉（ブラフマン）を迅速に他の世界へと運ぶ力を持つものであった。

ヴィシュヌは供犠の具現である（本書九六頁）。供犠に詠われるのは『リグ・ヴェーダ』のリク（ṛk、詞）であり、声は『サーマ・ヴェーダ』のサーマン（sāman、吟詠）であり、供物は『ヤジュル・ヴェーダ』のヤジュス（yajus、供物）である［2］。供犠において祭官が詠うリクはブラフマン（梵、呪力ある言葉）であり、その言葉が羽を持った姿、それがガルダである。

『ヤジュル・ヴェーダ』を護持する派に属し仏教誕生以前の成立である『ヴァージャサネーイ・サンヒター』*Vājasaneyi-saṃhitā*（XVII,52）および『タイッティリーヤ・サンヒター』（IV,1,10）には「汝ガルダ（ガルトマン）は美しい翅の鳥Suparṇaである」とある［3］。漢訳経典に蘇鉢刺尼《そはらに》とあるのはこの名称の音写であろう。この名称は日本では一般に金翅鳥《こんじちょう》と訳されている。

図8・3（上）＝蛇を銜えて掴むガルダ鳥。この伝説上の鳥は、孔雀と同様、蛇を捕らえて食べるといわれる。ガルダ鳥は蛇を掴んだまま天空から下界を見下ろす。後世、ガルダ鳥はトーラナ（本書300頁）の最上部に見られる伝説上の怪獣キールティムカ（本書311頁）と入れ替わることがある。そのような場合には、かの蛇は世界創造の際に世界を囲む原初の蛇となる。
図8・4（下）＝迦樓羅（かるら）。大乗仏教では、仏法を守る八種の神々（八部衆）の一つとして尊崇される。「覚禅抄」『大正蔵図像部』第5巻477頁。

猿面神ハヌマーン

「ハヌ」hanuあるいは「ハヌー」hanūとは顎を意味する。「ハヌマーン」Hanumān（ハヌーマーンHanūmān）は、「〔強い〕顎を有する者」を意味するが、この神は猿面人身で表される。この神の成立時期は不明であるが、それほど古くはない。『ラーマーヤナ』におけるラーマ王子の僕としての活躍がよく知られている（本書三四一頁）。

ハヌマーンの出生に関する神話は複雑であり、さまざまなヴァージョンが伝えられている。ハヌマーンの父はヴァーユVāyu（風）であり、母はアンジャナーAñjanāという名の猿あるいは天女（アプサラス）といわれる。この神話はシヴァ崇拝と関係づけられる。すなわち、シヴァとパールヴァティーに猿の子供が生まれることになったが、パールヴァティーは猿の母となることを拒んだ。シヴァは自身の妃の子宮にあった胎児をヴァーユに移し、やがてハヌマーンが生まれたという［4］。この神話はシヴァの精液がガンジス河の中で時を過ごした後、スカンダとして生まれたという神話（本書二一九頁）を思い起こさせる。

図8・5＝ハヌマーン。右手には円輪を、左手にはホラ貝を持つ。これらはヴィシュヌの持ち物である。大英博物館。

図8・6＝ハヌマーン。足下には捧げられた花が残る。カトマンドゥ盆地ではこの神の人気はすこぶる高い。カトマンドゥ旧王宮広場。

ガンジス河とヤムナー河

カイラーサ山の近くからガンジス河とその支流ブラフマプトラ河が流れ落ちる。ガンジス河はリシケーシ、ハリドワール、ヴァーラーナシーさらにパトナを通り、インド平野を潤しながらベンガル湾に注ぐ。ブラフマプトラ河は大ヒマーラヤの北を中央チベットを貫きながら東に流れ、ミャンマーの北方あたりで南下し、さらに西に向かって流れ、ガンジス河と合流する。ガンジス河にはほかにヤムナー Yamunā河という大きな支流がある。これはデリー、アグラなどを通り、アッラハバード（プラヤーグ）においてガンジス河本流と合流する。

ガンジス河とヤムナー河は、女神ガンガーと女神ヤムナーとしてヒンドゥー・パンテオンに登場する。この二女神の像は対をなし、寺院本堂の入口の両脇に置かれることが多い（図8・13、8・14参照）。

アッラハバード、ハリドワール、ウッジャインおよびナーシクにおいて一二年毎にクンブ・メーラー（甘露の壺の大

図8・7＝女神ガンガー（ガンジス河）。左手に持つ壺は河の水あるいは甘露のシンボルであろう。足下にはマカラが見られるが、頭部は欠損している。グプタ朝、約５世紀、アヒチャトラ出土。テラコッタ。デリー国立博物館。

デリー国立博物館にはこのガンガー像と対をなすヤムナー像がある。ヤムナー河の像と対になる場合、ガンガー河の像は右つまり向かって左側に置かれる。したがって、ガンガー像は左を向く（図8・14参照）。

祭）が行われる。この大祭にはそれぞれ数百万の人が集まる。人々は、かつて乳海から取り出された甘露（本書一四四頁）の滴りが溶けたと言い伝えられているこれらの四聖地で沐浴するためにやってくるのである。浄化作用を持つ水、それが甘露に他ならない。

　ガンガー女神は伝説上の海獣マカラMakaraに乗っている。水あるいは渦と関係するこのワニに似た動物のイメージがいつ頃どこで成立したかは不明である。タキシラTaxila出土の金属装飾あるいはアマラーヴァティーAmarāvatīの彫刻にマカラが見られる［5］。『バガヴァッド・ギーター』（X,30）にもマカラが言及されている。おそらく紀元前にすでにインド各地にマカラのイメージは知られており、紀元一、二世紀までにはそれは一応の確立を見せていたと思われる。

図8・8＝バールフト仏塔欄楯に彫られたマカラ。バールフトの欄楯は「一般にはBC.150年頃とされているが、浮彫彫刻の様式からBC.100年以前には遡らないとする説も有力である」［宮治 1981：28］。これは、種々残されているマカラの姿のうち、初期のものである。

　もっともマカラのイメージは一定しているわけではない。魚、鳥あるいは蛇に似ることもある。またクムビーラKumbhilaと呼ばれることもあり、日本の金毘羅はこの語の音写である。香川県の金刀比羅宮《ことひらぐう》もクムビーラを祀っている。薬師如来の眷属である十二神将の一つとしては宮毘羅《くびら》大将という。また名古屋城天守閣の屋根に置かれた「金の鯱」もマカラの一変形である。

　マカラは、獅子に似てはいるが角を有する獣キールティムカKirtimukhaと対になることが多い。「キールティ」とは名称「ムカ」とは口（面）のことである。「キールティ・ムカ」とは、そこからもろもろのものの名称が生まれる口を意味する。つまり、この怪獣は口からものを吐き出すという形で創造行為を行うのである。図8・9、8・11、8・12にキールティ・ムカ（名称の口）が見られるが、この創造力ある怪獣は面と両手のみの姿で表される。

　ネパール、ベトナムなどでは、キールティムカとマカラとが半円形のトーラナの中で描かれることが多い（図8・9）。

図8・9＝キールティムカ（上部）とマカラ（下部両脇）のいるトーラナ。キールティムカは蛇を銜えている。プールナチャンディー寺、パタン。

図8・10＝ガルダ鳥（上部）とマカラのいるトーラナ。ガルダ鳥は、キールティムカと同様に蛇を銜えている。ハク・バハール寺、パタン。

ネパールではこの半円をトーラナと呼ぶが、厳密には切妻の発展系であって、トーラナではない。トーラナとはサーンチーの仏塔などにある門をいうのであり、日本の神社の鳥居（トーラナ）はその原形を保っている。オリッサ州ブバネーシュヴァルのムクテーシュヴァラMukteśvara寺院のトーラナに見るように［6］、トーラナの上部が半円となり、やがてネパールなどに見られるように、トーラナの上部分と切妻が合体したような構造となる（図8・10）。今日のネパールではかの半円形の「装飾」はトーラナと呼ばれている。日本にもキールティムカを有する門が伝えられた（図8・12）。

ネパールのトーラナでは上部すなわち天空にキールティムカが、下部両脇つまり海にマカラが表される。このようにしてトーラナは宇宙を表している。キールティムカに銜えられる蛇はトーラナの外側の弧に従って半円を包む。この蛇は宇宙創造の時まだ混沌としている世界を囲む原初の蛇である。キールティムカの代わりにガルダ鳥が描かれることがネパールでは一般的である。

キールティムカもマカラも創造力を有している。両者とも口から花を吹き出し、その花は一枚の網のようになる。この網がわれわれの住む世界であるといわれる。

図8・11（上）＝キールティムカが吐き出した孔雀。孔雀もまた蛇を捕らえる。エローラ第16窟本殿の柱。
図8・12（下）＝キールティムカとマカラのある日本のマンダラの鬼門。ここのマカラは動物の足を有している。ここではマカラは内側を向くが、図8・9、8・10のように外側を向くこともある。「大悲胎蔵大曼荼羅」（外金剛部院）『大正大蔵経図像部』第1巻813頁。

図8・13＝ヤムナー女神。乗り物としての亀に乗る。ムール・チョークの中の「小さなタレジュ女神の寺」入口脇。パタン。

図8・14＝ガンガー女神。乗り物としてのマカラに乗る。図8・13の像と対である。ガンガーがヤムナーの右側（向かって左）に位置している。

大地の女神プリティヴィーとシーター

『リグ・ヴェーダ』の宗教においては、神々は天、空、地・海の三界に住むと考えられた。天界に住む天神ディヤウスDyaus、太陽神スーリヤなどが主要な神々ではあったが、空界にはハヌマーンの父ともいわれる風神ヴァーユ（本書三〇七頁）、暴風雨神ルドラたちやマルトたち（本書八六―八七頁）、雨神パルジャニヤParjanyaなどが住み、地界には大地の女神プリティヴィーPṛthivī、河神シンドゥSindhu（インダス河）などが属す。火神アグニは地上で供物を受け取り、その供物を天界へと運ぶ使者であるために、天界と地界に住むと考えられた。

図8・15＝大地の女神。プリティヴィー。チョーラ朝、一二世紀、南インド、デリー国立博物館。

このように『リグ・ヴェーダ』の神話は天、空、地・海の三界を舞台とするのであるが、天神ディヤウスと地神プリティヴィーとは「天地両神」（ディアーヴァー・プリティヴィーDyāvāpṛthivī）と呼ばれ、一対の神として崇められた（I,160）。もっとも『リグ・ヴェーダ』にもプリティヴィーに捧げられた独立讃歌がないわけではない（V,84）。

『リグ・ヴェーダ』の後に成立した『アタルヴァ・ヴェーダ』および他のヴェーダ文献においては、プリティヴィーはディヤウスから離れて独立性を強めた［7］。『シャタパタ・ブラーフマナ』（VII,4,1,8）は、大地は火神アグニの胎であり、『アタルヴァ・ヴェーダ』（V,25,2）は、その胎の中で存在という胎児が形成されるという［8］。

後世、大地の女神プリティヴィーはヴィシュヌと深い関係を有するようになる。野猪に化身したヴィシュヌが魔神ヒラニヤークシャに捕らえられていたプリティヴィーを助けたという神話についてはすでに述べた（本書一四七頁）。

『ラーマーヤナ』（紀元前二世紀から紀元二世紀にかけて成立）に登場するシーターは、元来畝を意味しており、大地の娘といわれる。後世、ラーマとシーターとはヴィシュヌと妃ラクシュミーと考えられるようになった。一方、プリティヴィーとシヴァとの結びつきはほとんどない。これはヴィシュヌが大地を含む世界でもあることと関係すると思われる。

シヴァのとりまき（ガナ）

シヴァはしばしば多勢のとりまきに囲まれている。彼らは「ガナ」Gaṇaと呼ばれるが、ガナとは群を意味する。背が低く、太った姿で表現される。

図6・39では、シヴァが賭けに負けたためにシヴァの乗り物ナンディン牛がパールヴァティーの侍女たちによって連れ去られようとしている。それを阻止しようとして、あるガナは侍女を押し止め、ある者は牛の尾を掴む。またある者は尻を見せている。このようにガナたちの仕草がコミカルに表現されるのは、図6・43、6・44にも見られる。

シヴァは墓場あるいは屍林（シュマシャーナ）で瞑想していると信じられているが、墓場に出没するカンカーラKaṅkālaと呼ばれる骸骨のみの姿の者もシヴァの眷属の一種である［9］。またブータBhūtaと呼ばれる死霊は、カトマンドゥ盆地では背が低く腹を突き出しガナの姿に似ている。カトマンドゥ盆地に住むネワール人の間では、シヴァはブータに身を変えて現れると信じられている［10］。

図6・39、6・43などでは、ガナは集団で描かれていたが、単身のガナ像も多く作られている。単身のガナ像はしばしば肉片を食べている（図8・17参照）。

図8・16（上）＝ガナ。グプタ朝、5-6世紀、ウッタル・プラデーシュ、デリー国立博物館。
図8・17（下）＝ガナ。初期チョーラ朝、10世紀、南インド、デリー国立博物館。

太陽・月・惑星（九曜）

ヒンドゥイズムにおいては、仏教においても同様であるが、九曜《くよう》と呼ばれる九つの「星」が神格化されている。九つの星とは、太陽《スーリヤ》Sūrya（日曜）、月《チャンドラ》Candra（月曜）、火星Maṅgala（火曜）、水星Budha（水曜）、木星Bṛhaspati（木曜）、金星Śukra（金曜）、土星Śani（土曜）、ラーフRāhu（日月食を司る神、あるいは月の満ちることの神格化）およびケートゥKetu（隕石の神、あるいは月の欠けることの神格化）をいう。これらの星は人々の運命を捉えていると考えられており、「九つの捉えるもの《ナヴァグラハ》」Navagraha（九曜）と呼ばれる。

インド、ネパールなどでは今日でもこれらの星に対する崇拝あるいは畏怖は、人々の生活の中で大きな位置を占める。結婚式、成人式などの人生儀礼（通過儀礼）の日程を決める場合などに人々は九曜の怒りを買わないように気を付けねばならない。

「神の誕生日」を祝う際にも九曜のシンボルを設けてその前でホーマを行う。例えば、マハーラーシュトラ州でよく知られたダッタ神の誕生日の祝いには、縦、横に三つずつのアレカ・ナッツを盆の上に並べたものが九曜のシンボルとして用いられる（図9・15参照）。カトマンドゥでは、縦、横に三つずつ水に濡らした砂団子を並べて死者儀礼（シュラーッダ）における九曜の祭壇とする。

　九曜の像は図8・18のように横一列に並ぶことが多い。ここでは、主要な太陽が右端つまり向かって左端に置かれ、月、火星、水星の順で、左端にケートゥが描かれている。図8・19では左端のケートゥが、図8・23の左には太陽が見られる。

　九曜それぞれの図像学的特徴は確定されたものではなく、地域や時代によって大きく異なる。また九曜は仏教タントリズムにおいても重要な尊格であるが、その図像学的特徴はヒンドゥイズムにおけるそれとも異なる［11］。もっともいくつかの「星」は固有な図像学的特徴を備えている。

図8・18（右）＝九曜のリンテル（楣＝まぐさ）。向かって右から、ケートゥ（隕石の神）、ラーフ（日月食の神）、土星（土曜）、金星（金曜）、木星（木曜）、水星（水曜）、火星（火曜）、月（月曜）および太陽（日曜）。プラティハーラ朝、八世紀、チトルガルフChittorgarh、ラジャスターン、デリー国立博物館。

　この写真は、寺院本堂の入口のリンテルつまり出入口の扉の上に渡される横木（楣）にあたる部分を示している。このように九曜すなわち星辰を配することによって、このリンテルをくぐって入った室は宇宙であることを意味させた。例えば、オリッサ州ブバネーシュヴァルにあるムクテーシュヴァラMukteśvara寺院本堂の入口上部には九曜が横一列に彫り込まれている［Smith 1994：Ill.91］。

図8・19（下）＝ケートゥ。図8・18の部分。隕石あるいは彗星の神。彗星の出現は凶兆と考えられた。この写真のケートゥは下半身は蛇（コブラ）であり、頭部背後にはファナ（コブラのふくらんだ咽喉部）が見られる。

図8・20＝ラーフ（向かって右）と土曜（シャニ）。ラーフもまた凶になる存在である。九曜のうち、人々が特に畏怖するのはシャニである。シャニはここでは鬚を有する。

図8・21＝金曜（向かって右）と木曜。持ち物は特定できない。

図8・22＝水曜（向かって右）と火曜。

図8・23＝月（月曜、向かって右）と太陽（日曜）。この作例では金曜から火曜まで図像は同一である。太陽は蓮華を持ち、月は羽を有している。

図8・24＝ケートゥ（向かって右）とラーフ。このケートゥは蛇身ではない。ラーフは日と月を持つ（図８・26参照）。アーカーシャ・バイラブ寺の横の水飲み場（ダーラー）。バクタプール。

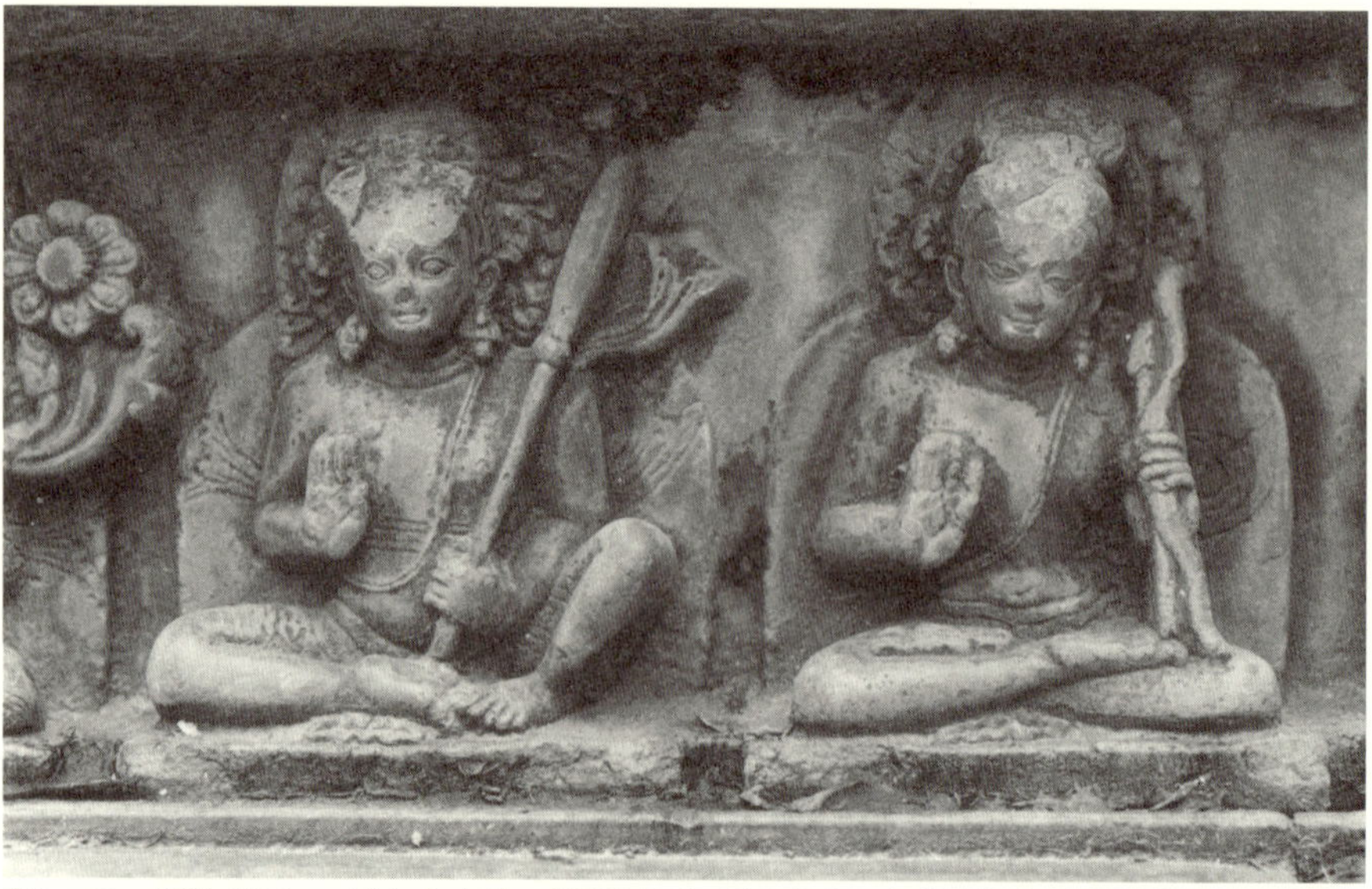

図8・25＝水曜（向かって右）と火曜。水曜は左手に弓と矢を、火曜は左手に短槍を持つ。両神の右手は「恐れるな」という意味の施無畏印を有する。この作例では金曜と木曜の両者、月曜と日曜の両者の図像学的特徴は身色を別にすれば同一である。アーカーシャ・バイラブ寺。

図8・26＝ラーフ。欠けた日と月を持つ。『マハーバーラタ』（I, 15.4-8）はラーフの姿について次のように述べる。かつて神々とアスラたちは乳海から甘露の壺を取り出したが、その甘露をラーフはひそかに飲もうとした。甘露が喉まで達した時、これを日と月がヴィシュヌに告げ、ヴィシュヌが円輪でラーフの首を落としてしまった。それ以来、ラーフは日と月を食べるのである［12］。大英博物館。

図8・27＝ケートゥ。大英博物館。

図8・28＝日天（太陽）。蓮華を持ち、馬車に乗るというのが日天の一般的な図像学的特徴である。「火羅図」『大正大蔵経図像部』第七巻六九八頁。

ケートゥ（図8・19）は下半身が蛇で描かれることが多い（図8・27参照）。しかし、図8・24では蛇身ではない。一方、図8・25、8・27では右手に剣を持つ。ラーフは一般に頭部のみあるいは胸部までの姿で表される（図8・20、8・25、8・26）。あまりの空腹のため、自分の身体を頭を除いて食べてしまったので頭部のみとなったという伝承が残っている。日月食の際には、太陽あるいは月を食べてしまうので面、特に口が強調されるともいわれる。カトマンドゥ盆地の寺院に見られるトーラナの最上部には面と両手のみのキールティムカが見られることはすでに述べたが、キールティムカの代わりにラーフが描かれる場合もある［13］。面のみであるという姿の共通性の故であろう。

九曜それぞれの持ち物や乗り物は一定していないが、身体の色については諸文献はおおよそ一致している。すなわち、太陽と火星は赤、月と金星は白、水星と木星は青、土星は青、ラーフは赤みがかった青、あるいは青、ピンクがかった白、あるいは五色、ケートゥは青、あるいはピンクがかった白、あるいは煙色である［14］。

中国、日本においても九曜および七曜（ケートゥとラーフ以外の七星）は、人生のさまざまな側面において吉凶を占う際に重要な役割を果たした。九曜のみではなく、二八宿、十二宮、北斗七星、北極星（妙見《みょうけん》菩薩）などの運行の組み合

図8・29＝月天。ハンサ（野鴨）に乗る。「大悲胎蔵大曼荼羅」（外部金剛院）『大正大蔵経図像部』第1巻789頁。

図8・30＝羅睺（らご）星（ラーフ）。身体を雲で包んでいるが、ネパールでは火炎に包まれている[15]。「梵天火羅（ぼんてんから）九曜」『大正大蔵経図像部』第7巻708頁。

わせによって吉日が選ばれたのであるが、これらの天文学的知識はわずかな違いがあるもののインドで整備されたものであった。

注

[1] Daniélou, A., 1985, p.160.
[2] Ibid., p.161.
[3] Ibid., p.162.
[4] Mani, V., 1975, p.307.
[5] Stutley, M.&J., 1977, p.175.マカラのヘレニズム的要素については、田辺、二〇〇六年、第9章参照。
[6] Smith, W., 1994, Ills.44-45.
[7] Kinsley, D., 1987, p.9.
[8] Stutley, M.&J., 1977, p.234.
[9] 立川、一九九〇年、口絵〇四〇―〇四一。
[10] 前掲書、二四九頁。
[11] 仏教のパンテオンにおける九曜については、立川、一九八七年、一三四―一三九頁参照。
[12] 上村、二〇〇二年、一巻一四八頁。
[13] 例えば、カトマンドゥ市のクマリ・チョークに見られるトーラナ上部にラーフが見られる。
[14] Pal, P., and Bhattacharyya, S.D.C., 1969, p.34.
[15] 立川、一九八七年、一三八―一三九頁。

第9章　プネーの神々

デカン高原の町プネー

これまでの章においては美術的価値をもつヒンドゥイズムの神像を中心にしてヒンドゥー・パンテオンについて考察してきた。この章では、地域の生活の中にあるヒンドゥーの神々の姿をマハーラーシュトラ州の一都市プネーPune（旧名プーナ）において見てみたい。プネーは、本書第1章「プネーの魔女」で述べたように、ヒンドゥイズムの「大いなる伝統」と「小さな伝統」との共存と確執がかなり顕著に見られる地域である。本章においては現在のプネーで崇拝されている神々のイメージを考察する際、「大いなる伝統」と「小さな伝統」の関係にも注目したい。

ムンバイから東南約一八〇キロの地点にプネー市がある。ムンバイから車で二時間ほど走るとデカン高原（インド半島の南半分を占める台地）の「西の壁」が姿を見せる。それを一気に登ると、標高約一千メートルの高原に出る。プネーの町は台地の「西の壁」を登りきってからさらに東南の方向、車で約一時間のところにある。

二〇〇五年現在、この市は人口二五〇万人を超え、工業地帯としても知られている。図9・1に見るように南から北上してきたムターMuthā川が北から南下してきたムーラーMūlā川にプネー市の北部で合流して、ムーラー川を合わせたムーラー・ムター川は方向を北東に変えて流れている。プネー市はムター川沿いに発展した町である。プネー旧市街は、ムター川の東、ムター川とムーラー川の合流点（サンガム）の南、すなわち図9・1のA区域にある。この地区に並ぶ古い木造建築と、その建物の間を走る、曲がりくねった狭い道は、プネー千年の歴史を偲ばせる。バラモン階級にとって重要な寺院のほとんどがA地区に存在している。

図9・1に示されたB区域はキャントンメンと呼ばれ、イギリス軍のキャンプがあった地区である。ここにはキリスト教教会も残っているが、パーシー、中国人、アラブ系の人々が多い地区である［1］。

旧市街（A）の南に広がるC区域は新興地区であり、自動車やスクーターなどの販売店や修理工場、新興住宅などが多い。旧市街（A）から川を越えた西の区域（D）は「新興の中心街」とも呼ぶべきデッカン・ジムカナ地区である。市バスターミナル、スーパーマーケット、映画館、ホテル、レストランなどが多く、夜おそくまでにぎわうところである。この地区には研究所、大学なども多い。

デッカン・ジムカナ（D）の北、旧市街（A）の北西には、古い歴史を有する町シヴァージー・ナガル（E）がある。ここにはパータレーシュヴァルPātaleśvarと呼ばれるヒンドゥー窟院がある［2］。この窟院は完成には至らなかったが、千年以上も前にこの地で大がかりなヒンドゥー寺院造営工事があったことは、この地域がかなり昔からヒンドゥー文化の一つの中心地であったことを物語っている。

DおよびEの両区域の西は丘陵地帯である。この丘陵の中腹に、後で取りあげる女神チャトゥフ・シュリンギーの寺がある［3］。この丘陵地帯にあっても、この三十年来、開発がめざましく進み、団地がいくつも新設されている。

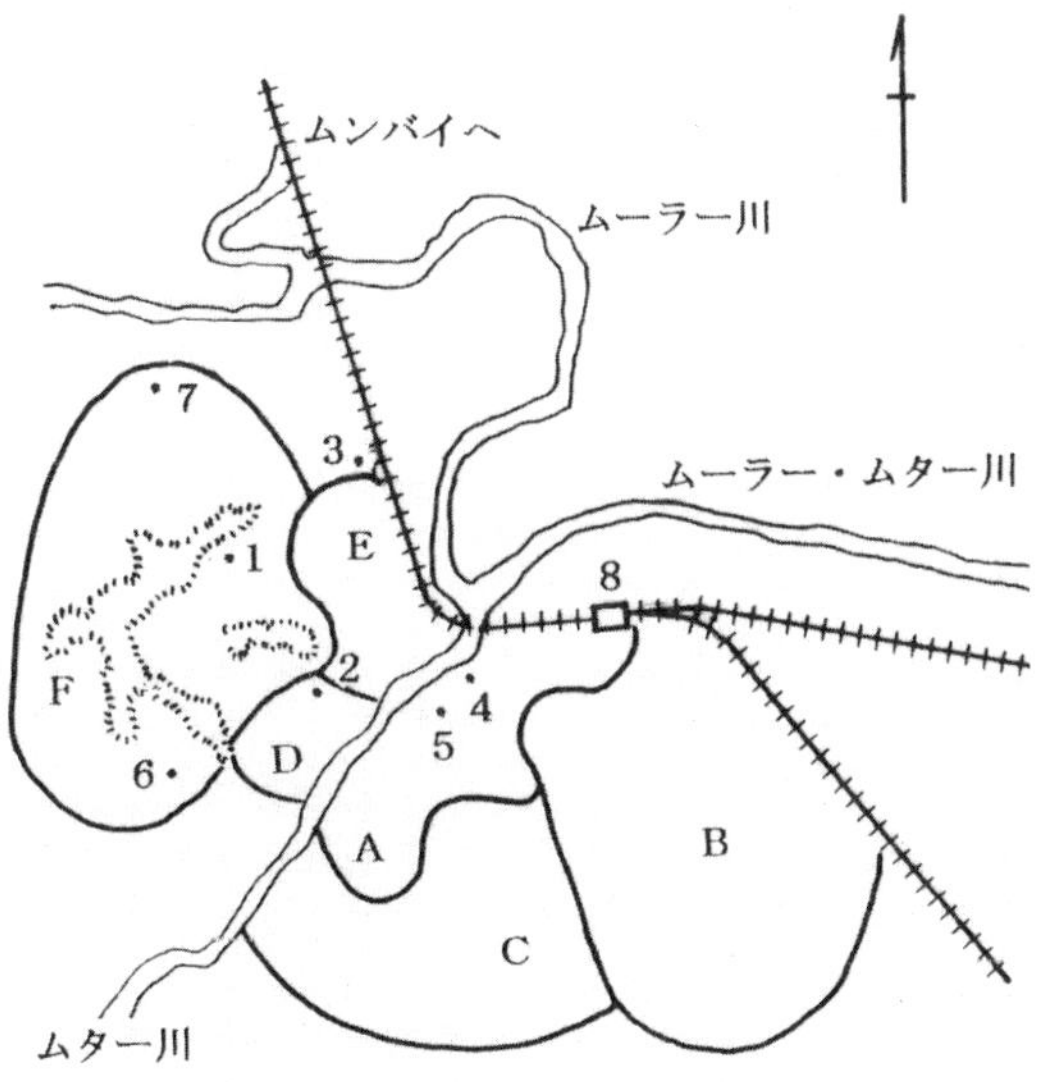

図9・1＝プネー市略図。（番号1―8に関しては本章注［1］参照）

プネー地域のガナパティ崇拝

プネーおよびその周辺では古くからシヴァの息子ガナパティ、すなわちガネーシャの崇拝が盛んである。すでに述べたように（本書三二五頁）「ガナ」とは、とりまきあるいは眷属、特にシヴァの眷属を意味し、「パティ」とは頭目、長を意味する。したがって、「ガナ・パティ」とは「シヴァの眷属の長」のことである。「ガネーシャ」は「ガナ・イーシャ」のことであるが、「イーシャ」も「パティ」と同じ意味であるゆえ、「ガネーシャ」と「ガナパティ」は同じ神を指す。ムンバイやプネーのあるマハーラーシュトラ州では「ガナパティ」の名称のほうが一般的である。

プネーの旧市街にカスバKasbaと呼ばれている地域がある。「カスバ」とは町を意味するが、ここがプネーの町のかつての中心地であった。ここにカスバ・ガナパティと呼ばれるガナパティを祀る寺院があり（図9・2）、今も多くの参拝者で賑わっている［4］。象面神ガナパティはカスバの「村の神」（グラーマ・デーヴァター）であったといわれるが、その「村の神」がプネーの町が発展するにつれてプネーの町全体の守護神となったと考えられる［5］。

ヒンドゥイズム神話では、ガナパティはシヴァの長男と伝

図9・2＝カスバ・ガナパティ寺院。二〇〇四年。

えられている。ヒンドゥイズムの主要神の一人シヴァの息子であることは、ヒンドゥイズム神話においてかなり重要な位置を占めていることを意味する。しかしプネーとその周辺地域において、ガナパティはシヴァの息子であるという地位を超えて、主要神ブラフマーと並ぶ位置を与えられている。この地域においてガナパティ崇拝がそのように重視された理由は明確には分かっていないが、この地域のガナパティ崇拝がバラモンたちによって支えられていることに注目したい。この地域にはシヴァ崇拝、ヴィシュヌ崇拝、女神崇拝以外の崇拝形態を求めたバラモンたちのグループが存在し、そのようなバラモンたちがガナパティを最高神へと祀り上げたのであろう。

これまで見てきたように、ヒンドゥイズムにおいては、ブラフマー、ヴィシュヌ、シヴァを三主要神とし、ヴィシュヌやシヴァにはそれぞれ妃がいるというような神話システムが成立している。ヒンドゥイズムの一般的な神話にあっては、紀元後の成立と考えられている象面神は、シヴァ崇拝のなかに組み込まれた一人の神にすぎない。しかし、ヒンドゥイズムにあっては、群小神の一人であっても最高神の位へと祀り上げられることがしばしば見られる。このような崇拝のあり方を英国のインド学者マックス・ミュラーはヘノセイズム（henotheism）と呼んだ。「ヘノス」とはギリシア語で「一」

を、「セオス」は神を意味する。したがって、「ヘノセイズム」とは、文字通りには「一神教」を意味するが、M・ミュラーはこの語をユダヤ・キリスト教的伝統における「唯一神教」（monotheism）とは異なった意味に用いている。つまり、「どの神も最高神となり得る伝統」という意味である。この語は「交替神教」と訳されることがある。

図9・3＝一〇臂のガナパティの社。二〇〇四年。

カスバ・ガナパティ寺院本堂は、本尊ガナパティを祀る奥殿と参拝の人々が坐るホールとに分かれている。ホールの壁に次のようなサンスクリットの一文が書かれている。

　あなた（ガナパティ）が「明白なる原理」であり、
　あなたはそれ（宇宙我ブラフマン）である。
　あなたのみが創造者であり、
　あなたのみが維持者であり、
　あなたのみが破壊者である。
　あなたが一切である。（後略）

これは一〇世紀以降の編纂と推定される『アタルヴァ・シールシャ』*Atharvaśirṣa* の一節であるが、ガナパティ崇拝の経典の一つである。壁に書かれた文の中で、「明白なる〔原理〕」（pratyakṣam）は中性名詞であり、男神ガナパティを修飾する形容詞ではなくて、中性原理ブラフマン（宇宙我）を意味すると思われる。次の「あなたはそれである」（tat tvam asi）とは、『チャーンドーギヤ・ウパニシャッド』（VI,7,11,3,etc）にある、インド思想上もっとも有名な句であり、宇宙我と個我との本来的同一性を表している。

図9・3は旧プネーの一つの中心である野菜市場マンダイーの近くにあるガナパティの社である。この社には「栄えあ

図9・4＝ハルワーイー・ガナパティ。

る十臂のガナパティの社」と書かれている。プネーにはこのような小さな社が無数にある。プネーでは従来からよく知られているカスバ・ガナパティ寺の他に、近年ではハルワーイー・ガナパティ寺（図9・4）が人気を集めている。

「ハルワーイー」とはここでは菓子商人、菓子屋を意味する。元来、ガナパティは甘党で知られており、この神に特徴的なシンボルの一つは饅頭（モーダカ）である。図9・3のガナパティの左第一手が持っているのはモーダカであるが、このようなモーダカを持つイメージが今日のインドにおけるガナパティの一般的なイメージである。

八人のガナパティ（アシュタ・ガナパティ）

プネーを取り囲むようにして八つのガナパティの寺院がある。それらはプネーから車で一時間から数時間の距離にある。それらの寺院のいずれにあっても自然石の像が「自然に浮き上がった」（スヴァヤンブー）ガナパティの姿として祀られている。これらの寺院は「アシュタ・ガナパティ」（八ガナパティ Aṣṭagaṇapati）と呼ばれており、プネー地区の人のみならずマハーラーシュトラ州の人々のガナパティ巡礼の霊場となっている（図9・5、9・6）。

（1）これらの霊場のうち、もっとも有名なのは、プネーの東南モルガオンにあるマユーレーシュヴァル Mayūreśvar であり、孔雀に乗っているといわれる。

（2）プネーから車で一時間ほどの距離のテウルにあるガナパティは、「チンターマニ」（如意宝 Cintāmaṇi）と呼ばれる。この地でガナパティはカピラ仙人のために強欲な魔神グナから如意宝を取り戻したと伝えられている。

（3）ランジャンガオンの地に祀られているマハーガナパティ（大ガナパティ Mahāgaṇapati）には、ヒンドゥイズムの主神シヴァが魔神トリプラスンダラと戦う前に祈ったといわれている。つまり、ここではガナパティはシヴァの息

図9・5＝プネー周辺の八ガナパティとハルワーイー・ガナパティ

1	4	7
5	9	2
6	8	3

1　マユーレーシュヴァル
2　チンターマニ
3　マハーガナパティ
4　シッダ・ヴィナーヤク
5　ヴィグナハラ
6　ギリジャ・アートマカ
7　ヴァッラーレーシュヴァル
8　ヴァラド・ヴィナーヤク
9　ハルワーイー・ガナパティ

図9・6＝八ガナパティ（それぞれの名称に関しては9・5参照）。ここではハルワーイー・ガナパティが八ガナパティの中央に置かれている。

子というよりは、シヴァを凌ぐ勢力を有する神と考えられている。

（4）シッダテクには「シッダ・ヴィナーヤク」Siddhavināyakと呼ばれるガナパティが祀られている。このガナパティには、ヴィシュヌが魔神マドゥおよびカイタヴァと戦う前に祈ったと伝えられている。このガナパティの鼻は、通常の場合と異なり右巻きである。

（5）オージャルにはヴィグナハラ Vighnaharaの寺院がある。ガナパティは魔神ヴィグナースラを殺すとき、ここに見られるような姿を採ったといわれる。

（6）レニャドリの近くには、「ギリジャ・アートマジャ」（ギリジャの息子 Girijātmaja）と呼ばれているガナパティが祀られている。シヴァの妃パールヴァティーがガナパティを息子として身ごもるためにこの地で苦行をした、と伝えられている。

（7）ムンバイ—ゴア道路の近くのパリには、バァッラーレーシュヴァル（バッラルの主 Vaḷḷaleśvar）の社がある。ここではガナパティを崇拝していた少年バッラルを、ガナパティが村人の迫害から守ったと伝えられている。

（8）マハドにはヴァラド・ヴィナーヤク（願いを叶えるガナパティ Varadvinayāk）が祀られているが、この神は富と成功をもたらすと信じられている［6］。

図9・7＝ガナパティにヨーグルトが捧げられている。一九八一年。
図9・8＝ガナパティに衣、装飾が捧げられ、供養はほとんど終わっている。

図9・7は、プネー在住のバラモンの家にしつらえられたガナパティの祭壇である。一九八〇年代、この家では毎日、ガナパティに対する供養（プージャー）が行われていた。日本において供養といえば、ほとんどの場合、祖先供養なのであるが、インド、ネパールにおいてプージャーとは、ヴィシュヌ、シヴァ、ガナパティなどの神に対して供物を捧げて礼拝する儀礼のことをいう。祖先供養は「シュラーッダ」（śrāddha）と呼ばれて、プージャーとは区別される。

　プージャーは、遠方より訪れた客をもてなした後、その客が帰るのを見送るのと同じような手順で、神を招き入れ、もてなした後、見送るという形式をとる。後世整備されたプージャーには一六のステップがある。

　すなわち、（1）神を招き入れ、（2）神が座るための座を差し出し、（3）神の足を洗うための水、（4）神に供えるための水（閼伽《あか》）、（5）神が口を漱ぐための水を差しだし、（6）神を沐浴させ、（7）衣、（8）上着、（9）香水、（10）、華、（11）線香、（12）灯、（13）馳走を差し出し、（14）神像を右回りに回り、（15）礼拝し、（16）神を見送るのである［7］。

　このような神を招き、もてなし、送りかえすというかたちのインドの儀礼は、日本の密教にも伝えられており、十八道と呼ばれている。

ダッタ神とウドゥンバラ樹

ガナパティと並んでプネー地区でよく知られた神はアトリ仙の息子ダッタ・アートレーヤDatta-ātreyaであり、一般には「ダッタ」Dattaと呼ばれている。この神は犬と牛を従えた三面の青年としてイメージされることが多い。ダッタ神は、プラーナ文献においてすでに知られている「古い神」である。『ブラフマーンダ・プラーナ』*Brahmāṇḍa-purāṇa*（ch. 39-44）には、シーラヴァティー女神の怒りを宥めるために、ヒンドゥイズムの三主要神ヴィシュヌ、ブラフマー、およびシヴァが彼女にひとつの願い事を許したと述べられている。その願い事とは、かの三神がシーラヴァティー女神の子供として生まれることであった。このようにして、ヴィシュヌはダッタとして、ブラフマーはチャンドラとして、そしてシヴァはドルヴァーサスとして生まれたと伝えられている。この伝説はダッタがヴィシュヌの化身であると伝えているのであるが、今日マハーラーシュトラ州を中心として崇拝されているダッタは、ヴィシュヌと特に関係が深いというよりも、かの三主要神のいずれとも等しい距離をとっているように思われる。

図9・9＝ウドゥンバラ樹のもとに設けられたダッタ神の社。デッカン・ジムカナ、プネー。二〇〇四年。

ガナパティは街角の小さな祠の中で祀られることが多いが、ダッタもしばしば街角の祠に祀られる。ダッタはイチジクの一種であるウドゥンバラ樹と深い関係にあり［8］、この神の社はウドゥンバラ樹の根元に置かれていることが多い。図版9・9は図9・1・Dのデッカン・ジムカナ地区における一つの四つ角に建てられているダッタ神の社である。この社の中の、白いタイルの上に、牛と犬を連れた三面の青年ダッタが描かれている。ダッタ神の社のあるウドゥンバラ樹の周りに歩き回れる空間があれば、その樹の周りを右回りに回り続ける人がしばしば見かけられる。

図9・10＝ダッタ神のパレード。デッカン・ジムカナ、プネー。

一九九〇年代に入ってから、インド全体においてヒンドゥイズムがよりいっそう活性化してきた、といわれる。近年プネー地区においてもこれまでには知られていなかったような儀礼あるいは祭りが見られるようになっている。例えば、図9・10に見るような、ダッタ神像をトラックに積んでパレードするようなことはつい最近始まったという［9］。

ダッタ神は、通常、三面六臂の青年として描かれる（図9・11—9・13）。これらの三面は、ブラフマー、ヴィシュヌ、シヴァの三神を意味し、これらヒンドゥイズムの三主要神がこの若い神に一体となって現れているといわれる。ただし、中央がシヴァの顔（U字形の印がある）であったり、ヴィシュヌの顔（三条の横線がある）であったりして、三面の配置順は決まっていない。六本の手はブラフマーの持物である聖水瓶（カマンダル）、ヴィシュヌの持物であるホラ貝やチャクラ（円輪）や棍棒、シヴァに特徴的な三叉戟やダマル太鼓などを持つ。ただし、これらの持物をどの手が持つのかは一定していない。この神はほとんどの場合、牛と犬を連れている姿で表される。インドにおいて牛は聖なるものであると同時に浄なるものでもある。しかし、犬は路上の死肉を食べるからであろうか、不浄なるものと考えられている。おそらくは、かの三主要神が一体となった神であれば、不浄なるものをも身の近くに置くことはあろう。シヴァの恐ろしい姿（畏

図9・11（右）＝三面六臂のダッタ神。通常、青年の姿で表される。
図9・12（左）＝修行者の姿をしたダッタ神。

怖相）であるバイラヴァ（本書二〇六頁参照）は犬を連れていた［10］。

図9・11が現在のマハーラーシュトラにおけるダッタ神のイメージの典型であるが、この神は図9・12のように修行者の姿で描かれることもある。図9・13はプネー地区の聖者であり、ダッタ神への帰依者としてよく知られているアッカルコートAkkalkot（一八五七年没）を示している［11］。この聖者を「師（グル）」として崇拝する信徒たちのグループが今日でもプネー市にいる。

図9・13＝ダッタ神の化身としての聖者アッカルコート。

図9・14＝「九人のナータ（導師）」

ダッタ神崇拝は一一、一二世紀以降、インドでよく知られるようになったナータ崇拝と深く結びついている。「ナータ」（nātha）とは導師、指導者のことであるが、「カイラーサ・ナータ」つまりカイラーサ山の主（シヴァ）というように「主」を意味することもある。「ナータ崇拝」の「ナータ」は、超能力を備え、神の化身として人々の崇拝を受ける聖者を意味する。

ナータ（あるいはナート）たちの運動はインド、ネパールの各地に見られ、どの地域がこれらの運動の発祥地であるかは不明である。数多くのナータたちのうち、マツェーンドラ・ナート Matsendranāthとその弟子ゴーラクシャ・ナート Gorakṣanāthがよく知られている。前者は歴史上の人物ではない可能性もあるが、彼はカトマンドゥ盆地において活躍し、後世では観自在菩薩と同一視されるに至った。「マツェーンドラ（魚の主）」とはカトマンドゥでは観自在菩薩の別称である。一方では、マツェーンドラナータはシヴァ崇拝と結びついた伝説を数多く残している。

ゴーラクシャ・ナート（ゴーラク・ナート、九―一二世紀）もまた超能力に富んだ聖者として伝説を数多く残している。雨を制御し、死者を蘇生させ、また二、三時間でバニヤン樹を成長させることができたなどと伝えられている。

ナータ崇拝はネパール、ベンガル、マハーラーシュトラなど広範囲において存在し、その流れは今も残っている。プネー地区においては「九人のナータ」（ナヴァ・ナータ Navanātha）がよく知られている［12］。図9・14は九人のナータの上に、ダッタ神が描かれ、さらにその上にヴィシュヌ、ブラフマー（向かって左）およびシヴァ（向かって右）が描かれている。先に述べた聖者アッカルコートは「一九世紀のナータ」と呼ぶことができよう。

図9・15は、二〇〇四年一二月、プネー市の民家で行われたダッタ神誕生を祝うホーマの炉およびシヴァやナータたちの絵を示している。アッカルコートの絵も含まれていた。プネーでは超能力の聖者シルディ・サイババ Śirḍī Saibaba

（一九一八年没、図9・16）に対する崇拝も盛んである。彼はイスラム教徒であったが、今日、ヒンドゥイズムの聖者としても尊敬されている。図9・17はヒンドゥー教徒が建てたシルディ・サイババの社である。

図9・15＝ダッタ神の誕生日（12月25日）を祝うためのホーマ儀礼。プネーの一信徒の玄関。ナータたちの写真が飾られている。2004年12月20日。

図9・16（右）＝聖者シルディ・サイババ。

図9・17（左）＝シルディ・サイババを祀る社。リキシャやタクシーの運転手によって建てられた。二〇〇四年。

ヴィシュヌの化身たち

プネーにおいても他の地域と同様、ヴィシュヌ崇拝が盛んである。本書第五章で見たように、ヴィシュヌは実にさまざまな化身の姿を採ると考えられている。プネーにおいてヴィシュヌの化身としてもっともよく知られているものはヴィッタル Vittal（ヴィッタラ Vittala）である。この名称は「〔戸口の敷石としての〕レンガに立つ者」を意味するが、この名称の由来を説明する伝説が残っている。すなわち「牧童女ラーダーにクリシュナ（ヴィシュヌ）の心が注がれるのに嫉妬した妻ルクミニーはパンダルプール Pandarpur の町（プネー東南約二〇〇キロ）に行ってしまう。クリシュナは妻の後を追ってこの町に来ると、知人の家の戸口に立った。しかし、その知人はクリシュナに気が付かず、彼を待たせてしまった。クリシュナは「戸口に敷かれてあったレンガに立ち（ヴィッタ）、両手を腰にあてて待った」という。今日パンダルプールを中心としてヴィッタル崇拝が盛んであるが、ヴィッタル神は両手を腰にあてた姿で表される（図9・18）。シェフの帽子のような冠を被り、両足を揃えた不動の姿勢は、第五章で見たヴィシュヌ像に通ずるものがある。妻ルクミニーも夫ヴィッタルと同じような姿で表される（図9・19）。

図9・18＝パンダルプール市のヴィッタル寺院本尊。ヴィッタルはヴィシュヌと同一視されている。

一九八一年七月末、クリシュナ・ジャヤンティ（クリシュナ誕生の祝い）がプネー旧市街のソーメーシュヴァル Someśvar 寺において行われた。その祝いはクリシュナへのプージャー（供養）というかたちで行われたが、クリシュナ（ヴィシュヌ）の像としてヴィッタル像が用いられていた。つまり、ヴィシュヌとヴィッタルは同一視されたのである。

図9・7、9・8で見たガナパティ・プージャーの場合と同様、このヴィッタル・プージャーも一六のステップを踏んでなされた［13］。水、花、線香などが捧げられた後、ヨーグ

ルトやミルクがかけられた。水で洗われた後、ヴィッタルに衣が着せられた。ヴィッタルとその妻ルクミニーに冠、飾りなどが捧げられた。最後には二人の神は人々に見送られ、「寺を去った」と見なされたのである（図9・20、9・21）。

野菜市場マンダイーの近くにトゥルシー・バーグ Tulsī Bāg 寺院（一八世紀中葉成立）がある。この寺院の主神はヴィシュヌの化身ラーマである。本堂の奥殿には、中央にラーマ、その右に腹違いの弟ラクシュマナ、左に妻のシーターの像が

図9・19＝ヴィッタル（右）とその妃ルクミニー。カスバ・ガナパティ寺院、プネー。

図9・20＝ヴィッタルとその妃ルクミニーに対するプージャー。ソーメーシュヴァル寺、プネー。

図9・21＝ヴィッタルとその妃ルクミニーへのプージャーが終わり、両神が「帰る」のを見送る。ソーメーシュヴァル寺、プネー。

祀られている（図9・22）。「この寺に今滞在している」という意味で、これらの神々は冠を被り、衣を着せられている。

図9・22はトゥルシー・バーグの本堂であるが、正面に奥殿、その前で五体投地をしている信徒が見られる（図9・23）。この寺院には毎日、多くの人が訪れ、礼拝したりプージャー（供養祭）の執行を依頼したりする。祭りの日には、人々は『ギーター』などを持参し、この堂内に坐って読む。つまり、この寺院では『ラーマーヤナ』の主人公であるラーマを祀ってはいるが、ラーマはヴィシュヌなのである。

図9・22＝ラーマ王子（中央）、異母弟ラクシュマナ（向かって左）およびラーマの妻シーター（向かって右）。トゥルシー・バーク寺、プネー。

図9・23＝五体投地を行う信徒。トゥルシー・バーク寺本堂。1977年。

ラーマの従者ハヌマーン

すでに述べたように叙事詩『ラーマーヤナ』では、王位継承権を奪われたラーマ王子が、妃シーターと異母弟ラクシュマナとともに森の中をさまようちに、シーターは魔人ラーヴァナにさらわれてしまう。妃を奪い返す戦いが『ラーマーヤナ』の多くの部分を占めている。その戦いの最中、猿ハヌマーンが現れてラーマ王子を助け、妃を奪い返すのである。

ラーマがヴィシュヌと同一視され、ヒンドゥイズムの中で重要な位置を占めるようになると、ハヌマーンも人気ある守護神として人々に崇められ、今日に至っている。この猿神はヴィシュヌやシヴァのような格の高い神と違って、人々がいわば「気軽に」願い事をすることのできる頼もしい存在と考えられている。ハヌマーンは「マールティ」とも呼ばれる。二〇〇六年の時点におけるインドにおいて、もっとも人気のある自動車のブランド名は「マールティ」である。

ハヌマーンは、図9・24に見られるように猿の顔で表されることが多いのであるが、図9・25のように赤く塗られた石の上に二つの目を描いたものがこの神のイメージ（像）として用いられることもある。

図9・24＝ハヌマーンはラーマが戦場で疲労困憊した時、ヒマーラヤ山に飛び、薬草を植えた山を山ごと運んだという。このポスターはインドのどこでも入手できる種類のものである。

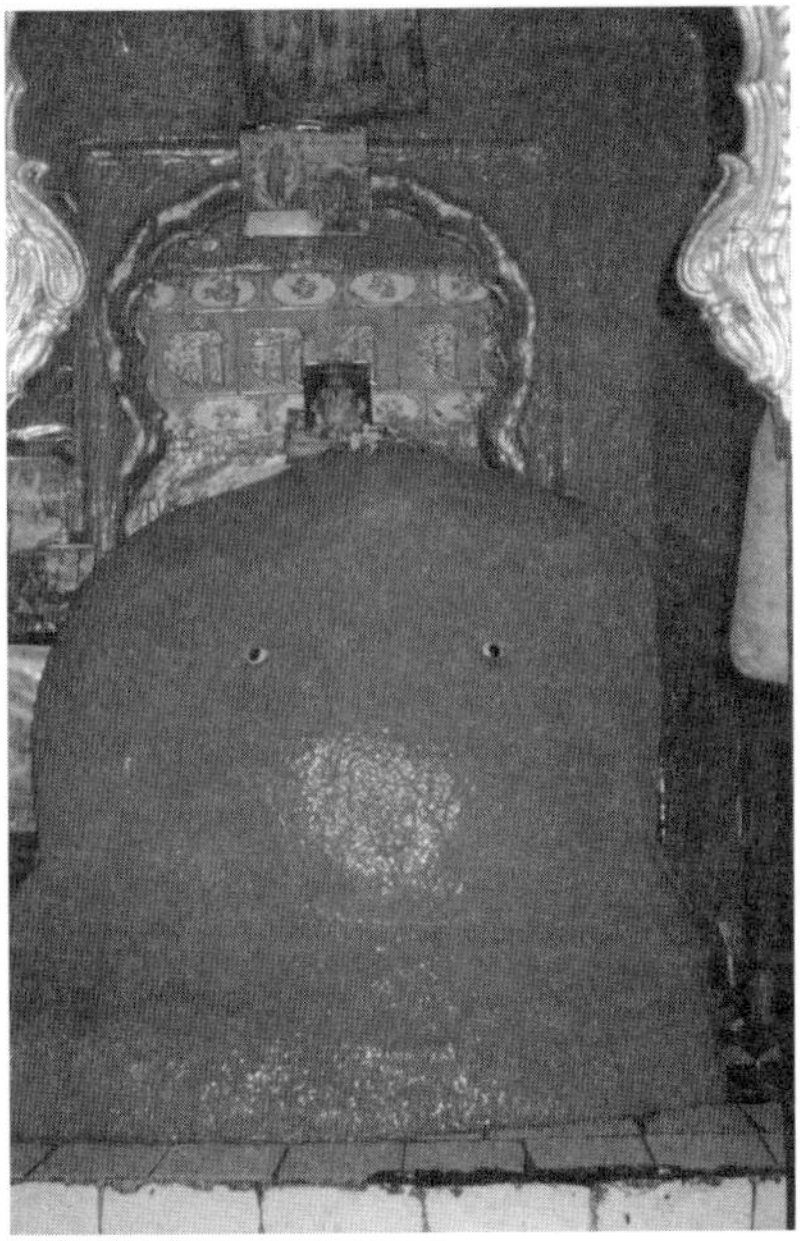

図9・25＝バーグヤー・マールティ。プネーの旧市街ブダワール・ペート。

聖者ジュニャーネーシュヴァラ

プネーから北へ車で四〇分ほどで聖者ジュニャーネーシュヴァラ Jñāneśvara（ニャーンデーヴ）が二一歳の若さで入定したと伝えられるアーランディー Āḷandīに着く［14］。入定とは、自らの意志により食を断ち、地下の室において永遠の「定」（禅定瞑想）に入ることをいう。マハーラーシュトラの人々は、この聖者が今も瞑想に入っているという。

ジュニャーネーシュヴァラの父はヴィッタル、母はルクミニーという。つまりヴィシュヌとその妃の名で呼ばれていた。父ヴィッタルは妻をアーランディーに残し、遊学のためヴァーラナーシーに行ってしまう。しかし、後にヴィッタルの師は残された妻の心労を思い、ヴィッタルを故郷に帰す。もどってきた夫との間に、ニヴリッティ Nivṛtti（寂滅）、ジュニャーネーシュヴァラ（知の主）、ソーパーナ Sopāna（解脱に至るための階段）の三男と娘ムクターバイ Muktābai（解脱した者）という四人の子供が生まれた。しかし、村のバラモン社会においてヴィッタルは二重の罪を犯したことになってしまった。二重の罪とは、家長の義務を放棄したこと、出家者が子供をもうけたことである。家長の義務を果たし、子供を育てた後で、家を出て遊行すべきだったというのである。

村人の冷たい目の中で子供たちが育つ中、父は子供たちに伝統的学問を教えた。やがて、子供たちに「成人式」（ウパナヤナ）の日が近づいた。「自分たちの罪を浄めるために」子供たちの両親は河に身を投じたと伝えられている。それでもなお村のバラモンたちはその儀式を子供たちに受けさせようとはしなかった。

ジュニャーネーシュヴァラは塀に乗ったままでその塀を動かしたり（図9・26上左）、牛にヴェーダを唱えさせたりしたという（図9・26下左）。彼は超自然的力によって村人たちを畏怖させたが、後には祀りあげられる存在になってしまった。この聖者は『バガヴァッド・ギーター』への注釈書『ジュニャーネーシュヴァリー』*Jñāneśvarī*を古代マラティ語で著した［15］。この書はマラティ文学の傑作といわれ、今日も多くの人に読まれている。この注釈書の中で彼は、「人は自らの務めを果たすべきだ」と強調している。彼にとっての務めとは神ヴィッタルつまりヴィシュヌへの帰依（バクティ）であったろう。彼はヴィッタル崇拝の聖地であるパンダルプールに巡礼に出かけた後、故郷にもどってしばらくして入定したと伝えられている。彼を入定へと導いた原因は何だったのか（図9・27、9・28）。

『ジュニャーネーシュヴァリー』に述べられた思想は、青年のみに許されたひたむきさに溢れているが、ヴェーダンター学派の「神学者」ラーマヌジャの思想に見られるような円熟度は見られない。若さと自らを葬ることを彼は神への帰依の証と考えたのであろうか。

図9・26（上右）＝ジュニャーネーシュヴァラ（下段中央）はヨーガの行法によって背中に熱を出してパンケーキ（チャパティ）を焼いたと伝えられる（上段右）。上段中央はヴィッタル神とその妃ルクミニーである。
図9・27（上左）＝アーランディーの寺院本堂の奥殿に置かれたジュニャーネーシュヴァラ像。この像の下が入定の地と伝えられる。
図9・28（下）＝アーランディーの寺院境内。2004年。

シヴァのイメージ

プネー地区にシヴァ崇拝がないわけではもちろんない。図9・29はインド、ネパールのどこでも入手できるシヴァのポスターであるが、プネーの寺院や住宅でもしばしば見受けられる。膝掛け（カトヴァーンガ）に腕を置き、巻き髪（ジャター）を有し、蛇を首に巻き、虎皮の上に坐る姿で表されている。

図9・29＝ヒマーラヤ山中で、バニヤン樹の下に坐るシヴァ。

プネーの市街地区（図9・1参照）には、未完成のシヴァ教石窟寺院パータレーシュヴァル（八世紀頃）が残されている。すでに完成していた部分である奥殿のリンガ・ヨーニに対して、プージャーが行われていた（一九九九年）。リンガに巻き付いた蛇（図9・30）は、精神生理学的な行法であるハタ・ヨーガにおいて考えられる女神クンダリーニを表している。この女神は行者の身体を走る「脈管」の中を上昇するのである。この蛇の姿を採る女神（シャクティ）は男神シヴァの力（シャクティ）に他ならない。

図9・30＝石のリンガに巻き付いたコブラの姿のクンダリーニ。

プネーの歴史とバラモン文化

プネーから車で一時間ほどムンバイの方角へ行くと、インド最大の仏教石窟カルラー Karlā（紀元一、二世紀）があり、その近くにはカルラーと同時代、あるいはそれよりも古いと考えられる仏教窟院バージャー Bhājāがある。すでに述べたように、プネー市街区には八世紀頃のヒンドゥー窟院が残っている。このようにこの地区は古くからマハーラーシュトラにおける文化的中心の一つであったが、市としてのプネーにはおよそ千年の歴史があると考えられる。プネー市においてバラモンたちの勢力は強い。プネー地区のバラモンの集団として、「コーカナ・スタ・バラモン」と「デーシャ・スタ・バラモン」が有名である。前者はムンバイを中心として、北はトリムバク、南はラトナギリあたりまでコーカン地方出身（スタ）のバラモンをいい、インド・アーリア人の血統を引く。『プラクティカル梵英辞典』の著者として有名なS・V・アプテはコーカン地方出身のバラモンである。後者は、プネー地区（デーシャ）出身のバラモンであり、原則的にはマラータ族に属する。プネーでは「デーシャ・スタ」のほうが圧倒的に多い。プネーには、インド国家の大プロジェクトである『梵英辞典』の編纂を続けているデッカン・カレッジがある。また、サンスクリット学科およびサンスクリット学センターを有するプネー大学、『マハーバーラタ』プネー版の出版を行ったバンダルカル研究所やヴェーダ祭式研究叢書『シュラウタ・コーシャ』*Śrautakośa*を出版しているヴァイデカ研究所など、サンスクリット学関係の大学や研究所が多い。プネー地区においてバラモン勢力が強いことと、この都市がサンスクリットを中心としたインド学の盛んな地域として全インドの中でも屈指の場所であることには強い相互関係があることが分かる。

プネーにおける多数派のマラーター人たちの歴史は、一七世紀の英雄シヴァージー Shivājī（一六二七―八〇）を無視して語ることはできない。彼はムガル帝国第六代皇帝アウラングゼーブ Aurangzebと戦い、捕らえられてしまう。しかし、プネーに戻ることができた後、再びマラーターのために戦った。今日でもプネーには「シヴァージー」の名に因んだ町があり、この土地の人々にとっては守護神的存在である。

シヴァージーの没後、アウラングゼーブはデリーからデッカンの地に都（アウランガーバード）を移した。それ以後、プネーはムガール帝国の支配を受けることになった。バジ・ラオ Baji Rao一世（在位一七二〇―四〇）に始まったペシャワールの時代はバジ・ラオ二世（在位一七九六―一八一七）まで続いた。一八一八年、この地域は英国の統治下に入った。

プネーの女神たち

　プネーにおいても女神崇拝は盛んである。とはいえ、ヒンドゥイズムのパンテオンにおいてよく知られている女神たちが尊崇されているわけではない。例えば、「水牛の魔神を殺す女神」ドゥルガーや「血を好む女神」カーリーなどへの崇拝は、少なくともバラモンなど上位三つのカースト（ヴァルナ）の間では重要ではない。ヴェーダ以来の伝統を受け継ぐサラスヴァティー（弁財天）やラクシュミー（吉祥天）のイメージは、寺院や一般住居の壁に掛けられているポスターから知られるように、人々の間に受け入れられている。しかしサラスヴァティーやラクシュミーを主導とする寺院で有名なものはない。

図9・31＝プネーの「村の神」（グラーマ・デーヴァター）ヌーンバディ（赤い）ジョーゲーシュヴァリー。

　プネーの女神として、人々はまずジョーゲーシュヴァリーJogeśvarīを挙げる。この女神の寺は旧市街A地区（図9・1参照）にある。主尊の女神像は小さな自然石であるが、普段は人間の顔の面を被せてある（図9・31）。この女神はヒンドゥイズムの「小さな伝統」に属する女神であるが、この寺院に参詣に来る人々のほとんどは上位三つのカーストに属する者たちである。この女神はこのあたりの「村の神」（グラーマ・デーヴァター）であったといわれている。

　プネーの西端にはガネーシュ・キントと呼ばれる丘陵地帯があり、その中腹にチャトゥフ・シュリンギー Catuḥśṛṅgī 寺が建っている［16］。この名称は「四つ（チャトゥフ）の峰に住む女神（シュリンギー）」を意味する。この寺は、プネーの北一八〇キロほどにあるナーシクの女神サプタ・シュリンギー（七つの峰に住む女神 Saptaśṛṅgī）と関係があるようだ。昔、サプタ・シュリンギーを参拝するためにナーシクを訪れていた男性が歳をとり、ナーシクに行けなくなったと嘆いていたところ、このガネーシュ・キントの山腹に女神が現れたという。チャトゥフ・シュリンギー神の彫像は岩山の中腹に「自然に生まれ出た」自然石である（図9・32）。

図9・32（上右）＝チャトゥフ・シュリンギー女神の石像とバラモン僧。1981年。
図9・33（上左）＝サプタ・シュリンギー（七本の角あるいは峯を有する）女神。
図9・34（下）＝チャトゥフ・シュリンギー女神の寺院参道。2004年12月。

サプタ・シュリンギー女神は一般に一面一八臂の姿で表わされる（図9・33）。

図9・34は、二〇〇四年一二月の時点でのチャトゥフ・シュリンギー寺である。バスやトラックの走る通りから山門まで約一五〇メートルあり、そこからさらに一〇〇メートルあまりの階段を登って本堂に着く。本堂の近くには図9・33のイメージに似たサプタ・シュリンギーの石像が祀られている。この寺院はアンガル姓のバラモンの一門により二年毎の持ち回りで運営されている。

　インド全土にわたり、この二、三〇年におけるヒンドゥイズムの発展はめざましい。この間に人々の生活水準は上がったが、それに比例してヒンドゥー教寺院の建物は新しく大きく造りなおされ、境内も広くなり、整備されたりしている。チャトゥフ・シュリンギー寺の場合も境内は整備され、境内の建造物の数も増え、本堂も改装された。

　図9・35は一九八一年夏のチャトゥフ・シュリンギー寺である。二〇〇四年時点の写真と較べると、この間に境内が整備され、建造物の数も増えていることがわかる。この寺は主としてチャトゥフ・シュリンギーを祀っているが、この女神の他にもさまざまな神が祀られている。図9・36に見るよう

図9・35＝チャトゥフ・シュリンギー寺院参道。1981年夏。

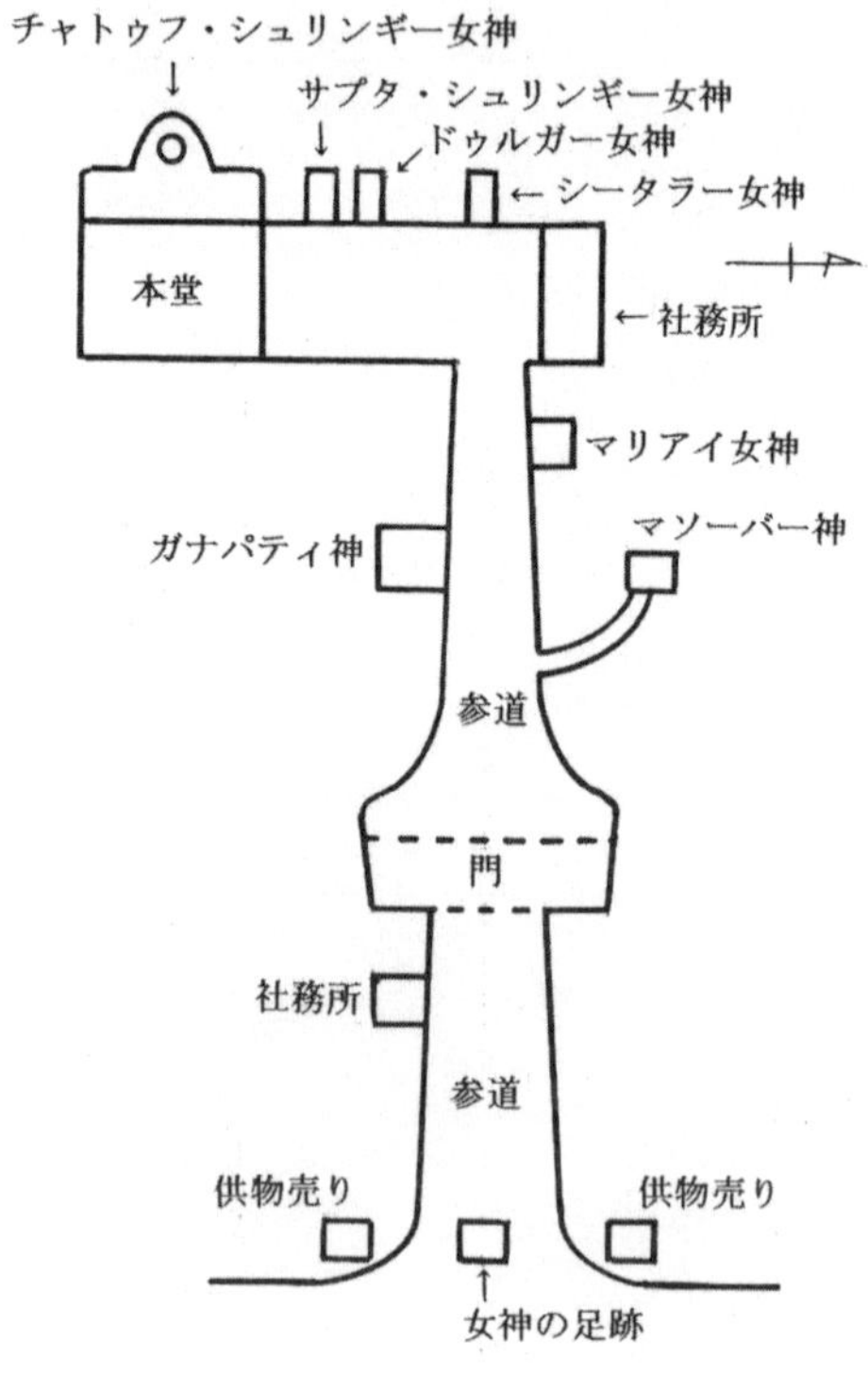

図9・36＝チャトゥフ・シュリンギー寺院配置図。

に、シヴァ・リンガ、ガネーシャ、マソーバー（本書三五三頁）、マリアイ（本書三五一頁）などが祀られている。

本堂奥殿では毎日、女神に対してプージャーがなされる[17]。その手順は、本章でガナパティ・プージャーに関して述べたものとほぼ同様である。図9・37は、アンガル家のバラモン僧が岩山から突き出た女神の顔に水をかけている場面である。女神を招き、足を洗う水や口をすすぐ水を差し出した後、女神に沐浴（スナーナ）をさせる。この沐浴は灌頂（アビシェーカ）とも呼ばれ、女神像にミルク、香水、ヨーグルトなどをかけ、最後に水をかけるのである。この後、女神に衣が着せられ、バナナやココナッツなどの食事（ナイヴェードゥヤ）が差し出される。図9・38では僧たちが讃歌を歌っているが、この後、女神像に花が投げられる。客として招いた女神が帰るのを見送るための所作である。日課としてこのような儀礼がくりかえされる。秋にはマラティ語で「ナヴァラートラ」（九夜祭Navarātra）あるいは「ダサラー」（十日目祭Dasalā）と呼ばれる大がかりな祭礼も行われている。

図9・37（上）＝チャトゥフ・シュリンギー女神像に水をかけて「沐浴」させるバラモン僧。1981年。
図9・38（下）＝チャトゥフ・シュリンギー女神像の前でシンバルを打ち鳴らしながら讃歌を歌う祭司たち。女神に対するプージャーは終わりに近づいており、沐浴、着替え、食事などが済んだ後の場面である。この写真は1979年夏のものであり、図9・37と比較すれば明白なように、女神像のまわりは「改装」以前のものである。

図9・39＝トゥルジャープル市の守護神トゥルジャー。

カトマンドゥへ旅した女神

プネーではトゥルジャー Tuljhā女神のポスターをよく見かける（図9・39）。この女神はプネーから東南東、二百数十キロの距離にあるパンダルプールの近くの町トゥルジャープルの守護神トゥルジャーである。プネーからの参拝者も多い。カトマンドゥ盆地において一二〇〇年頃から一七六九年まで栄えたマッラ王朝の守護神がタレジュ Talejuであり、この女神はイスラム勢力から逃れたマッラ王朝の祖先がトゥルジャープルから持ち込まれ、タレジュとなった。

図9・40＝レーヌカー女神の土着的イメージ。

女神レーヌカー

プネーとエローラ石窟との中間あたりにマフル Mahurの町があり、ここに女神レーヌカー Renukā 崇拝のセンターがある（図9・40）。「レーヌカー」とは、ヴィシュヌ神の一化身であるパラシュラーマ（本書一五六頁）の母の名であり、妻の名前でもある。パラシュラーマは母を殺し、それを蘇らせて妻としたと伝えられている。この女神の社は、プネー近郊、例えばカルラー石窟の近くにも見られる。この女神のシンボルは一般に並べられた小さな石である。

天然痘の神シータラー

「シータラー」Sītalāとは寒さ、悪寒による震えを意味するが、このような症状を伴う天然痘の女神をも意味する。かつてはこの女神に対する崇拝はプネーでも盛んであったといわれている。今日でもこの女神の小さな社があちこちに見られる。女神は右手にホウキ、左手に壺を持ってロバに乗った姿で表される。図9・41では赤い衣を着ているが、裸でロバに乗ることもある。社の中では、一般にこの女神は石で表現され、アカシアの一種の下に住むといわれている。

図9・41＝天然痘の女神シータラー。市販のポスター

小さな伝統の神マリアイ

マリアイMariai女神への信仰はいわゆる「低カースト」の人々の間に見られるものである。この女神の社は図9・1（3）のマリアイ・ゲイトのように町はずれにあることが多いが（図9・42、9・45）[18]、図9・43のマリアイ女神の社のように旧市街地に置かれることもある。図9・43の社は、旧市街地にあるプネーの「村の神」ガナパティの寺カスバ・ガナパティから数十メートルと離れていない。

すでに述べたように（本書八頁）、マリアイ女神は「マハー

図9・42＝マリアイ女神のシンボルとしての石。マソーバー・ゲイト（図9・1、9・2）の社の前に置かれていたが（1981年8月）、寺院改装後の2005年12月にも残されていた。この石にはハイビスカスの花などが供えられ、赤い粉（クンクム）や黄色い粉（ハリドラー）が付けられていた。

ラクシュミー」（大吉祥天）といわれている。ラクシュミーはすでにヴェーダ聖典において知られている女神であり、日本の仏教においては、吉祥天として親しまれている。

しかしマリアイはかの吉祥天とは異なる女神である。マリアイの人々が自分たちの女神を「大いなる伝統」の女神ラクシュミーに「大」（マハー）を付けて呼んでいるのである。「マハーラクシュミー」という名称は、ネパールにおいては「八母神」の第八番目として名前があげられているが、マリアイ女神はこの第八の母神とも異なっている（図9・44）。

「マハーラクシュミー」つまり大いなる吉祥あるいは大きな幸運というこの女神の名称を聞いて、多くのヒンドゥー教徒は、「大いなる不幸」（マハー・ア・ラクシュミー）を思い起こすという。というのは、このマリアイが幸運（ラクシュミー）を司る女神であるとともに、不幸（ア・ラクシュミー）をも

図9・43（上）＝マハーラクシュミーすなわちマリアイ女神の社。バス停の横にあるこの社の中には、赤く塗られた三つの石があり、これらは女神のシンボルである。マリアイ女神はしばしば複数のシンボルによって表現される。2004年。

図9・44（下）＝マハーラクシュミー像（図9・42の中央部）。ここでは女神は象に乗り、一組の両手に蓮華を、左の一手には葉を入れた瓶を持つ（図1・2参照）。2004年。

たらす女神であることはよく知られている。このように相反する方向の力を一人の女神がもっているので人々はこの女神の気分をそこねないように、畏れ敬うのである。マリアイ女神はしばしば先に述べた天然痘の女神シータラーと同一視される。シータラーも天然痘を治す力をもつとともに、この病を人に移す力をも持っている。このように相反する力を一人の神がもつことは、インドにおいてしばしば観察される。

図9・45＝マリアイ女神のシンボル。チャトゥフ・シュリンギー寺院（図9・34、9・35）の本堂に続く参道に祀られている（図9・36）。この寺院にバラモンたちが参拝することもあるが、彼らはマリアイの社をほとんど無視する。2004年。

水牛の魔神マソーバー

マリアイ崇拝と並んで、プネー地区には「低カースト」の人々に人気のある崇拝形態としてマソーバー Mhasobāがある（図9・46）。「マソー」とは水牛を指し、「バー」とはマラティ語の接尾辞であるが、ようするに水牛の魔神を崇拝する形態

図9・46＝マソーバーのシンボル。プネー大学のキャンパス内の林の中に設けられていた（1981年）。おそらくここが大学の敷地となる以前にすでにこの社が設けられていたのであろう。

のことである。

　正統派バラモンたちにとって水牛とは「良きもの」ではない。「大いなる伝統」に入った女神ドゥルガーの別名は、「水牛の魔神を殺す女神」であった（本書二四七頁）。しかし、マソーバーは「大いなる伝統」とほとんど関係のない「小さな伝統」に属している。「大いなる伝統」が嫌う水牛をマソーバー崇拝の人々は自分たちの神として祀ったのである。水牛を「良きもの」とみなす伝統は、仏教タントリズムにも見られる。特にチベットにおける仏教タントリズムでは、水牛の顔をした仏であるヴァジュラ・バイラヴァが重要である。仏教タントリズムには非アーリア系の要素が濃厚であり、正統バラモンの伝統に対抗する意図もあって水牛の顔の仏のイメージが作られたのであろう。

　マリアイ神のシンボルが小さな球形の石である場合が多い

図9・47（上）＝マソーバーの社と堂守。1989年。現在は、トラックやバスの通る大きな通りの脇にあり、周囲は住宅地となっているが、かつてはこのあたりは住宅地ではなかったのであろう（図9・1、9・2参照）。写真手前の三叉戟はシヴァ神のシンボルであるが、これはマソーバー崇拝がシヴァ崇拝との結びつきを得ようとしている証である。
図9・48（下）＝マソーバーのシンボル。図9・47に見られる社の内部である。堂守が神像に花を捧げている。1981年。

図9・49＝マソーバーの神像。プネー旧市街のマンダイー野菜市場の近くにある民家の壁に作られた龕の中に収められている。

図9・50＝マソーバーのシンボル。アウランガーバード郊外。マソーバー崇拝はマハーラーシュトラのほぼ全域に見られる。二〇〇一年。

のに較べて、マソーバーのそれは円筒形あるいは長方形であることが多い。しかし、図9・48—9・50に見られるように、円筒形でないこともしばしばある。

マソーバー神に対してはニワトリなどが犠牲として捧げられているが、この崇拝形態の「教義」と儀礼の構造はよくわかっていない。彼らの「教義」の体系を記した聖典もないのであるが、プネー市に見られるマソーバーの社の多さや、その前で行われているもろもろの儀礼の勢いから推察するならば、プネー市における宗教状況において無視することはできない。マリアイ崇拝をめぐる状況も同様である。

マソーバーやマリアイをヒンドゥイズムと呼ぶことにするならば、「ヒンドゥイズム」の概念は従来のそれとは変容させざるを得ないであろう。「ヒンドゥイズム」という概念をめぐるこのような状況は、インド国内に限られたことではない。例えば、バリ島におけるいわゆる「バリ・ヒンドゥイズム」をインドのヒンドゥイズムと同質のものと考えるか、あるいはバリにおける「ヒンドゥイズム」は別種のものであると考えるかという問題が出てくる。もし前者の立場を採るならば、従来の「ヒンドゥイズム」という概念は大きく変わらざるを得ないであろう。われわれは「ヒンドゥイズム」という概念自体を根底から考え直す時に来ている。

注

[1] 図9・1は、*India,Tourist & Road Atlas*, Indian Map Service, Jodhpur, 2005,p.61に基づいて作成した。立川、一九九四年、一六一頁参照。1チャトゥフ・シュリンギー寺、2マソーバー・ゲイト、3マリアイ・ゲイト、4カスバ・ガナパティ寺、5ジョーゲーシュヴァリー寺、6 バンダルカル研究所、7プネー大学、8プネー駅。

[2] この遺跡はFergusson, J.and Burgess, J., 1880,p.426ではバンブルデーと呼ばれている。

[3] プネー旧市街の寺院についてはRege, D. D., 1977, Shima, I.,1984を参照。

[4] この寺院はマハーラーシュトラの英雄シヴァージー（一六二七—八〇、本書三四五頁参照）の時代にはすでに存在したと思われる（Diddee, J. and Gupta, S. 2004, p.35)。

[5] カスバ・ガナパティ寺における儀礼については、日野、一九八一年、及び一九八二年参照。

[6] 八ガナパティについては［Rele 1997］を参照。八ガナパティの数え方については、マユーレーシュヴァルを第一、チンターマニを第二にすることはほとんどの場合に見られるが、他の霊場に関しては一定していない。

[7] 一六のステップによる供養については、Tachikawa, M., Hino, S., and Deodhar, L., 2001, pp.6-7を参照。カトマンドゥにおけるドゥルガー女神へのプージャーに関しては、立川、一九九〇年、二六〇—二六四頁参照。

[8] ウドゥンバラ樹については、本書第2章図2・4を参照。

[9] 図9・10は近年行われるようになったダッタ神のパレード（マールガ・シールシャ）である。これは二〇〇四年一二月二四日、デッカン・ジムカナで行われた、二五日の「ダッタの誕生日」（ダッタ・ジャヤンティ）を祝うパレードである。トラックの荷台の上に固定されたダッタ神の像を中心に一〇〇人あまり

が歩いていた。彼らのほとんどはオート・リキシャの運転手であった。プネーには数千台以上のオート・リキシャが走っており、近年ダッタ崇拝はその運転手（リキシャ・ワラ）に広まっている。

［10］ダッタ神の伝承については、Sugandheshwaranand, Paramahansa Swamī Gurutai（tr. by Eknath Narayan Joshi), 2000を参照。

［11］アッカルコートに関しては、Joshi, D. Dā.（発行日記載なし）を参照。

［12］プネー地区のナータ崇拝に関しては、Ranade, R.D.,2003,pp.27-29を参照。

［13］Tachikawa, M., Hino, S., and Deodhar, L., 2001, pp.65-75を参照。

［14］ジュニャーネーシュヴァラの生涯については、立川、一九八八年、二一〇—二三四頁、Ranade, R. D., 2003, pp.33-35を参照。

［15］『ジュニャーネーシュヴァリー』の邦訳については島岩訳「ジュニャーネーシュヴァリー」（第一章）『マハーラーシュトラ』第5号、マハーラーシュトラ研究会、一九九九年、四三—七二頁、（第二章）同第6号、二〇〇〇年、二七—七〇頁、（第三章）同第7号、二〇〇一年、一〇一—一二八頁、（第四章）同第8号、二〇〇三年、九三—一一七頁、（第五章）同第9号、二〇〇四年、一〇五—一二四頁、（第六章［一—一九一］）同第10号、二〇〇五年、六一—七九頁、第六章［一九二—四九四］同第11号、二〇〇六年、四二—七三頁。

［16］チャトゥフ・シュリンギー寺については、Tachikawa, M., Hino, S., and Deodhar, L, 2001, pp.11-28を参照。

［17］プージャーの手順については、前掲書pp.29-63及び立川、一九九四年、一七〇頁を参照。

［18］立川、一九九〇年、八一—八二頁を参照。

第10章　生きているヒンドゥーの神々

五河地方に侵入したアーリア人が、インド・イラン時代にすでに崇めていた神々を、土着の人々との抗争の中で育てあげたのがヴェーダの神々であったが、人々がこの神々に求めたのは、病気にならないこと、長寿を全うすることというような現世的な望みであった。しかし、すでに「ヴェーダの宗教」後期において編纂されたウパニシャッドにおいては、人々は長寿を全うするとか、多くの財産を得るとかの現世利益を儀礼によって願うことに満足することができなくなり、形而上学的知を求めた。その中心となったのは、宇宙の根源であるとされる中性原理ブラフマンを体験として知ることであった。

儀礼によって現世利益的な果報を期待すること、および宇宙の根源たるブラフマンを知ること、この二つはその後のインドの宗教が求め続けるものとなった。ヒンドゥイズムにおいても現世利益が祭祀によって求められる一方でウパニシャッドの伝統も受け継がれた。中性原理ブラフマンは創造神ブラフマーとして人格神的性格を具え、ヴィシュヌ、シヴァとともにヒンドゥイズムの三主要神の一人となったが、同時に宇宙の根本原理としての性格も保持し続けた。

神々に「精神的、個人的救済」を求める、というのは明らかにヒンドゥイズムにおいて新しく顕著になった傾向であり、その意味で、ヴェーダの宗教に較べ、ヒンドゥイズムはより倫理的な宗教だということができる。このことはヴェーダの神話とヒンドゥーの神話との間の重要な相違である。しかし、そのような違いにまして目立つのはヴェーダの宗教から現代のヒンドゥイズムに続く共通の特質である。

今日インドを旅行する者は、寺院や社においてさまざまな神々の像を見る。どんな小さな社の中にもそこに祀られている神々がいる。妃パールヴァティーを膝に乗せたシヴァの像があったり、二頭の象から頭に水を受けるラクシュミー、象面のガネーシャ像などが目につく。それらの神々をしばしば目前にしていると、その背後にヒンドゥー神話の総体があることが分かる。

しかし、赤ペンキで塗られた一抱えほどの石が、ラーマ王子の妻シーターであるとか、一本の樹の前の小さな社で、この社にはヴィシュヌ、シヴァ、ブラフマーの三柱の神が一体となった神ダッタが住む、と言われるとき、旅行者は少なからず戸惑う。マソーバーの寺院では地上一メートルほどの鉄製の三叉戟が立てられていた。三叉戟はシヴァの武器として有名であるが、マソーバーの信者たちにとって、それはシヴァのシンボルではなく、シヴァそのものである。そうした例に幾度も出会うと、ヒンドゥーの神々が一定のイメージに固定されたものでなく、非常に多様な現れ方をすること、そして、それを可能ならしめている神々と人々との距離の近さに驚くのである。

神々が一定の姿ばかりを持つものではないという例は他の宗教においても見られるが、ヒンドゥイズムにおける神々の顕現はすこぶる複雑であり、多様である。神々が多様に図像化され、あるいは自然物と同一視されることは、インドの神々が常にきわめて具体的な存在であることを示している。彼らはほとんどの場合擬人化されて「人間的」にふるまう。

『旧約聖書』の神はヒンドゥーの神と対照的である。ヤーウェ（イェホーバー）は擬人的表現を嫌い、その姿が図像に表されることはない。神が顕現する際には、声のみが聞こえるか、手のみが現れる。ヤーウェのシンボルが必要になるときには、椅子が用いられる。ヤーウェが恋をし、結婚するなどとは考えられない。彼は「御子イエスを世に送った」が、それはスカンダのように「妃が生んだ子」ではない。

『旧約聖書』の神自身は擬人法的表現を用いられることを嫌ったが、『旧約聖書』の中に登場する歴史上の人物はすぐれて個性的な存在であり、彼らのカリスマもそれぞれの個人に属するものであった。モーゼ、エレミヤ、イザヤなど『旧約聖書』においては強烈に個性的な人物像が浮かび上がる。一方、インドの宗教、とりわけヴェーダの宗教においては個人の人間が個体として問題になることはほとんどない。個人の行為は、たとえそれが偉大なものであっても、一族の、あるいはその族長のカリスマの中に吸い上げられてしまう。

インドでは神々が個性的である。少なくともヴェーダの宗教において神々は図像化されたわけではないが、神々の人間化、人像化はすでにはじまっており、『旧約聖書』とは対照的な、個性的、人間的な神々の像は、インドの宗教の歴史を貫く特質といえるだろう。『リグ・ヴェーダ』においてもしばしば神々の「生い立ち」や「生活」についての記述が見られる。人を愛し、結婚し、子供を持つといった人間の生活が写影されて神々の生活として伝えられている。神々はそれぞれの特質をもち、それぞれの歴史を持っていた。ヒンドゥイズムになると、神々の人間化は進んだ。神々はもはや祭式のつど天界から呼ばれ招かれるような存在ではなく、地上に定住の場所、つまり寺院をもち、おびただしい数の図像で表現されるようになった。そして神々の「生い立ち」や「行為」はますます人間的なものとなった。

インドの神々は、怒り、人々を罰しはするが、ヤーウェの神のように裁きはしない。自然の理法を司る一方で、ほんの小さな罪に怒って呪いをかける。総じて言うならば、インドの神々は人々に讃えらるべき英雄であり、恵みをたれる存在である。

神々の諸特性の「転移」という現象もインドの神話の特徴の一つであろう。象の生皮、第三の眼、三叉戟といったシヴァの諸特徴が「転移」して、女神チャームンダー、女神マヒシャースラマルディニーなどのシヴァの妃の特徴となり、さらには仏教パンテオンにおけるヘールカ尊やハヤグリーヴァ尊などの特徴となる。このような現象は諸々の多神教的世界観において一般的に見られることではない。例えば、ギリシャ神話において、神々は諸々の性質、職能を共有することはあっても、明らかに神ゼウスの特質と思われるものがその妃ヘレナの特質として「転移」するようなことは考えられない。

インドでは、異なった伝承を有する別々の神がしばしば同一視される。例えば、火の神アグニと英雄神インドラとが実は同一の神なのであると考えられる。これはあたかもアポロ神は実はプロメテウスと同じ神なのだというようなものである。英雄インドラと火神アグニとが一体となったというような一柱の神のイメージをわれわれは描くことができない。しかし、古代はもとより現代においてすらインド人は個々の神々の整合的なイメージを求めない。もうすこしゆるやかな同化の例としては女神たちの大女神への統合があるが、ここでも整合性は問題とはならない。

神々が関係した行為の体系がない場合には、そこに神話はない。人間的、個性的なインドの神々は行為する神々であり、さまざまな神話を生み続けてきた。インドの神々の生活は、インド人の生活の密接な反映であったが故に、時代とともに移り、多岐なものとなり、神話の総体は整合性を問題となしえないほど複雑で膨大なものとなった。しかし、そのようにふくらみ変形しつつも、神々は一貫してインドの神々であり続けて人々の生活を形づくった。今日インドを訪れる人の多くが驚きをもって認める「悠久の時の中のインド人」は、そのような神々に支えられているのである。そのようにして彼らは現在も現世の利益とともに精神的救済につながる形而上学的知を求め続けている。彼らのまじかにいる神々の支えによって、インド人たちは今日もなお「聖なる」世界に参加するエネルギーを保っている。

補説　日本に来たヒンドゥーの神々

日本に来た神々

インドから、実にさまざまな神々が日本にやってきた。琵琶に似た楽器を奏でる弁財天は芸能の女神として日本各地で崇拝されているが、この女神はインドで仏教が誕生する以前にすでによく知られていた。この女神が仏教にとり入れられ、中国などを経て日本に至ったのである。帝釈天も同様に、仏教以前の「ヴェーダの宗教」（バラモン教）においてもっとも勢力のあった神インドラであったが、「ヴェーダの宗教」が勢力を失った後、ヒンドゥイズムが台頭する以前にインド仏教にとり入れられたのである。

日本で聖天あるいは歓喜天の名で知られる象面神ガネーシャは、仏教誕生のかなり後、ヒンドゥイズムが興隆してから勢力を得た神である。ガネーシャはしたがって、ヒンドゥイズムの神が仏教の中にとり入れられた神格と考えられる。勢いよく速く走ることを「韋駄天走り」というが、韋駄天とはガネーシャの兄弟である軍神スカンダのことだ。この男神も、聖天の場合と同様、インドでヒンドゥイズムが興隆した後に仏教の中にとり入れられた神である。

仏教が中国に伝えられてすでに二千年近くが経った。六世紀に新羅から日本に仏教が伝えられたが、その後も日本にはインド起源の仏や神々が長い期間をかけて徐々に伝えられてきた。日本に伝えられてきたインドの神々はいずれも仏教の中にとり入れられた者たちであり、「ヴェーダの宗教」やヒンドゥイズムの神々が直接日本にやって来たことはない。また、バラモン教やヒンドゥイズムにおいて生まれた神々は短期間に一挙に仏教にとりこまれたのではなく、かなり大きな時間差を伴って徐々にとり入れられたのである。

一方、後世ではヒンドゥイズムの神として知られるようになったのではあるが、当初は仏教においてより広く知られていた神々も存する。例えば、愛知県の豊川稲荷に代表される荼枳尼《だきに》天である。この女神（ダーキニー）はインドでは、裸で空を駆ける魔女であるが、日本では狐に乗る女神の姿で表現されている。インドにおけるダーキニー女神の起源は不明であるが、彼女は、インドではまず仏教の中にとり入れられ、後にヒンドゥイズムでもよく知られるようになったと考えられる。

元来は建築上の装飾の一部であった存在が、仏教およびヒンドゥイズムの中に神格を与えられてとり入れられた場合もある。例えば、四国の金毘羅（金刀比羅）はインド神話に登場するワニに似た神獣（クムビーラ）である。この神獣のイメージはヒンドゥイズムが成立する以前にすでに建築上の装飾図様としてあったと思われるが、そのイメージを仏教もヒンドゥイズムもとり入れたものであろう。

このようにインドの神々が「日本に来た」事情はさまざまである。ヒンドゥイズムの神々が短期間に同じような経緯で仏教の中にとり入れられたわけではない。バラモン教あるいはヒンドゥイズムの神々が仏教の体系の中にとり入れる際の経緯は実にさまざまである。ヒンドゥイズムの主要神が仏教の主要神としてとり入れられることはなかったが、バラモン教の主要神はインド仏教に積極的にとり入れられた。かつてのバラモン教時代における権威はまだ残ってはいたものの、自分の体系にとり入れた場合自分たちの崇拝形態がおびやかされる危険はすでになかったからであろう。

一つの宗教の神々が他の宗教にとり入れられるとは、ただ単に受け入れた方の宗教のパンテオンの構成員に変化が起きるということではなく、その崇拝形態にも変化が起きる。新しくとり入れられた神は、それ自身の崇拝形態をたとえそのままではないにしても、新しい宗教の中に持ち込むからである。

聖なるもののすがた

どのような宗教も「聖なるもの」と呼んで差し支えないようなもの（あるいは、こと）の存在を認めている。この「聖なるもの」は日常的なものとは何らかの区別を含んでおり、魅惑的な、時には不気味な存在である。宗教行為はそのような非日常的な力を実践者自らの方に獲得しようとする。あるいは、ときにはそのような力を自分たちからできる限り遠ざけようとする。いずれにせよ、宗教はそのような特別の力と向き合う者たちの行為の形態なのである。

もっとも、宗教は人間たちにわずかな時間の休みもなくかの非日常的な「聖なる」力との交わりを強要するものではない。例えば、年中行事としての祭りもなく、格別の行事もない寺院の日々は、「聖なる」雰囲気はほとんどなく、日常的な気分が支配的となるからである。このような日常的な状況は「俗なるもの」と呼ばれる。

いずれの宗教においても「聖なるもの」と現象世界における形との関係が問題となる。ある宗教において「聖なるもの」が形つまり図像に表現されるのか否かが問題となる。さらには、もしも「聖なるもの」が図像化されるならば、その図像化という行為はその宗教にとってどのような意味を有するのかも問題となる。

「聖なるもの」は形あるいは図像に表現することは可能なのであろうか。そもそも「聖なるもの」を表現するということは許されることであろうか、とほとんどの宗教が考えてきた。すべての宗教において「聖なるもの」の図像化がなされているわけではない。仏教が伝来する以前の古代日本の宗教にあっては「聖なるもの」としての「神」は図像に表現されていなかった。後世、神道の神々が図像に表わされたのは仏教の影響によるのである。

ユダヤ教の神ヤーウェ（イェホーバー）も少なくとも古代においては人間に似た姿では表現されることはなかった。というよりも被造物である人間に似た姿によって神ヤーウェを表わすことは神の尊厳を傷つけることであるゆえに許されなかったのである。原始キリスト教においても当初はイエス・キリストを人間の姿によって表現することはなかった。イエスの死後、おそらく一世紀半あまり経った頃、ヘレニズム文化の影響によってイエスの姿が図像に表現されるようになったと考えられる。

イスラム教において神アッラーの姿が図像化されないのはよく知られている。イスラム教において神は、例えば、人間に似た姿で表現されるようなものではない。人間やわれわれがまわりに見ることのできる何ものをも超えているからなのである。しかし、イスラム教徒が宗教的な場面において図像表現を行わなかったのかといえば、そうではない。むしろ反対である。彼らほど寺院とか聖典とかに手の込んだ装飾的模様あるいは図案にエネルギーを費やした人々もいないであろう。

イスラム教の寺院すなわちモスクの壁や天井に描かれたユリに似た花や一種の唐草紋様は、神アッラーほど聖性は強くなくとも、ある程度の聖性を有していると考えることができる。いいかえるならば、モスクの壁などに見られる花などの装飾紋様は、民家などに見られる宗教とまったく関係のない花の絵などと比較するならば、「聖なるもの」の図像であるということができる。このように、「聖なるもの」には、非常に力の強い「聖なるもの」、それほど強烈ではないが明らかに「聖なるもの」としての特質を有しているものというように、位階が存すると考えることができる。「聖なるもの」の雰囲気をまったく持っていないものは「俗なるもの」である。

例えば、ある寺院を考えてみよう。この寺院の建っている敷地はその外の場所と比較するならば、「聖なる」場所であり、寺院の外の場所は「俗なる」場所であるということができよう。その寺院の敷地内にある本堂はそれ以外の場所と比べてよりいっそう「聖なるもの」である。先ほどと同様に、本堂と比べるならば寺院内の敷地は「俗なる」場所である。さらに本堂の中の内陣つまり本尊が安置してある場所は本堂の中でももっとも「聖なる」場所であると考えることができる。このように「聖なるもの」と「俗なるもの」という二つの概念は相関的なものである。

今われわれが問題にしているのは、ほとんどの宗教においてもっとも「聖なるもの」と考えられているもの、つまり

「神」の姿なのである。もっとも「聖なるもの」の姿をどのように表現するかという問題である。

ユダヤ教やイスラム教とはちがってヒンドゥイズムや仏教は、すでに述べたようにその当初は別として、「聖なるもの」としての「神」の図像化を積極的に推し進めてきた。さらに『阿弥陀経』『無量寿経』などの浄土教経典や『法華経』などの初期大乗経典には、実にさまざまな仏、菩薩などが登場する。しかし、初期大乗仏教（一—三世紀）において経典に述べられたままの仏や菩薩の姿が彫像や絵画に表現されていたとは考えられない。大乗仏教は特にグプタ朝以降は、かなり整備されたパンテオンすなわち組織化された神々のまとまりを有した。しかし、グプタ朝にあってはそれらの仏教パンテオンの内、どれほどのメンバーの姿が図像に表現されていたのかは定かではない。シャーキャ・ムニ（釈迦牟尼）、観音などの代表的なメンバーは図像化されていたであろうが、仏教パンテオンのほとんどのメンバーの図像化が行われていたとは考えられないのである。

供養と観想法

九世紀の初頭、空海は胎蔵曼荼羅と金剛界曼荼羅を唐から請来したが、師の恵果の説明にもとづいてかの二つのマンダラの中に現れる神々（諸尊）やその姿について述べた『秘蔵記』二巻を残したと伝えられている。約一世紀の後、宇多天皇の皇子眞寂親王が著した『諸説不同記』一〇巻は、東寺にあった空海請来本、智証大師（円珍）の請来本、宗叡僧正の請来した三本のマンダラの異同を比較対照したものである［1］。このように日本では空海がマンダラを唐から持ち帰って以来、マンダラに登場する神々の図像学的特徴については格別の注意が払われてきた。

インドでは一二、三世紀に仏教が亡んでしまったゆえに今日のインドにインド仏教のマンダラの作例やその中に登場する神々の図像集が残っていないのは当然かもしれない。しかし、今日チベットやネパールに残されている仏・菩薩たちの図像集の量と日本に残された図像集のそれとを比較すると、後者の方がはるかに多いということは注目に値する。量が多いばかりではなく、日本の密教徒たちは図像を描く才にも恵まれていた。もちろん日本においてマンダラの神々の姿や位置が重要視されたのは、日本人が絵図を描く才に恵まれていたというのみではなく、神々あるいは仏たちの図像学的特徴が密教の儀礼や実践において重要であったからだ。

古代インドにおいては、神々に供物を捧げて礼拝する行為を「供養」（プージャー）と呼んできた。「供養」は今日の日本では死者の霊を弔うという意味に用いられる場合が一般的であるが、古代インドにおいては死者儀礼にはほとんど関係がない。

密教において修行者は供養しようとする神々の姿を鮮明に覚えていなくてはならない。あたかも眼前に現身の神が降り立った神あるいは仏を見ているかのように彼らに対して供養するのである。

さらに、紀元七世紀頃からは、供養の仕方に変化が起きた。つまり、密教行者たちは、単に眼前に神々を思い浮かべるのみではなく、自分自らが神と一体となろうと試みたのでである。このような神あるいは仏と一体となろうとする行法を、観想法(成就法 sādhana)と呼ぶ。「成就」とは眼前に神あるいは仏の存在を成立せしめることを意味する。この行法はインド、チベット、さらには日本の密教において一般的な行法であり、特殊なものではなかった。

空海が唐に渡る前、山林において修行をしていたとき、ある沙門より虚空蔵求聞持法を伝えられたことはよく知られている。求聞持法とは一種の記憶術のことだ。空海自身、この行法を記憶術と思って修したかもしれない。しかし、現在残されているこの行法のテキスト『虚空蔵菩薩能満諸願最勝心陀羅尼求聞持法』(大正蔵、第二〇巻、一一四五番)は、題名にはたしかに「求聞持法」とあるものの、本文においては記憶術については触れられていない。

この虚空蔵求聞持法の内容は、明らかに観想法のそれである。しかも、観想法としてかなり発達した段階を示している。このような行法が空海の唐に渡る以前に日本にすでに伝えられていたということは注目に値する。

マンダラを観想するとは、マンダラに登場するそれぞれの神々に対して観想法を実践することに他ならない。したがって、一つのマンダラ観想が成就した際には、行者はそのマンダラに登場する神々(諸尊)のすべてがあたかも生きた者たちであるかのように現前に立つのを見る。あるいは、それらの神々のすべてが自分であることを体験するのである。くり返すが、このようなマンダラ観想法を行うためには、マンダラに登場する尊格つまり仏や神の図像学的特徴を覚えている必要がある。

行者が尊格のイメージを眼前に描くとき、その尊格は男神なのか女神なのかが問題となろう。ヒンドゥイズムや仏教の尊格に関するかぎり、その尊格は男神か女神かであり、そのいずれでもないというようなことはない。その尊格は髪を結っているのか、結っていないのか。冠を被っているのか、いないのか。臂(腕)は何本あるのか、手にもつ花、剣などのシンボル(持物)は何と何か。立っているのか、坐っているのか。行者はこのような図像学的特徴を眼前に写影するようにしてそれぞれの尊格のイメージを作りあげるのである。

さて、日本においては、マンダラ全体を観想する行法も行われたのではあるが、マンダラに登場するひとりひとりの尊格に対する観想（成就）が盛んに行われた。このようなひとりの尊格に対する観想は別尊法と呼ばれてきた。因みに、一尊のみを描いた絵は日本では別尊曼荼羅と呼ばれてきた。マンダラとは、元来、宮殿の中に整然と並んだ諸尊（仏、菩薩、天など）を上からながめおろした図であって、複数の尊格が登場する。しかし、宮殿が描かれておらず、一尊のみが描かれているものも、別尊曼荼羅の場合のように、日本においてはマンダラと呼ばれるのである。インド、ネパール、チベットでは一尊のみを描いた絵がマンダラと呼ばれることはないが、これは日本においてマンダラという語がインド、ネパール等におけるよりもよりいっそう広義に用いられていることを示している。

仏・菩薩たちの図像集

小野曼荼羅寺の仁海（九五一―一〇四六）が別尊法を集めた『敦造紙』二帖を残し、それが写本で伝えられている。これはそれまでに主として口伝で受け継がれていた別尊法を集めたものであるが、図像は載せていない。このような口伝要決集はその後、盛んに編纂されるようになった。

一一世紀頃になると密教の儀礼・実践には流派による違いが生まれており、それぞれの流派のやり方に従って儀礼や観想が行われるようになった。先述の小野曼荼羅寺仁海の流儀はやがて小野流となり、広沢池の南に寛朝が建立した遍照寺より生まれた流派は広沢流と呼ばれるようになった。この広沢流に属する寛助が別尊法を蒐集し、『別行鈔』七巻を残した。

後世、小野流の一派に三宝院流が生まれるが、この三宝院定海（一〇七四―一一四九）の口説を元海がまとめて『厚双紙』として残している。さらに元海の口説を一海が訳した『松橋厚双紙』もある。

広沢流寛意から行法を学び、後に高野山遍照光院の住職であった兼意は別尊法の集成『成蓮鈔』二〇巻を著した。彼は密教の儀礼の仕方（事相）に詳しく、絵画にも秀でており、高雄曼荼羅を線画（白描）で模写したと伝えられる。この描写が日本における代表的な白描マンダラの「御室版曼荼羅」の原図となった。『成蓮鈔』そのものには図像は載せられていない。

他にも、実運がまとめた『秘蔵金宝鈔』一〇帖、同じく実運による『玄秘鈔』四帖、守覚《しゅうかく》法親王の手になる『秘鈔』一八帖、さらには成賢（一〇二四―一一〇〇）の『薄双紙』一六帖などがよく知られている。

定賢の『薄双紙』は、それまでの別尊法集成を組織しなおしたもので、別尊法のテキストとしてはこれが代表的なものとなり、実に多くの注釈が著されている［2］。定賢は醍醐寺一四世座主や東寺の長官（長者）となった。一〇八七年、空海が雨を祈った京都神泉苑で彼も雨を祈り、二年後には東寺と醍醐寺において孔雀経法を修したという。定賢たちがそれらの行法を修したときには、諸尊の図像そのものは、これらの『厚造紙』『薄双紙』などとは別に描かれ、流派の中の秘伝として受け継がれていたと思われる。

一二世紀にはいると今述べた別尊法集成とは別に、観想の対象となる諸尊の図像集が盛んに編纂されるようになった。図像集の代表的なものに一一三五年頃に編纂された『図像抄』一〇巻、別名『十巻抄』がある。編者（撰者）は、平等房永厳《ようげん》（一〇七五―一一五一）とする説と勝定房恵什とする説との二説がある。「恐らくは、永厳が恵什に命じて作らせたことが諸書の記述から推定される」［3］。一二世紀には図像を伴った別尊法の蒐集が盛んになるが、この『図像抄』はそうした図像集の内、もっとも古いものであり、後の図像集の基準となった。内容的には、諸尊それぞれを象徴する文字、シンボル、図像などを記しているが、全体的なシステムはまだ完備していない。数本の写本が残っているが、高野山真別処・円通寺本（一三〇九―一三一〇）で仁和寺印玄が書写したものが『大正蔵図像部』第三巻および『大日本仏教全書』別巻に収められている。

勧修寺慈尊院二世の興然《こうぜん》（一一二一―一二〇三）は、密教の儀礼・実践（事相）に関する重要事項をまとめた『五十巻鈔』（『真言宗全書』第二九―三一巻）を残した。さらに彼は図像資料として『金剛界七集』二巻（『大正蔵図像部』第一巻）、『図像集』七巻（『大正蔵図像部』第四巻）、『曼荼羅集』三巻（『大正蔵図像部』第四巻）、『現図曼荼羅』「四角八葉」（『大正蔵図像部』第一巻）を著した。興然の撰によるこれらの図像集は『十巻抄』と並んで初期の資料として貴重である。

一二世紀後半（一一六〇―一一八〇頃）、心覚阿闍梨が先述の恵什の『図像抄』（十巻抄）、寛助の『別行鈔』、兼意の『成蓮抄』、実運の『玄秘抄』などを参考にしながら小野・広沢両派に亘る広い立場から『別尊雑記』五七巻をまとめた［4］。この集成の特徴は各尊別に分類してあることで、その内容はおおむね仏、菩薩、忿怒尊（不動尊のように恐ろしい形相の尊格）、諸天（弁財天や帝釈天など）に分けられているが、この分類法については後に述べたい。『大正蔵図像部』第三巻『仏教図像集古』に収められている。

鎌倉時代初期、一一七六年から一二一九年にかけて、興然の弟子である金胎房覚禅《こんたいぼうかくぜん》（一一四三―一二一三）は、『覚禅鈔』（一一六巻、巻数は写本により異なる）を完成させた。別名『小野百巻抄』あるいは単に『百巻抄』ともいう。これは三〇〇余種の図像を含み、仏教図像学にとっては基本的な資料である。その内容は大筋では先の『別尊雑記』とほぼ同じ構成である。

一三世紀後半、つまり『覚禅鈔』よりすこし遅れて『阿娑《あさ》縛抄《ばしょう》』二二八巻が完成された。これは承澄《しょうちょう》（一二〇五―一二八二）がその師忠快法印などの口伝をまとめ、天台系の密教（台密）の流派のものとして、真言系の密教（東密）に属する『覚禅鈔』と並び称せられる。『大正蔵図像部』第八・九巻および『大日本仏教全書』に収められている。

この他にも澄円《ちょうえん》の『白宝抄』一五〇巻（一三世紀）、亮禅《りょうぜん》（一〇四八―一一三九）の『白宝口鈔』一〇〇巻などがある。ここに今述べた図像集は一一―一三世紀のものが多いが、この時期が日本における図像蒐集および別尊法集法の盛んであった時期である。

日本で蒐集された図像集の他に、中国から直接持ち帰ったものも存する。例えば、空海の『請来目録』にはないが、請来されたと考えられる『十天形像』や円診請来の『五部心観』、『胎蔵図像』、『胎蔵旧図像』などである。これらの資料が後の日本における図像蒐集の基礎資料となったことはいうまでもない。

仏教のパンテオン

『図像抄』（十巻抄）の内容は、諸仏、諸経に述べられた修法（諸経法）、菩薩、観音、忿怒尊、諸天の六部に分かれている。「図像抄」とは名づけられているものの、元来は尊格を招いて眼前に見る行法の補助としての図像であるために、『図像抄』の内容も「諸経法」というように純粋に図像の観点からもろもろの尊格を分類したものではない部分も含まれている。しかしながら、全体としては『図像集』は、もろもろの尊格の姿（尊容）を分類したものであるということができる。

またここで観音が菩薩とは別の部となっているのは、観音の図像がひときわ多いために独立の部が設けられているのであって、観音が菩薩のなかに含められないという意味ではない。観音を菩薩の部に収め、諸経法を別にするとすれば、『図像抄』の全体的構成は「仏、菩薩、忿怒尊、天」となる。これは今日、日本において一般的に用いられている仏教における諸尊の分類法である「仏、菩薩、明王（忿怒尊）、天」とほぼ同一である。

『図像抄』の約半世紀後に完成した『別尊雑記』の内容も『図像抄』のそれと似ている。すなわち、仏部、仏頂部、経部、観音部、菩薩部、忿怒部、諸天部の七部より構成されている。「仏頂」(uṣṇīṣa) とは仏の頭頂の盛りあがった部分を指すのであるが、眼には見ることのできない仏特有の三十二相の功徳を神格化したものである。仏の有する諸功徳のどれとどれに焦点をあてるかによって三仏頂、五仏頂、八仏頂、九仏頂、十仏頂などと呼ばれる。実質的には仏頂尊は仏の部の中に含まれていると考えてさしつかえないであろう。

『別尊雑記』よりもさらに遅れて蒐集された『覚禅鈔』の内容も、前の二つの図像集のそれに似ている、すなわち、その内容は

仏部　一〇巻
仏頂部　八巻
経部　一五巻
観音部　一四巻
菩薩部　一四巻
明王部　一八巻
天部　一五巻
雑部　一四巻

ここでも諸尊は実質的には「仏、菩薩、明王(忿怒尊)、天」に分類されている。このように『図像抄』、『別尊雑記』、『覚禅抄』という日本における代表的な三つの図像集の内容は、大枠において「仏、菩薩、忿怒尊(明王)、天」の四部により構成されているということができる。すでに述べたように、この四部は現在、日本で行われている仏教の諸尊の分類法である。

一九三〇年に発行された『昭和新纂国訳大蔵経』「解説部第一巻仏像解説」(東方書院) では、諸尊は仏、菩薩、明王、天に分類されて解説されている。本書におけるわれわれの考察の対象は、特に諸天なのであるが、この『昭和新纂国訳大蔵経』仏像解説には三四の天が挙げられている。それらの内には、ヴェーダの宗教においてすでに知られていた神々、ヒンドゥイズムの時代になって生まれてきた神々、ヒンドゥイズムからというよりは当初より仏教の中で育った神々、出生不明の神々などが含まれている。また明王の中にもヒンドゥイズムの要素を強く有する尊格がいる。さらに、後期の密教で登場する秘密仏にもヒンドゥイズムの神々の図像学的特徴を取り入れた尊格が存する。菩薩という概念は、仏教特有のものであって、バラモン教の神あるいはヒンドゥイズムの神がそのまま菩薩となることはまずない。

一九六二年に出版されて以来、版を重ねている佐和隆研編『仏像図典』(吉川弘文館) においては、(一) 如来部、(二) 観音部、(三) 菩薩部、(四) 明王部、(五) 天部、(六) 星宿部その他、(七) 垂迹部および (八) 羅漢および高僧部という七部が数えられている。ここでも (一) から (五) までは、

仏、菩薩、忿怒尊、天という四部への分類を踏まえている。(六)の「星宿部その他」は『昭和新纂国訳大蔵経』解説では、天部に組み入れられていたものである。(七)および(八)は本書におけるわれわれの考察にはほとんど関係がない。

以上、戦後における仏教諸尊の分類の二つの例を見た。日本においてヒンドゥー教(ヒンドゥイズム)起源の神々が尊崇あるいは祀られるのは、仏教の中に取り入れられた神々として祀られるのである。したがって、本書においては上記の分類では(五)天部および(六)星宿部その他に見られるヒンドゥーの神々が主に考察の対象となるのであるが、日本では仏教のパンテオンの中にヒンドゥーの神々が組み入れられているゆえに、この補説では日本仏教のパンテオンを中心に考察した。

注

[1] 佐和、一九六二年、一三頁。
[2] 佐和編『密教辞典』一九七五年、四〇—四一頁。
[3] 佐和編『密教辞典』一九七五年、四二四頁
[4] 佐和、一九六二年、一四頁。

あとがき

ヒンドゥイズムとは文字通りには「インド主義」のことであり、「印度教」と訳されたこともあった。この宗教形態は、インド亜大陸を越えてより広い地域に伝播した。ベトナム、カンボジア、ジャワなどに広がり、今日でもネパール、バリなどには多くのヒンドゥー教徒がいる。歴史的にも長い時代を生き残ってきた。三五〇〇年あるいは四〇〇〇年の歴史がある。近年、『リグ・ヴェーダ』の編纂を従来より七〇〇年ほど早めて、紀元前一九〇〇年頃とする説が有力となってきた。

広い地域と長い時代に存続してきたヒンドゥイズムの内部は均質ではない。ヒンドゥイズムが伝播した全地域を覆う「大いなる伝統」（大伝統）と特定の地域のみに知られた数多くの「小さな伝統」（小伝統）との二つがヒンドゥイズムを形成してきた。また後者の「小伝統」は、「大伝統」と友好的な関係を保つ諸伝統と、友好的ではない諸伝統との二つに分かれる。それらの非友好的諸伝統をも呑み込んで「ヒンドゥイズム」と呼ぶべきコンプレックスが形成されてきたのである。

本書は「ヒンドゥー神話の神々」を通じてヒンドゥイズムの一端を理解しようとする試みである。この試みには、前身がある。一九八〇年に刊行した『ヒンドゥーの神々』（立川武蔵・石黒淳・菱田邦男・島岩、せりか書房）である。この書の場合は、ブロンズ像、石像、しかも一二、三世紀までのものに絞り、細密画や白描などは用いなかった。できるかぎり美術史的価値を有するものに限ることにしたのである。したがって、「小伝統」特に「大伝統と非友好的な小伝統」は、一九八〇年の書の場合には考察の対象とならなかった。本書では、そのような小伝統をも大伝統とのバランスを考えながら扱うことにした。

ヒンドゥイズムにおけるかの「二つの伝統」の統一と反目をわたしは特に二つの地域で見ることができた。一つはプネー市である。わたしが勤務していた大学とプネー大学とは一九七三年以来、交換留学生制度を設けており、その関係でわたし自身もプネーを幾度も訪れる機会に恵まれた。その際、プネーおよびその近郊におけるヒンドゥイズムの現状を見ることができた。プネーはバラモン文化を色濃く残している地であるとともにバラモン文化と反目する小さな伝統の勢力の強い土地であるということができよう。

もう一つの地域はネパールのカトマンドゥ盆地である。ここにはインド平原から移ってきたインド系のヒンドゥー教徒さらにチベット・ビルマ語系の言語を話すネワール人のうちのヒンドゥー教徒も住んでいる。彼らのヒンドゥイズムは大伝統に属するのではあるが、ヒマーラヤ地方の土着的信仰や非アーリア系のネワール文化の要素をも組み入れたものであった。わたしはネパール国立博物館（チャウニー地区、カトマンドゥ）の展示事業に数年にわたり協力したことがあり、そのためにカトマンドゥを幾度も訪れることができた。本書ではその際に撮影した写真を用いることができた。このような機会を与えられたことはまったく幸運なことであった。

またわれわれがヒンドゥイズムの伝統に接するのは、日本仏教の中に組み入れられた「ヒンドゥーの神々」の場合がしばしばであるゆえに、日本仏教の中で伝えられてきたヒンドゥーの神々のイメージを白描資料によって紹介することにした。

このように本書の着眼点は意欲的なのであるが、原稿の進み具合はまったく遅いものであった。せりか書房船橋純一郎氏の寛容と激励がなければ、本書は生まれることはなかった。ここに御礼とお詫びを申し上げます。

本書では、『ヒンドゥーの神々』（せりか書房）の中の立川執筆分を、変更を加えて用いている。本書に収録した三五〇点の図版のうち、多くの写真を写真家横田憲治氏（スタジオ・アート、名古屋）撮影のものを使用させていただいた。また、山口しのぶ氏、森雅秀氏、ムンバイのプリンス・オブ・ウェールズ博物館から写真転載許可を得た。記して謝意を表したい。他の図版は、ポスター、白描を除いて、立川の撮影したものである。また亀山健志氏には、本書の写真のスキャンについて御助力を得たことについて御礼申し上げたい。

ヒンドゥイズムの理解に本書がすこしでも役に立つことを祈りつつ。

二〇〇八年一月七日

著者紹介
立川武蔵（たちかわ・むさし）
1942年、名古屋に生まれる。66年、名古屋大学文学部哲学科印度哲学修士課程修了。75年ハーバード大学大学院修了（Ph.D取得）。名古屋大学文学部教授、国立民族学博物館教授などを歴任。現在、国立民族学博物館名誉教授、愛知学院大学文学部教授。
主な編著書に、『女神たちのインド』（せりか書房）、『ヒンドゥー教巡礼』（集英社新書）、「シリーズ密教」（春秋社）、「ブッディスト・セオロジー1—4」（講談社選書メチエ）などがある。

ヒンドゥー神話の神々

2008年3月17日　第1刷発行

著　者　立川武蔵
発行者　船橋純一郎
発行所　株式会社せりか書房
　　　　東京都千代田区猿楽町1-3-11　大津ビル1F
　　　　電話 03-3291-4676　振替 00150-6-143601　http://www.serica.co.jp
印　刷　信毎書籍印刷株式会社

ISBN978-4-7967-0281-2

索引

神名・人名索引　●ゴシック数字は小見出し項目

ア行

カ行

サ行

タ行

ナ行

ハ行

マ行

ヤ行

ラ行

ワ行

書名索引

ア行

カ行

サ行

タ行

ナ行

ハ行

マ行

ヤ行

ラ行

事項索引

ア行

カ行

サ行

タ行

ナ行

ハ行

マ行

ヤ行

ラ行

ワ行

参考文献

日本語および翻訳文献

井原徹山『印度教』大東出版社、1943年
ヴィンテルニッツ「叙事詩とプラーナ」『インド文献史』第二巻、中野義照訳、日本インド学会高野山大学、1965年
ウルセル、モラン『インドの神話』美田稔訳、みすず書房、1959年
上野照夫編『世界の美術館29　カルカッタ美術館』講談社、1970年
上村勝彦『インド神話』東京書籍、1981年
——『マハーバーラタ』筑摩書房、第1—6巻（2002年）、第7巻（2003年）、第8巻（2005年）
エリアーデ『太陽と天空神』エリアーデ著作集第1巻、久米博訳、せりか書房、1974年
——『ヨーガ１・２』エリアーデ著作集第9・10巻、立川武蔵訳、せりか書房、1975年
クーマラスワミー『印度美術史』山本智教訳、向陵社、1921年
肥塚隆（監修）『大英博物館所蔵　「インドの仏像とヒンドゥーの神々」展　図録』朝日新聞社、1994年
坂井尚夫『インドの宗教』山喜房書林、1956年
佐藤宗太郎『古代インドの石彫』河出書房、1970年
——『エローラ石窟寺院』木耳社、1977年
佐和隆研編『仏像図典』吉川弘文館、1962年
——『密教辞典』法蔵館、1975年
島岩「『ジュニャーネーシュヴァリー』和訳」（第1章—第6章）『マハーラーシュトラ』5—11号（1999—2006年）
管沼晃『ヒンドゥー教——その現象と思想』東洋人の行動と思想４、評論社、1976年
鈴木一郎『仏教とヒンドゥー教』レグルス文庫、第三文明社、1955年
ダスグプタ『ヨーガとヒンドゥー神秘主義』高島淳訳、せりか書房、1979年
立川武蔵『曼荼羅の神々』ありな書房、1987年
——『ヨーガの哲学』講談社、1988年
——『女神たちのインド』せりか書房、1990年
——『聖なるものへの旅』人文書院、1994年
——『シヴァと女神たち』山川出版社、2002年
——『仏とは何か——ブッディスト・セオロジーⅢ』講談社メチエ、2007年
立川武蔵・石黒淳・菱田邦男・島岩『ヒンドゥーの神々』せりか書房、1980年
田辺勝美『仏教の起源に学ぶ性と死』柳原出版、2006年
田村隆照編『石山寺所蔵十巻抄』法蔵館、1988年
ダンディン『十王子物語』田中於兎弥・指田清剛訳、平凡社東洋文庫、1966年
ツィンマー『インド・アート——神話と象徴』宮元啓一訳、せりか書房、1988年
デヘージャ『インド美術』宮治昭・平岡美保子訳、岩波書店、2000年
辻直四郎『印度』南方民族誌叢書５、偕成社、1943年
——『インド文明の曙』岩波新書、1967年
——『リグ・ヴェーダ讃歌』岩波文庫、1970年
——『サンスクリット文学史』岩波書店、1973年

――『古代インドの説話――ブラーフマナ文献より』春秋社、1978年
――『バガヴァッド・ギーター』講談社、1980年
錦織亮介『天部の仏像事典』東京美術、1983年
バンダルカル『ヒンドゥー教――ヴィシュヌとシヴァの宗教』島岩・池田健太郎訳、せりか書房、1984年
日野紹運「プーナ市のガナパティ寺について（一）『東海仏教』第二六輯、1981年、60―74頁、「同（二）」『東海仏教』第二七輯、1982年、89―102頁
町田甲一編『世界の美術館9　ニューデリー美術館』講談社、1968年
ルヌー『インド教』渡辺照宏・美田稔訳、クセジュ文庫、白水社、1960年
ワッソン、オフラハティ『聖なるキノコ――ソーマ』徳永宗雄・藤井正人訳、せりか書房、1988年

外国語文献

Agrawala, R.C., "A Terracotta Plaque of Mahiṣamardinī from Nagar, Rajasthan, " *Lalit Kalā*, 1955-6, Nos.1-2, pp.72-74.
―― "Goddess Mahiṣamardinī in Early Indian Art, " *Artibus Asiae*, Vol.21, No.2, 1958, pp.123-130.
Agrawala V.S., *The Glorification of the Great Goddess*, All-India Kashiraj Trust, Ramnojar Varanasi, 1963.
Albanese, M., *Angkor*, Asia Books, 2002.
Aryan, K.C.and Aryan, S., *Hanumān in Art and Mythology*, Rekha Prakashan, Delhi, 1967.
Asher, F.M., *The Art of Eastern India, 300-800*, The University of Minnesota Press, Minneapolis, 1980.
Banerjea, J.N., *Paurāṇic and Tāntric Religion*, University of Calcutta, 1966.
――*Religion in Art and Archaeology*, Lucknow, 1968.
――*The Development of Hindu Iconography*, Munshiram Manoharlal, New Delhi, 1974.
Barrett, D., *Early Cola Architecture & Sculpture 866-1014 A.D.*, Faber and Faber Limited, London, 1974.
――*Early Cola Bronzes*, Bhulabhai Memorial Institute, Bombay, India, 1965.
Basham, A.L., *The Wonder That was India*, Grove Press.Inc., New York, 1959.
Bergaigne, A., *Vedic Religion*, Aryasaṃskṛti-Prakaṣana, Poona, 1969.
Berkson, C., *Ellora, Concept and Style*, Abhinav Publications, Delhi, Second Edition, 2004.
Bhandarkar, R.G., *Vaiṣṇavism, Śaivism, and Minor Religious Systems* (rept. of the Collected Works of R.G.Bhandarkar), Oriental Series, Class B, No.4, Bhandarkar Oriental Research Institute, Poona, 1982.
Bhattacharji, S., *The Indian Theogony*, The Cambridge University Press, London, 1970.
Bhattacharyya, N.N., *Indian Mother Goddess*, Indian Studies: Past & Present, Calcutta, 1971.
――*History of the Śākta Religion*, Munshiram Manoharlal Publ.Pvt.Ltd., New Delhi, 1977.
Bhattasali, N.K., *Iconography of Buddhist and Brahmanical Sculptures in the Dacca Museum*, Rai S.N.Bhadra Bahadur, Dacca, 1929.
Biradeau, M., *Hinduism* (tr.by Richard Nice), Oxford University Press, Delhi, 1989.
Blurton, T.R., *Hindu Art*, British Museum Press, London, 1992.
Boner, A., *Principle of Composition in Hindu Sculpture*, Motilal Banarsidass, Delhi, 1990 (rept. of 1962).
Caudharī, L.N.(ed.), *Saptaśatī*, Nirnayasagar Press, Mumbai, 1974.
Chandra, P., *Stone Sculpture in the Allahabad Museum*, American Institute of Indian Studies, Poona, 1970.
Chandra, R., *The Indo-Aryan Races*, Indian Studies, Past & Present, Calcutta, 1969.
Cinnasvāmiśāstri (ed.), *Śatapathabrāhmaṇam,* Caukhambhā Saṃskrita Saṃsthāna, Varanasi, 1975.
Coleman, C., *The Mythology of the Hindus*, Panbury, Allen and Co., London, 1832.

Coomaraswamy, A.K., *History of Indian and Indonesian Art*, Dover Publications, Inc., New York, 1965.
——*Introduction to Indian Art,* Munshiram Manoharlal, Delhi, Second Edition, 1969.
——*The Dance of Shiva*, The Noonday Press, New York, 1918.Munshiram Manoharlal, Delhi, Second Edition, 2004.
Coomaraswamy, A.K.and The Sister Nivedita, *Myths of the Hindus and Buddhists*, Dover Publications, Inc., New York, rept, 1967 (rept. of 1913).
Crooke, W., *Religion and Folklore of Northern India*, S.Chand & Co.Pvt.Ltd., Delhi, 1925.
Daniélou, A., *The Gods of India, Hindu Polytheism*, Inner Traditions International Ltd., New York, 1985.
Das, H.C., *Iconography of Śākta Divinities*, Pratibha Prakashan, Delhi, Vol 2., 1997.
Desai, K.S., *Iconography of Viṣṇu*, Abhinav Publications, New Delhi, 1973.
Desai, N.Y., *Ancient Indian Society, Religion and Mythology as Depicted in the Mārkaṇḍeya-Purāṇa*, The M.S.University of Baroda, Baroda, 1968.
Devadhar, C.R., *Kumāra-sambhava of Kālidāsa*, Motilal Banarsidass, Delhi, 1985.
Diddee, J . & Gupta, S., *Pune, Queen of the Deccan*, Elephant Design, Pune, 2000.
Dikshitar, V.R.R., *The Purāṇa Index*, University of Madras, Vol.1, 1951; Vol.2, 1952; Vol.3, 1955.
Dowson, J., *A Classical Dictionary of Hindu Mythology and Religion*, Geography, History and Literature, Routledge & Kegan Paul Ltd., London, 1957.
Eggeling, J.(tr.), *The Śatapatha-Brāhmaṇa*, Motilal Banarsidass, Delhi, 1963 (rept. of Sacred Books of the East Vol.41, 1984).
Fausbøll, V., *Indian Mythology according to the Mahābhārata, in Outline,* Bhartiya Vidya Prakashan, Varanasi, 1972.
Fergusson, J., & Burgess, J., *The Cave Temples of India*, Oriental Books Reprint Cooperation, Delhi, 1969 (rept. of 1880).
Fleet, J.F., *Corpus Inscriptionum*, Indological Book House, Varanasi, 1963.
Fontein, J.P.P., *Museum of Fine Arts Boston Orienntal Art*, Boston Museum.Boston, 1969.
Gaston, A., *Śiva in Dance Myth and Iconography*, Oxford University Press, Delhi, 1982.
Glasenapp, H., *Der Hinduismus*, Kurt Wolff Verlag, München, 1922.
Gole, S., *Indian Miniatures*, Vol.1, *Avatars*, Interprint, Delhi, undated.
Gonda, J., *Aspects of Early Viṣṇuism*, Motilal Banarsidass, Delhi, 1969(rept.of 1954).
——*The Dual Deities in the Religion of the Veda*, North-Holland Publishing Company, Amsterdam, London, 1974.
Goswami, C.L.(ed.& tr.), *Śrīmad Bhāgavata Mahāpurāṇa*, The Gītā Press, Gorakhpur, 1971.
Gupta, A.S.(ed.), *Kūrmapurāṇam*, All-India Kashiraj Trust, Varanasi, 1971.
Gupta, M., (ed.) *Viṣṇupurāṇa*, The Gītā Press, Gorakhpur, 1940.
Gupta, S.M., *Plant Myths and Traditions in India*, E.J.Brill, Leiden, 1971.
——*Sūrya: The Sun God*, Somaiya Publications, Bombay, New Delhi, 1977.
Gupta, S.P., (ed.), *Masterpieces from the National Museum Collection*, National Museum, New Delhi, 1985.
Gupte, R.S., *Iconography of the Hindus Buddhists and Jains*, D.B.Taraporevala Sons & Co.Private Ltd., Bombay, 1972.
——*The Art and Architecture of Aihole*, D.B.Jaraporevala Sons & Co.Private Ltd., Bombay, 1967.
Harle, J.C., *Gupta Sculpture*, Clarendon Press, Oxford, 1974.
Harman, W.P., *Sacred Marriage of a Hindu Goddess*, Motilal Banarsidass, Delhi, 1989.
Härtal, H., Moeller.V., Bhattacharya, G., *Museum für Indische Kunst Berlin*, Staatliche Museen Preussischer Kulturbesitz, Berlin, 1976.
Hastings, J., *Encyclopaedia of Religion and Ethics*, T.& T.Clark, New York, Vol.6, 1913.
Havell, E.B., *Indian Sculpture and Painting*, John Murray, London, 1908.

Hillebrandt, A., *Vedische Mythologie*, I-III, Wilhelm Kolbner, Breslau, 1891.

Hopkins, E.W., *Epic Mythology*, Indological Book House, Delhi, 1968.

Huntington, S.L. with contribution by John C.Huntington, *The Art of Ancient India*, Weather Hill, New York · Tokyo, 1985.

Ions, V., *Indian Mythology*, Paul Hamlyn, London, 1967.

Joshi, D.D., *Śrī Akkalkoṭ Swāmī Mahārājāṃcyā Goṣṭī*, Prakāś Y.Kuṃdūr, undated.

Joshi, J.R., *Some Minor Divinities in Vedic Mythology and Ritual,* Deccan College, 1977.

Kale, M.R., *The Kumārasambhava of Kālidāsa*, Motilal Banarsidass, Delhi, 1967.

Karmarkar, R.D., *Kumārasaṁbhava of Kālidāsa*, Aryabhushan Press, Poona, 1951.

Kinsley, D.R., *The Sword and the Flute*, University of California Press, Berkeley & Los Angeles, 1975.

——*Hindu Goddesses*, Motilal Banarsidass, 1987.

Kramrisch, S., *The Art of Nepal*, The Asia Society, Inc., 1964.

——*The Art of India*, The Phaidon Press, London, Third Edition, 1965.

——*The Presence of Śiva*, Princeton University Press, Princeton, 1981.

Krishana Sastri, H., *South-India Images of Gods and Goddesses*, Bhartiya Publishing House, Delhi, 1974.

Lal, K., *Temples and Sculptures of Bhubaneswar,* Arts & Letters, Delhi, 1970.

Lal, S.K., *Female Divinities in Hindu Mythology and Ritual*, A Thesis Submitted to the University of Poona for the Degree of Doctor of Philosophy in Sanskrit, 1976. (Published, University of Poona, 1980)

Lalye, P.G., *Studies in Devī Bhāgavata*, Popular Prakashan Private Ltd., Bombay, 1973.

L'Hernault, F., "Subrahmaṇya as a Supreme Deity, "*Discourses on Śiva* (ed.by Michael W.Meister), University of Pennsylvania Press, Philadelphia, 1984, pp.257-270.

Lippe, A., *The Freer Indian Sculptures*, Smithsonian Institution, Washington, 1970.

——"Early Chalukya Icons, "*Artibus Asiae*, Vol.34-4, 1972, 273-330.

Lord.Shankar 12 Jyotilinga Stories, Tourist Publication, Delhi.

Lüders, H., *Varuṇa*, Vol.I.Gottingen, 1951.

Macdonald, A.W. & Stahl, A.V., *Newar Art*, Vikas Publishing House, Delhi, 1979.

Macdonell, A.A., *Vedic Mythology*, Strassburg, 1897.

Mahalingam, T.V., "The Cult of Sakti in Tamiland, "*The Śakti Cult and Tārā*, University of Calcutta, Calcutta, 1976.

Majumdar, R.C. (ed), *The History and Culture of the Indian People*, 11 vols., Bharatiya Vidya Bhavan, Bombay, 1951-69.

Mani, V., *Purāṇic Encyclopaedia*, Motilal Banarsidass, Delhi, 1975.

Marshall, J., *Mohenjo Daro and the Indus Civilization*, Arthur Probsthain, London, Vol.1, 1931.

Martin, E.O., *The Gods of India, Their History, Character & Worship*, Cosmo Publications, New Delhi, 1996(rept.of 1913).

Menon, C.A., *Kālī-worship in Kerala*, Vol.1, Madras University Malayalam Series, No.8, University of Madras(Second Edition), 1959.

Mitra, D., *Bhubaneswar*, The Job Press Private Limited, Kampur, 1958.

Monier-Williams, M., *Brāhmanism and Hindūism*, John Murray, London, 1891.

Moor, E., *The Hindu Pantheon*, Indological Book House, Varanasi, rept.1968.

Muir, J., *Original Sanskrit Texts*, Amsterdam Oriental Press, rept.1967.

Mukherjee, B.N., *Nanā on Lion*, The Asiatic Society, Calcutta, 1969.

——*The Kushāṇa Genealogy*, Calcutta University, Calcutta, 1967.

Nagar, S.L., *The Image of Brahmā*, Parimal Publications, Delhi, 2 vols., 1992.

Nandi, R.N., *Religious Institutions and Cults in the Deccan*, Motilal Banarsidass, Delhi, 1973.

Oursel, M.P. & Morin, L., *Mythologie de l'Inde*, Librairie Larousse, Paris, 1935.

Pal, Pratapaditya, & Bhattacharya, Shri Dipak Chandra, *The Astral Divinities of Nepal*, Prithivi Prakashan, Varanasi, 1969.
Pandey, L.S., *Sun Worship in Ancient India*, Motilal Banarsidass, Delhi, 1971.
Pargiter, F.E., *The Mārkaṇḍeya Purāṇa*, Bibliotheca India, 1904.
Pattanaik, D., *Vishnu, An Introduction*, Vakils, Feffer and Simons Ltd., Munbai, 1998.
Prabhudesāī, P.K., *Devīkośa*, Tilak Maharashtra Vidyapeeth, Pune, 4 vols., 1967-1972.
Pushpendra, K., *Śakti Cult in Ancient India*, Bharatiya Publishing House, Vanarasi, 1974.
Quackenbos, G.P., *The Sanskrit Poems of Mayūra*, Ams Press Inc., New York, 1965.
Ranade, R.D., *Mysticism in Maharashtra, Indian Mysticism*, Munshiram Manoharlal, New Delhi, 2003.
Randhawa, M.S., *The Cult of Trees and Tree-Worship in Buddhist-Hindu Sculpture*, All India Fine Arts & Crafts Society, New Delhi, 1964.
Rao, G., *Elements of Hindu Iconology*, 4 vols., Paragon Book Reprint Corp., New York, 1968(rept.of 1914).
Ray, A., *Art of Nepal*, Indian Council for Culcural Relations, New Delhi, 1973.
Rege, D.D., *Puṇe va Prācīna Dhārmika Sthāne*, Harṣad Prakāśan, Pune, 1977.
Reḷe, H., *Śrī Aṣṭavināyak Darśan*, Pratāp Prakāśan, Mumbai, 1997.
Sanford, J.H., "Literary Aspects of Japan's Dual-Ganesa Cult, "*Ganesh, Studies of an Asian God* (ed.by Robert L.Brown), State University of New York, 1991, pp.287-335.
Sarup, L.(ed.), *Nighaṇtu and the Nirukta*, Motilal Banarsidass, Delhi, rept.1967.
Scharpe, A., *Kālidāsa-Lexicon*, I, Brugge, 1958.
Schmidt, H., *Bṛhaspati und Indra*, Otto Harrasiowitz, Wiesbaden, 1968.
Shah, P., *Vishunudharmottara-purāṇa*, Parimal Publications, Delhi, 1999 (Vol.1), 2002 (Vols.2-3).
Sharma, B.N., *Iconography of Vaināyakī*, Abhinav Publications, New Delhi, 1979.
Shimizu, Tadashi., *The Bhāgavata-purāṇa Miniature Paintings from the Bhandarkar Oriental Research Institute Manuscript Dated 1648* (tr.by Rolf W.Giebel), The Centre for East Asian Cultural Studies for Unesco, The Toyo Bunko, Tokyo, 1993.
Shima, Iwao., *Hindu Temples at Shaniwar Peth in Poona,* Department of Indian Philosophy, Nagoya University, Nagoya, 1984.
Singh, O.P., *Iconography of Gaja-Lakshmī*, Bharati Prakashan, Varanasi, 1983.
Singh, S.B., *Brahmanical Icons in Northern India*, Sagar Publications, New Delhi, 1977.
Sircar, D.C., *The Śakti Cult and Tārā*, University of Calcutta, Calcutta, 1967.
——*The Śākta Pīṭhas*, Motilal Banarsidass, Delhi, 1973.
Sivaramamurti, C., *Birds and Animals in Indian Sculpture*, National Museum, New Delhi, 1974.
——*Gaṅgā*, Orient Longman, Delhi, 1976.
——*Naṭarāja in Art, Thought and Literature*, National Museum, New Delhi, 1974.
——*South Indian Bronzes*, Lalit Kalā Akademi, Delhi, 1963.
Slauter, G., *The Dravidian Element in Indian Culture*, Ess Ess Publications, New Delhi, 1924.
Slusser, M.S., *Nepal Mandala*, 2 vols., Princeton University Press, Princeton, 1982.
Sörensen, S., *An Index to the Names in the Mahābhārata*, Motilal Banarasidass, Delhi, 1963.
Special Exhibition on Kṛishṇa of The Bhāgavata Purāṇa, The Gīta Govinda and other Texts, National Museum, New Delhi, 1982.
Smith, Walter., *The Mukteśvar Temple in Bhubaneswar*, Motilal Banarsidass, Delhi, 1994.
Staal, F., *Agni*, 2 vols., Asian Humanities, Berkeley, 1983.
Stutley, M., and James., *A Dictionary of Hinduism*, Routledge & Kegan Paul, London and Henley, 1977.
Sudhi, P., *Symbols of Art, Religion and Philosophy*, Intellectual Publishing House, New Delhi, 1988.
Sugandheshwaranand, Paramahansa Swami Gurutai, *Shree Guru Charitra* (tr.by Eknath Narayan Joshi), Shri Jayprakash Mahadev Kotane, Thane, India, 2000.

Sukthankar, V.S., and Belvalkar, S.K.(ed.), *The Mahābhārata*, Vol.7, Bhandarkar Oriental Research Institute, 1947, p.120-121.
Tachikawa, M., *Mother Goddesses in Kathmandu*, Adroit Publishers, Delhi, 2004.
Tachikawa, M., Hino, S., and Deodhar, L., *Pūjā and Saṃskāra*, Motilal Banarsidass, Delhi, 2001.
Tewari, S.P., *Hindu Iconography*, Agam Kala Prakashan, New Delhi, 1979.
The Śiva-purāṇa, Part II, *Ancient Indian Tradition & Mythology Series*, Vol.2, Motilal Banarsidass, Delhi, 1970.
van Buitenen, *The Mahābhārata*, Univ.of Chicago, Book I, 1973; Books II-III, 1975.; Books IV-V, 1978.
Viennot, O., "The Goddess Mahishāsuramardinī in Kuṣāṇa Art, "*Artibus Asiae*, Vol.19, Nos.3-4, 1956.
Vogel, J., Ph., *Indian Serpent-Lore or The Nāgas in Hindu Legend and Art*, Arthur Probsthain, London, 1926.
Waldschmidt, E., and Leonore, L., *Nepal, Art Tresures from the Himalayas* (tr.by David Wilson), Oxford & IBH Publishing Co., Calcutta, Bombey, New Delhi, 1969.
Walker, B., *Hindu World*, George Allen & Unwin Ltd., London, 1968.
Wasson, R.G., Soma: *Divine Mushroom of Immortality*, Harcourt Brace Jovanovich, Inc., 1969.
Wheeler, M., *Civilization of the Indus Valley and Beyond*, Thames and Hudson, London, 1966.
Whitehead, H., *The Village Gods of South India*, Second Edition, Sumit Publication, Delhi, 1976.
Wilkins, W.J., *Modern Hinduism*, T.Fisher Unwin, London, 1887.
——*Hindu Mythology*, Curzon Press, London, rept.1974.
Wilson, H.H., *The Vishnu Purana*, Punthi Pustak, 1972 (rept. of 1888).
Winternitz, M., *Geschichte der indischen Literatur*, C.F.Amelangs Verlag, Leipzig, 1908.
Zimmer, H., *Myths and Symbols in Indian Art and Civilization*, Princeton University Press, Princeton, New Jersey, rept.1972.
——*The Art of Indian Asia*, Bollingen Series, Pantheon Books, New York, 1955.

●写真提供及び協力者 (順不同、敬称略、数字は掲載した図版番号)

横田憲治——口絵（1-8)、第３章（6, 14,-16, 20)、第４章（5, 9)、第５章（3-6, 11-12, 14, 16, 22, 25, 27, 29, 32, 34-35, 52, 57, 60-61, 64, 66-69, 71-72)、第６章（2-4, 12-16, 19, 26, 29, 33, 35-37, 39, 43, 48, 53, 58, 65-66, 68-71)、第７章（2, 4, 12, 28, 34-36, 39, 44-45, 53, 57-60, 65-66, 70)、第８章（7, 15-18)
山口しのぶ——第６章（27)、第７章（14-15)
森雅秀——第７章（27a)
Prince of Wales Museum（ムンバイ）——第６章（54)